名师工程 教育细节系列

新课标·新理念·新教学

丛书编委会主任：马立 宋乃庆

名师培养学生好习惯的高效细节

李文娟 郭香萍 ◎ 主编

西南师范大学出版社

图书在版编目（CIP）数据

名师培养学生好习惯的高效细节/李文娟，郭香萍主编.
—重庆：西南师范大学出版社，2009.9
（名师工程系列丛书）
ISBN 978-7-5621-4534-9

Ⅰ. 名… Ⅱ. ①李…②郭… Ⅲ. 学生－习惯－培养 Ⅳ. G455

中国版本图书馆 CIP 数据核字（2009）第 103721 号

名师工程系列丛书

编委会主任：马　立　宋乃庆
总策划：周安平
策　划：李远毅　卢　旭　郑持军　郭德军

名师培养学生好习惯的高效细节
主编　李文娟　郭香萍

责任编辑	杜珍辉
封面设计	大象设计
出版发行	西南师范大学出版社
	地址：重庆市北碚区天生路1号
	邮编：400715　市场营销部电话：023-68868624
	http://www.xscbs.com
经　销	新华书店
印　刷	九洲财鑫印刷有限公司
开　本	787mm×1092mm　1/16
印　张	19.5
字　数	265千字
版　次	2009年9月　第1版
印　次	2011年9月　第2次印刷
书　号	ISBN 978-7-5621-4534-9
定　价	30.00元

若有印装质量问题，请联系出版社调换

版权所有　翻印必究

《名师工程》系列丛书

学术指导委员会

主任　顾明远

委员　陶西平　李吉林　钱梦龙　朱永新　顾泠沅　马　立
　　　　朱小蔓　张兰春　宋乃庆　陈时见　魏书生　田正平
　　　　张斌贤　靳玉乐　石中英

编撰委员会

主任　马　立　宋乃庆

编委　卞金祥　曹子建　陈　文　邓　涛　窦桂梅　冯增俊

（按姓氏拼音排序）
　　　　高万祥　郭元祥　贺　斌　侯一波　胡　涛　黄爱华
　　　　蓝耿忠　李韦遴　李淑华　李远毅　李镇西　李力加
　　　　李国汉　刘良华　刘海涛　刘世斌　刘扬云　刘正生
　　　　林高明　鲁忠义　马艳文　缪水娟　闵乐夫　齐　欣
　　　　沈　旎　施建平　石国兴　孙建锋　孙志毅　陶继新
　　　　田福安　王斌兴　魏　群　魏永田　吴　勇　肖　川
　　　　谢定兰　熊川武　徐　斌　徐　莉　徐　勇　徐学福
　　　　徐永新　严永金　杨连山　杨志军　余文森　袁卫星
　　　　张爱华　张化万　张瑾琳　张明礼　张文质　张晓明
　　　　张晓沛　赵　凯　赵青文　郑忠耀　周安平　周维强
　　　　周亚光　朱德全　朱乐平

编者的话

当前,以人为本的教育理念正在逐步深化,素质教育以及基础教育课程改革不断推进。在这场深刻又艰苦的教育改革中,涌现了无数甘为人梯、乐于奉献的优秀教师。他们积极探索、更新观念、敢于创新、善于改革,在实践中创造性地发展、总结了很多先进的教育思想、教育理念;创造性地开发了很多新的教学模式、教学内容和教学方法。这些新思想、新模式、新方法在实践中极大地提高了教学质量,是教育改革实践中的新内涵和宝贵财富。这些优秀教师就是我们的名师,这些新内涵就是名师的核心教育力。整理、总结、发展、推广这些教育新内涵,是深化教育改革、完善教育体制、提高教育质量、提升教师水平的一件大事。

教育,是民族振兴的基石;教师,是教育发展的根基。

胡锦涛总书记在全国优秀教师代表座谈会上指出:"教师是人类文明的传承者。推动教育事业又好又快发展,培养高素质人才,教师是关键。没有高水平的教师队伍,就没有高质量的教育。"十七大报告又进一步强调了必须加强教师队伍建设,不断提高教师的素质。当今世界,社会进步一日千里,科技发展日新月异,知识更新的周期越来越短。教师作为"文明的传承者"更要与时俱进,刻苦钻研、奋发进取,尽快提升自身素质和能力,为推动教育事业的健康发展贡献自己的力量。

基于以上,西南师范大学出版社策划、组织出版了大型系列教育丛书——《名师工程》。希望通过总结名师的创新经验、先进理念,宣传名师的核心教育力,为广大教师职业生涯提供精神源泉和实践动力,在教育实践层面切实推动从教者职业素养的提升。通过《名师工程》实现"打造名师的工程"。

丛书在策划、创作过程中力求实现以下特色:

一、理念创新,体现教育的人本精神

教师角色在以人为本的教育理念下发生了重大的变化,教师的素质和能力也面临更高的要求。如何弘扬、培植学生的主体性、增强学生的主体意识、发展学生的主体能力、塑造学生的主体人格等问题成为教师在目前教育中亟待解决的难题。丛书以教育管理者和教师为主要读者对象，通过教师综合素质的提高而将人本教育的思想落实到教育实践中，真正实现教育培养人、塑造人、发展人的本质要求。

二、全面构建，系统提升教师的教育能力

丛书选题的最大特点就是系统、全面地针对教师教育能力的提升而展开。施教者的能力决定教育的效果，教育改革的落实、教育效果的提高无不体现在教师身上。丛书针对不同教育能力、不同教学要求、不同教育对象，有针对性地设置选题。棘手学生、课堂切入、引导艺术、班主任的教导力、互动艺术、课堂效率、心灵教育等等，这些鲜明的主题从教育的细节出发，从教育实际情况出发，有针对性地解决问题，让教师在阅读中学有所指、读有所获。

三、科学权威，体现教育的时代前沿性

丛书邀请全国各地著名的教育工作者执笔，汇集在教育改革与实践中涌现的先进理念、成果和方法，经过专家认真遴选、评点总结而成，代表了目前教育实践中先进的教育生产力，具有时代前沿性，是广大一线教师学习、借鉴的好素材。

四、注重实践，突出施教的实用价值

丛书采用了通俗的创作方法，把死板的道理鲜活化，把教条的写法改变为以案例为主，分析、评点为辅，把最先进的教育理念和方法融入有趣的情境中。经典的案例，情境式的叙述，流畅的语言，充满感情的评述，发人深省的剖析，娓娓道来、深入浅出，让教师更充分地领会先进、有效的教育方法。

在诸多教育、出版界同仁的支持与努力下，《名师工程》陆续推出了《名师讲述系列》《教学提升系列》《教学新突破系列》《高中新课程系列》《教师成长系列》《大师讲坛系列》《教育细节系列》《创新语文教学系列》《教育管理力系列》《教师修炼系列》《创新数学教学系列》《教育通识系列》《教育心理系列》《创新课堂系列》《思想者系列》《名师名课系列》《幼师提升系列》《优化教学系列》《教研提升系列》《名校长核心思想系列》《名校系列》《高效课堂系列》《班主任专业化系列》等系列，共120多个品种，后续图书也将陆续出版。

丛书在出版创作过程中得到各地、各级教育部门与教育工作者的大力支持与帮助，在此一并表示感谢！

教育事业是全社会共同的事业，本丛书的出版一方面希望能对广大教育工作者有所帮助，共飨先进成果；另一方面也是抛砖引玉，希望更多的教育工作者参与到出版创作中来，百家争鸣、百花齐放，为促进教育事业的发展共同努力！

前言 Qian Yan

本书的基础为"新教育力"丛书中的《没有不听话的学生——名师培养学生好习惯的有效途径》。"新教育力"丛书2005年由九州出版社出版,该丛书面世以来,受到了广大教师的支持与好评,也收到了许多读者对丛书提出的宝贵意见和建议。为了紧跟新课程改革的步伐,在广泛听取了众多教师意见、总结新的教育情况、吸收新的教育成果的基础上,我们对本书进行了大幅度的修改。与原书相比,本书有着翻天覆地的变化。

一是对全书内容的编排整理。这也是此次修订最重要的改动。在这次修订的过程中,我们删去了一些落后于时代和不适于国内教育情况的部分,增添了近40%的新内容,这些新内容代表了当前教育的新思想和实践成果。同时对全书的篇章结构按教育教学内容进行了整理编排,改变了原来流水账似的记录描述,使教育思想表达得更具条理性,也让读者能够清晰地看到本书的脉络。

二是对一些表述不妥的观点进行了修订。根据很多基层教师和专家的意见,我们对原书中一些不妥的、不十分准确的表述,进行了全面的修正。我们力求能够准确、明晰地表达教育改革的新观念、新方法。

三是对图书的文字表述做了大量的锤炼工作,以使得语言表述更加准确、精炼。文字表述没有最好,只有更好。对于出版物,力求语言表述的尽可能完美是我们追求的目标。

应西南师大出版社之邀,将本书放入"名师工程"系列,希望能够对教育工作者有一些帮助。书中的不足,请广大读者为我们指出,也欢迎提出意见和建议。

目 录 CONTENTS

第一篇
好习惯成就好成绩——学习习惯培养

学习习惯培养之

莎士比亚说:"习惯若不是最好的仆人,它便是最坏的主人。"好习惯会铸就一个优秀、杰出的人,坏习惯会引导人一步步走向消极、堕落和失败。对学生来说,好的学习习惯必定会成就好成绩。做好课前预习,及时查找学习资料,按时按量地完成作业,平时多积累科学文化知识,积极参加课堂活动,主动记录不懂的问题,不耻下问,这些都是良好的学习习惯。

⇨ **情境吸引** /3
　　运用情境课堂,培养学生爱听课的习惯

⇨ **学以致用** /12
　　培养学生学以致用的习惯

⇨ **鼓励探究** /21
　　运用探究式教学,培养学生探究的习惯

⇨ **手脑并用** /30
　　培养学生做好笔记的习惯

⇨ **举一反三** /39
　　找准立足点,让反思成为学生的习惯

⇨ **勇于质疑** /49
　　抓住一切可利用的机会,培养学生敢于质疑的习惯

⇨ **专心致志** /57
　　培养学生集中注意力的习惯

⇨ **注重实践** /65
　　引发参与意识,培养学生动手的习惯

⇨ **追求效率** /72
　　培养学生高效率的习惯

⇨ **课前预习** /78
　　通过督导培养学生的预习习惯

⇨ **学会观察** /84
　　参加课外活动小组，让学生学会细心观察

⇨ **认真仔细** /91
　　培养学生仔细审题的习惯

⇨ **自主学习** /98
　　独立完成作业，学生自主学习的良好开端

⇨ **笔耕不辍** /105
　　提高创作积极性，培养学生写日记的习惯

⇨ **学会阅读** /112
　　用巧妙的方法培养学生的阅读习惯

⇨ **善假于物** /119
　　运用工具书，提高独立解决问题的能力

⇨ **主动探索** /125
　　善于提出问题，培养学生独立思考的习惯

⇨ **勇于开口** /132
　　进行多样化教学，培养学生说英语的习惯

培养学生具备这些好习惯，需要学校、家长和学生协同互助，持续、有效地激励和引导。在学校里，教师可以适时地运用本章的方法进行培养，如情境吸引、学以致用、举一反三、勇于质疑、专心致志、主动探索等。

第二篇

好习惯造就好品质——品质习惯培养

品质习惯培养之

⇨ **爱护公物** /141
　　让学生懂得爱护公物

好品质不是一朝一夕便能造就的，需要长时间的培养。在孩子的世界观没有形成之前，家长和教师就要随时关注孩子的语言行为，培养孩子养成良好的生活习惯、学习习惯，在孩子心中扎下好品质的根基。遵守公共秩序、爱惜他人的劳动成果、礼貌待人、行为端正、热爱劳动，若孩子能从小就长时间地坚持，必定受益一生。除传统的品质要求以外，本章就培养现代人必备的多种优秀品质进行了深入的阐述，例如珍爱生命、尊重隐私、学会分享、保护环境、学会倾听等。

⇨ **诚实待人** /*149*
　　诚实，从勇于承认错误开始

⇨ **爱国教育** /*156*
　　尊重国旗、国歌，爱国从点滴做起

⇨ **助人为乐** /*163*
　　助人为乐，学生的爱心之始

⇨ **遵守规则** /*169*
　　营造氛围，培养学生遵守规则的习惯

⇨ **相信自己** /*176*
　　通过激励和赞扬培养学生的自信

⇨ **珍爱生命** /*182*
　　亲近动物，懂得珍爱生命的意义

⇨ **持之以恒** /*188*
　　拥有耐心才能拥有恒心和毅力

⇨ **尊重隐私** /*194*
　　培养学生尊重他人隐私的习惯

⇨ **学会分享** /*202*
　　通过情境教学培养学生分享的习惯

⇨ **鼓励竞争** /*209*
　　鼓励是竞争意识萌发的催化剂

⇨ **除旧创新** /*215*
　　勇于创新才能不断尝试新项目

⇨ **保护环境** /*222*
　　深化环境意识，培养学生文明的行为习惯

⇨ **学会倾听** /*229*
　　通过互动培养学生善于倾听的习惯

第三篇

好习惯打造好人生——生活习惯培养

生活习惯培养之

新闻报刊经常报导一些社会精英的人生故事，我们会发现他们的身上存在着一些共同的优点：积极思考、高效工作、爱好锻炼、不断学习、谦虚谨慎、幽默开朗、敬业乐群等。如果我们细心观察综合素质优异的学生，也许会发现，那些具有积极思考、追求卓越、珍惜时间、礼貌待人等好习惯的学生，常常表现得比其他学生更为优异。本章对培养孩子良好的生活习惯例举了很多实践的案例，并对方法作出总结。

➪ **自动自发** /239
　　从多角度出发，引导学生养成自觉的习惯

➪ **追求卓越** /248
　　从学习、生活方面出发，培养优秀的习惯

➪ **俭以养德** /256
　　从小处着眼，培养学生的节俭习惯

➪ **遵守交规** /263
　　提高安全意识，培养学生遵守交规的习惯

➪ **珍爱健康** /269
　　激发兴趣，培养学生热爱体育锻炼的习惯

➪ **饮食均衡** /276
　　通过科学活动培养学生不挑食的习惯

➪ **珍惜时间** /282
　　通过亲身体验培养学生珍惜时间的习惯

➪ **财商培养** /289
　　财商教育，学生正确消费和理财的开始

第一篇

好习惯成就好成绩
——学习习惯培养

莎士比亚说:"习惯若不是最好的仆人,它便是最坏的主人。"好习惯会铸就一个优秀、杰出的人,坏习惯会引导人一步步走向消极、堕落和失败。对学生来说,好的学习习惯必定会成就好成绩。做好课前预习,及时查找学习资料,按时按量地完成作业,平时多积累科学文化知识,积极参加课堂活动,主动记录不懂的问题,不耻下问,这些都是良好的学习习惯。培养学生具备这些好习惯,需要学校、家长和学生协同互助,持续、有效地激励和引导。在学校里,教师可以适时地运用本章的方法进行培养,如情境吸引、学以致用、举一反三、勇于质疑、专心致志、主动探索等。

好习惯成就好成绩——学习习惯培养

习惯培养高效细节之情境吸引

运用情境课堂，培养学生爱听课的习惯

> 一个人不能骑两匹马，骑上这匹，就要丢掉那匹。聪明人会把凡是分散精力的要求置之度外，只专心致志地学一门。
>
> ——〔德〕歌德

上课爱听讲是学生在课堂上接受信息、汲取知识的基本保证。学生做到爱听课，不仅可以有效地提高课堂教学效率，还可以使学生养成良好的学习习惯。

在课堂教学过程中，老师一方面要努力上好自己的课，另一方面还应积极引导学生学会听课，教育学生将听课与自己的"想、说、记、练"等结合起来，让学生积极主动地探求知识，并进一步开发学生的情商与智商，从而获得良好的教学效果。

 经典案例

施建平，全国著名特级教师，现任江苏情境教育研究所副所长。在具体教育教学过程中，施老师从情境教学出发，积极培养学生爱听课的习惯。

那是在《我们蹚过小溪》的想象性口头作文指导课上，施老师笑着对学生说："刚才大家来到学校镜心楼下的小溪边，赤着脚蹚过了小溪，怎么样，有意思吗？"

学生们异口同声地回答："有意思！"

为了让学生能够较快进入专心听课的状态，施老师说："谁愿意把刚才大家兴奋地蹚过小溪的情景描述一下呢？"

不一会儿便有两位学生站起来讲述，一个说："我们无比兴奋地提着裤管，蹦蹦跳跳地蹚过了小溪。"另一个说："溪水冲得我们的小脚丫怪痒痒的，无比惬意。"

"刚才我们想象赤着脚蹚过小溪的时候，有同学说，好像蹚过到了真的小溪，许多同学都有这样的感觉。不过，得有山才有溪，真正的小溪都是从山上流下来的。在我们祖国（指中国地图）的东部、西部、南部、北方都有许许多多的山，山中有很多很多的小溪。如果让你们选择的话，你们希望到哪儿的小溪去呢？"施老师把学生带进了想象的空间。

有的学生说："我希望去西双版纳原始森林里的小溪。"有的学生说："我希望去张家界山区的小溪。"还有的学生说："我希望去西部的小溪。"

施老师继续问："那么，在你们所说的这些地方中，你们觉得去哪儿更有意义呢？"

学生们又不约而同地回答："西部。"

"是啊，现在我们国家正在实施西部大开发的战略。西部开发已成为全国人民关注的热点。现在，东部各省份都在积极地对口支援西部地区，向西部派出了许多人员，支持西部的建设。也有许多有志青年主动要求去西部工作。我们现在还小，不可能去，那该怎么办呢？今天我们就进行一次去西部的假想旅行，怎么样？"施老师问。

学生们都点点头。施老师接着说："我们全班都是这支旅行队的成员，我们是不是该给旅行队取个名字啊？"

此时，学生又纷纷说出自己的旅行队名字，有叫"蒲公英旅行队"的，有叫"亮眼睛旅行队"的，还有叫"响当当旅行队"的。

"组成我们这个旅行队的成员人人都有自己的特长爱好，我们旅行队里有小记者小画家啦，还有些什么人呢，你们自己介绍吧。"施老师引导学生进一步想象。

"我是小画家。"

"我是小生物学家。"

"我是小考古学家。"

好习惯成就好成绩——学习习惯培养

……

看到学生的热情已经高涨，听课也显得专心多了，施老师笑着说："去旅行，我们得把要用的东西带上，根据你们各自担当的角色，你们准备带上什么？一般的旅行用品就不用说了。可以先介绍自己的角色，然后说自己带上了什么。"

"我是小画家，我带上了神奇的画笔和五彩缤纷的颜料。"

"我是昆虫学家，我带上了放大镜、昆虫网和标本夹。"

"我是考古学家，我带上了探测仪和笔记本电脑。"

……

施老师说："刚才，我们给旅行队取了名字，还想象了自己担当的角色以及所带的东西，我觉得大家想得挺有意思的。想象就应该想得有趣。东西准备好了吗？那我们该出发了。在你们的想象中，我们是在什么时候、怎样来到西部的呢？"

一位学生说："在初夏的一个美好的日子里，我们坐上飞机。飞机穿过云层，飞过高山，飞过田野，降落在西部的某一座城市。下了飞机，我们旅行队员迫不及待地走进了大山，展现在我们眼前的是一个美妙而陌生的世界。走着走着，我们听到潺潺的水声，一条小溪出现在我们眼前。"

看到学生那么细心描绘，专心听讲，施老师揭示图的下半部分——小溪简笔画，问："在你们的想象中，这是一条什么样的小溪？"

"这是一条清澈见底的小溪，小溪里有美丽的鹅卵石。"

"溪水中可爱的小鱼、小虾在嬉戏、玩耍。"

"阳光下，溪水闪着银光流向远方。"

……

为了让学生更好地听课，施老师又追问道："当我们跳进清澈的溪水中，蹚过小溪，在小溪那边有些什么呢？"

"小溪那边有茂密的森林和绿茵茵的草地。"

"小溪那边有低矮的平房，山脚下有一所希望小学。"

"小溪那边有村落、矿山。"

……

施老师一边揭示图的上半部分——西部山区简笔画，一边说："对我们这些来自东部的孩子来说，这是一个多么新奇的世界啊！我们的小记者、小画家、小摄影师等，你们准备到哪里去呢？去做什么呀？"

当小记者的学生说："我是小记者，我准备去村寨里采访村民，了解他们的生活情况。"

当小昆虫学家的学生说："我是小昆虫学家，白天我去树林里采集标本，晚上我坐在草地上听着潺潺的溪水声观赏皎洁的月亮。"

当小画家的学生说："我是小画家，我去林间写生，描绘西部美景。"

这时，施老师总结说："刚才，大家根据各自的角色想象去做什么，表现出同学们对西部的关注，大家都是带着情感想象的，而想象就应该做到有情。刚才，大家所想着要做的事情很多，我们得抓紧时间。下面，我们就以不同的角色来分组讨论，具体地说说你们去了哪儿，在那儿看到、听到些什么，你们是怎么想的，又是怎么做的。大家一起讨论，相互补充，等会儿推选代表汇报。想象时要注意想得有趣、有情。另外，我们到的是西部，想象时要注意西部的特点，要合理。"

接下来便是学生讨论时间。不久之后便有学生跃跃欲试了。有的说："我们小记者来到了小溪那边的村寨，采访了藏族村民，了解了他们的生活情况；接着我们来到了离村寨不远的一所希望小学，看到学校里的教学设施非常简陋，我们想回去后发动我们学校的同学与他们开展手拉手、心连心活动，帮助他们解决学习、生活上的困难。"

有的说："我是小作曲家，我首先来到茂密的森林里录下清脆的鸟叫声、潺潺的溪水声、飒飒的风声……然后，谱成一首优美的《西部交响曲》，到西部偏僻的山村去巡回演出。"

有的说："我是小地质学家，我在沙漠中发现了丰富的天然气和石油资源，我们应该让它们造福西部人民。"

有的说："我是小考古学家，我来到沙漠中发掘楼兰古国的文物，并研究为什么楼兰古国会消失。"

还有的说："我是小植物学家，我考察了西部植物的特点，我准备培植出适合西部的树种，改变西部的生态环境。"

在这个过程中，学生一直在跟着施老师的教学步履走，真正做到了专心听课。在学生汇报完后，施老师继续说："刚才队员们汇报了自己的考察活

动,从大家的汇报看,经过这次考察,大家的收获不小。现在,我们就要离开西部了。在离开小溪、离开西部的时候,你想说些什么呢?大家可以说说自己这次西部之行的感受,也可以提一些关于西部开发的建议。"

"西部的沙漠化地带应该退耕还林,种植更多的树木,保护生态环境。"

"应尽快开发西部丰富的资源,让西部人民富起来。"

"应开发好西部的旅游资源。"

"离开西部前,我想说,请千万不要再让楼兰古国的悲剧重演。"

……

最后,施老师总结说:"我觉得大家提出的这些建议都很有价值,我们应该把这些建议整理一下,寄给报社和有关的部门。虽然我们还小,但也要努力为西部开发出力。这一节口头作文课我们按照来到西部、看到小溪、开展活动、离开西部的顺序,说了这一次假想旅行活动的经过,同时我们也应懂得想象应该有趣、有情、有理。今天的课大家都很认真,做到了专心听课,希望大家一直保持这样的习惯。这一堂课我们就上到这里。"

爱听课是学习知识、培养能力、发展智力的好习惯。当学生置身于情境教学的过程中,他们便自然爱听课、积极动脑筋了。因为情境教学非常重视让学生到实际生活中去观察,到具体情境中去感受。这样便有效地将学生带到老师预设的具体情境之中,并使其能长时间保持专心听课的状态。对于培养学生爱听课的习惯来说,情境教学不失为一个行之有效的方法。

案例分析

一堂课的好坏,应该可以明确地在课堂教学主体——学生的身上凸现出来,从学生在课堂上的学习状态可以反映出来。我们老师不能满足于学生在课堂上表现出的"认真状",而是要对授课内容和授课方式等进行大胆创新,使学生积极听课,以提高课堂教学效率。当学生养成了爱听课的习惯后,便能有效地提高其学习效率。

但是,让学生爱听课绝不仅仅先是简单地在课堂上对学生进行应该如何听的一番说教，然后是严格的监督措施：不许东张西望，不许说话，不许……这样很可能是治标不治本，因为老师可以看到学生坐端正了，却不能保证学生的思维没有游离于课堂之外。

案例中，施建平老师的情境作文教学便有效地解决了这样的问题。通过不断地想象，让学生一直处于积极动脑的状态，此时学生爱听课的习惯便水到渠成了。

从这案例中，我们不仅看到了情境教学会促使学生带来积极思考，而且还看到这样的课堂已成为学生快乐学习的理想殿堂，看到了学生爱听课习惯养成的曙光。

情境课堂以美陶冶学生的情操，吸引学生的注意，有效地培养了学生爱听课的习惯。

美是教育的磁石，情境教学恰好选择了以美为突破口，向学生生动地展示美的人、美的景、美的理念等，这就有效地触动了学生的感官，牵引了学生的思维。同时，教师将优美的语言和其他各种教学手段完美地结合在一起，让学生身临其境，让学生在这样的情境中学习着、快乐着、收获着。

情境课堂以情感染着学生的心灵，让学生从内心深处爱听课。

在教师创设的教学情境中，师生之间真情交融，教师以期待的目光、激励的话语、亲切的微笑、平等的对话，让学生无拘无束，尽显主人风采。这种情境的创设让学生积极主动地走进课本，感受探索的美妙，体会丰富的人生，教材中的人物情景打动了学生的心，使他们产生了共鸣，以至于专心于课堂听课之中。

情境课堂以思启迪学生的智慧，让学生通过思考达到爱听课的效果。

思是情境教学的核心，宽广深厚的情境可以增强学生对形象的感受，促进师生情感的交融。而"形"与"情"有效地激活了学生的右脑，此时他们的幻想、理想、想象的翅膀都已悄然张开。同时，情境课堂上的部分符号操作则带动学生的抽象思维，让学生充分发挥左脑的功能。这样在左、右脑的协同作用下，学生的感悟力、创造力得到了锻炼，爱听课的习惯也得到了有效的培养。

其实，除了通过情境教学来培养学生爱听课的习惯外，还有许多其他方法。培养学生爱听课的习惯不外乎要求学生会听、会看、会想、会说。做好

好习惯成就好成绩——学习习惯培养

这四个方面，爱听课的习惯便得到了很好的培养。

1. 从听的角度出发

一方面，教师应做到上课时要提出明确要求，促使学生仔细听课；采用学生喜闻乐见、生动形象的教学方法，吸引他们仔细听课；运用学生有意注意与无意注意相互转化的规律，保持学生良好的注意力。教学中，教师既要运用教具、实物等引起学生的有意注意，又要运用故事、游戏等手段引起学生的无意注意，并善于提出具有启发性的问题，促使学生爱听课。

另一方面，在教学中，教师应注意加强对学生听的习惯进行培养和训练，要求学生做到以下几点：

（1）重视听讲。教师要让学生充分认识教师讲解的重要作用。教师的分析讲解、启发点拨，不管从内容的连续性、生动性，还是从方法的系统性、灵活性，都比课后教师或家长的辅导详细得多，更是学生自己看书远远不能比拟的。

（2）会听门道。一般教师讲课分成几个大步骤：开始复习与新课有关的旧知识，接着引入新课，然后进行新课分析、讲解、推理，启发学生理解掌握新课的内容，最后还要概括总结一下。在教学中，教师要让学生明白自己每一步讲解的目的，并给予积极配合，达到教师的既定目的。

（3）当堂弄懂。一堂新课总要介绍一些新概念、新方法、新技巧，那么教师应要求学生在课堂上，搞清楚每一个新概念的内涵和外延，弄清概念与概念之间的关系。例如，对数学公式、法则、性质和定律要知道是怎么推导出来的，以及如何运用等。在课堂上教师讲到哪里，学生就要想到哪里，始终开动脑筋、积极思考。

（4）理清思路。学生的思路不但要跟着老师走，而且要把知识发展思路及教师引导思路弄清楚。在预习时学生对知识发展思路可能"理"过，但不一定能理清楚，上课时教师应特别注意学生这一方面的缺陷，帮助学生弄清楚本节课所学的新内容，以及是怎样从上节课内容发展来的。这样理清思路既有利于理解，又有利于记忆。

2. 从看的角度出发

这主要是要求学生在上课的时候集中精神，全神贯注地听教师讲解，眼睛要盯着教师或黑板，看教师的表情或板书内容，积极思考教师所讲的内

9

容，思路也应与教师同步。这也有利于培养学生爱听课的习惯。

3. 从想的角度出发

教师应注重对学生"想"的思维的培养，激发学生质疑问难的兴趣。除了对敢于质疑问难的学生进行鼓励外，还应根据学科特点激发全体学生质疑问难的兴趣，促进学生积极地想，进而培养学生爱听课的习惯。

例如，有的数学教师在教学中故意设疑激趣，在讲除数是小数的除法时出示例题后，教师发问：除数是整数的小数除法我们已会计算，除数是小数的除法该怎样计算？能否转化成除数是整数的除法计算呢？该怎样转化？在完成转化后，教师暂不作具体的计算，而是在此基础上进一步问：如果小数点移动后，被除数位数不够怎么办？在教师的一步一步鼓励引导下，学生便能顺着逻辑思维的路子，得出计算法则。

除激发兴趣外，教师还应教学生质疑问难的方法。要使学生学会质疑问难，可以从两个方面进行：一是通过实例引导学生了解质疑问难的主要方法。以数学为例，可以根据学生的特点让学生思考概念是如何说明的、怎样表达的、为什么要这样表达，以及在解例题、习题时思考解题依据是什么、还有没有其他解法等。二是教会学生逐步学会质疑问难的一般方法。质疑问难的一般方法主要是指在课本中仔细观察、认真比较、分析综合、判断推理等，教师必须充分认识它的重要性，有目的、有计划地引导学生质疑问难、释疑解难，并逐步养成习惯。

4. 从说的角度出发

说是表达，是思维的外壳。学生通过语言表达来反映对知识的认识理解过程。在课堂上培养学生爱说、善说的习惯将有利于调动学生的思维，培养学生爱听课的习惯。教师可以通过以下两种方法对学生进行训练。

（1）操作叙述法。有的学生的语言表达能力较差，有时感到无话可说。对此，教师要注意让学生多种感官并用，引导他们在动手操作中用语言表达操作过程。

例如，对于低年级学生来说，在教他们认识 10 以内的数时，教师可以让学生一边摆粉笔一边说："1 支粉笔加上 1 支是 2 支粉笔，2 比 1 大，2 排在 1 的后面；2 支粉笔加上 1 支是 3 支粉笔……"这样学生便有话可说了，自然会养成爱说、善说的习惯，进而能够爱听课了。

(2) 直观引导法。例如，教分数的基本性质时，教师可以采用直观引导法。第一步，提供图形，要求学生说出图意，说出阴影部分占整体的几分之几；第二步，引导学生看图，从中看出 3/4＝6/8＝9/12；第三步，从左往右观察等式，初步概括为数学语言：分数的分子和分母都乘以相同的数，分数的大小不变；第四步，从右往左看得出：分数的分子和分母都除以相同的数，分数的大小不变；第五步，概括出分数的基本性质。这种训练，能使学生学会有条理地说话、专心致志地听课。

另外，教师还应从自身角度出发，注重课堂教学语言的表达。教师讲课主要靠语言，教育教学的效果在很大程度上还是取决于教师语言的表达能力。当教师的教学语言生动时，学生自然会爱听课。因此，教师讲课要精神饱满，力求使课堂教学引人入胜，使每位学生都乐意听讲。教师的教学语言也必须做到条理清晰，环环相扣，并时刻注意学生的思路是否一直在跟着自己走。教师还要会善于运用非语言行为，如表情、眼神、体态等，它和语言表达是相辅相成的，可以促进师生间的感情交流，使学生听课时注意力更集中、更持久。

在课堂教学过程中，培养学生爱听课的习惯过程是长期的、艰苦的，教师要持之以恒、循序渐进、耐心细致、严格要求。对课堂上表现出色的学生应及时地表扬、鼓励，为其他学生树立学习的榜样。对达不到要求的学生也应及时指正，并引导其认识到不良听课习惯所带来的危害，力争使每位学生都养成良好的听课习惯，并成为一种自然行为。

习惯培养高效细节之学以致用

培养学生学以致用的习惯

> 教育是生活的需要。
>
> ——〔美〕杜威

教学的最终目的是学以致用。而"生活化教学"指的是将学生从虚拟、抽象的课本中引导出来,给予他们感受自然、社会、事件、人物、过程的机会,让他们在与现实生活的撞击、交流中产生对生活的爱,从而主动地、自发地获取和应用知识。

"生活化教学"是在多元智能理论、生活教育理论以及其他现代教育理论的指导下,教师将课堂教学根植于丰富的社会生活,激发学生作为生活主体参与活动的强烈愿望,从而将教学目标转化为学生这一生活主体的内在需要,不断地探索优化的课堂教学策略,克服传统课堂教学中只重视课本知识的种种弊端,进一步保证其他多元智能的发展机会,促进学生全面发展的一种新的教学方式。

通过生活化教学,教师可以实现课程生活化、社会化和实用化,能够促进课堂教学与现实社会更为有效地融合,让学生的课堂学习如同在现实生活中游历一般,让他们逐渐养成在生活中应用知识的习惯。

在培养学生养成这种习惯的过程中,教师应该从各方面入手,例如,在课堂教学设计、实施以及反思等活动中,要高度关注学生的生活世界与书本世界之间的联系,努力打通这两个世界,并在这两个世界间搭建桥梁。这样教师才能巧妙地将生活世界贯穿于教学的各个环节:在上课之初,将生活资源作为激发学生学习兴趣、引导学生走进新的学习状态的工具；在教学过程中，把生活中的实际问题呈现出来，让学生联系新旧知识，并尝试着解决实际问题，从而进一步提高学生运用知识的能力与水平；在传授新知识时，将生活的相关经验作为了解与掌握新知识的敲门砖，让学生在学习的过程中能够感到亲切、熟悉等。

让课堂教学生活化，让生活走进课堂，才能有效地改变学生的学习方式，提高学生学习的能力，才能给教师的教学带来意想不到的收获，才能更好地培养学生在生活中应用知识的习惯。

作为一名教育工作者，教师的职责激励着我不断地充实、提高和改变自己，使自己的教学能够适应不断变化的教育形势，使自己的教育理念、教育思想、教育方法能够得以更新，真正做好培养学生应用知识的习惯，做到学以致用。

 经典案例

王红霞是四川省成都市大邑县北街小学的优秀教师。在具体教育教学过程中，王老师将学生带到虚拟的生活中，让学生在这一过程中理解知识，从生活中应用知识，并将之作为学生良好的习惯进行有针对性的培养。

在某次数学教学中，为了让学生能够真正掌握购物知识，培养学生在生活中感受知识的习惯，王老师准备了课件以及具体的活动。

她说："同学们，大家是否记得我们的好朋友机灵狗呀？最近它开了一个文具店，想邀请你们去参观，大家想去吗？"

"想！"学生们大声地回答。

"好，那我们现在就一起去看看吧。"王老师边说边用课件展示出机灵狗和文具店，并追问道，"大家喜不喜欢这些文具啊？"

"喜欢！"学生们异口同声地说。

"既然大家都喜欢，那我们就把它们买下来吧，但是有个前提是你们必须认识人民币。这个应该不成问题，我相信大家在生活中都已经接触过人民币了，那现在我们就一起去机灵狗的文具店买文具吧。"王老师说。

这时映入大家眼帘的是一个漂亮的文具盒，上面标价是7元5角，王老师指着它问学生："现在大家分组讨论一下，如果我们买这个文具盒，该怎样付钱呢？"

过了一会儿，各小组都给出了各自的答案：可以拿一张5元的、两张1元的、一张5角的；可以拿三张2元的、一张1元的、一张5角的；可以拿一张5元的、一张2元的、一张5角的；可以拿一张10元的，但是要求机灵狗退还2元5角。

王老师及时肯定了学生的答案，说："大家说的都是正确的，看来同学们对人民币以及购物有了一定的了解，老师为你们优秀的表现而感到高兴！接下来，我们将刚刚所学到的知识具体运用到实际生活中，解决生活中的数学问题，你们说好不好啊？"

听到要应用知识，学生都异常兴奋，用热烈的掌声代替了回答。于是，王老师根据学生的购物经历将他们分为若干个小组，告诉学生机灵狗为他们准备了学习用具，要求各小组进入买卖的环节，同时还向学生提出了以下几点要求：

1. 每人拿出一张1元的人民币放在桌上，把部分零钱装进信封里，并交给组长。

2. 组长从抽屉里拿出文具并在桌上摆放整齐。

3. 其他同学先看一看各种文具的价格，再考虑自己需要买什么文具。

4. 由组长扮演售货员，其他成员扮演顾客。

5. 要求每一位学生在买文具的时候，保持安静、有序，争做一个文明的小顾客。

在清楚这些要求后，学生的购物活动便井然有序地展开了。过了一会儿，每位顾客的手中都买到了自己想要的学习用具。

王老师说："老师发现刚才各个小组的购物活动进展得都很顺利，现在有谁愿意告诉大家自己买的是什么文具，又是怎样买的？"

平时活泼的小磊首先站了起来，说："老师，我买的是一把尺子，它的价格是8角钱，我没有零钱，就付给售货员1元，让他找我2角。"

紧接着，其他学生也不甘示弱，都一一讲述了自己是怎样用1元钱买文具的。

"大家说的都有道理,这说明你们现在已经掌握了具体购物的知识,知道该怎样运用自己手中的钱了。"王老师满意地笑着说,"刚才大家只是买了一个文具,现在老师给你们出个难题,大家敢不敢挑战呀?"

"敢!"学生们兴趣高涨地回答。

"好,那请同学们认真思考一下,我们的1元钱可以买哪些文具呢?"王老师趁机追问。

"那还不简单,只要价格低于1元的文具我们都可以买啊!"学生小花带着骄傲的神色回答道。

"不错,但老师主要是想考大家怎样合理利用1元钱买更多不同的文具,大家再思考一会儿。"王老师解释道。

这时,学生都在各自的小组中讨论,盘算着到底该怎样分配这1元钱,并进行了现场实践,逐渐清楚了如何将1元钱花得恰到好处。

最后王老师进行了总结:"通过今天这节课的学习,大家都有些什么收获呢?"

"我学会了用钱买东西。""我学会了怎样购物。""我们应该养成在生活中感受知识的习惯。"……学生们接二连三地回答着。

就这样,一堂别具一格的课便结束了。学生们不仅对实践生活中的购物知识有了很好的了解,一个个脸上都洋溢着自信的笑容,而且在生活中应用知识的习惯也根植于学生心中,并促使他们不断地坚持这样的习惯,在生活中学以致用。

转变思想观念,以学生为主体,为学生提供在生活中探索、实践的机会,这是教师应该做的事情。对学生进行生活化教学,培养他们在生活中感受、应用知识的习惯,也是我们老师必须要做到的。

对此,教师应采取积极应对的态度,尝试多角度、多视野地开展生活化教学,促进学生养成学以致用的习惯,进一步实现教学目标,紧跟新课改的步伐。

案例分析

怎样让学生学会与生活相关的购物知识，以及让他们能够将这一知识灵活地应用于生活中，是王老师讲好这堂课的关键所在。案例中，王老师的课堂教学正是抓住了这一关键之处，循循善诱，让学生们在轻松、愉悦的氛围中掌握了知识，在模拟的实际生活中应用了知识，在不知不觉中养成了学以致用的习惯。

上课之初，王老师事先创建了与现实生活相联系的问题情境，从学生平时最喜欢的卡通人物机灵狗入手，结合课件展示"机灵狗文具店"的画面，并通过倡议去机灵狗的文具店购买文具来激发学生的参与热情，充分调动他们的学习积极性，顿时使整个课堂气氛活跃起来。而学生在各方面的表现都很不错，对知识的理解也有了一定程度的提高，这为进一步培养学生学以致用的习惯奠定了基础。

考虑到数学是实践性比较强的学科，王老师又决定让学生亲身实践，逐步引导他们在实践中加强对知识的理解。接着，王老师便在课堂上再现了现实生活中的购物场面，让学生完全参与进去，给予他们在模拟的生活中运用所学知识的机会。同时在模拟购物的过程中，王老师还充分利用了小组合作的学习方式，根据学生的购买经历进行分组，使有过购买经历的学生分散在各个小组中，从而促进他们之间的交流，并提高他们处理生活中问题的能力。

在"售货员"和"顾客"之间的买卖过程中，在"顾客"解决买卖过程的困难中，扮演顾客的学生的实践操作能力很好地表现出来。在这样的环境中，他们充分发挥自身的主观能动性，有板有眼地将知识运用于生活之中。最后，学生们不仅学会了怎样用1元钱买若干文具，还真正体会到运用知识的灵活性。

很显然，这就是王老师这堂课最成功的地方，也是值得其他老师学习的地方。其实，我们也可以像王老师那样设置生活问题，将生活引入课堂，帮助学生在生活中应用知识。

例如，我们可以事先将"李老师有50元钱，买了8个文具盒，每个6元，还剩下多少元"这类题目改编为"李老师到文具店买六一节活动奖品，准备买8个文具盒，每个6元，只带50元钱够买这些东西吗？"这样，改造后的问题便具有现实意义，不仅打破了制约学生思维的枷锁，还有利于促进他们在实际问题中解决难题能力的发展。

虽然学生给老师的答案是一样的，但是思路却是各异的：有的是用$50-6\times8=2$（元）进行比较得出的；有的是用$50\div6=8$（个）余2（元）和$50\div8=6$（元）余2（元）的假设方法进行推断而得出的。无论怎样，它都说明了学生在生活中运用知识对自身未来发展将起到极其重要的作用，特别是对于培养他们学以致用的习惯而言。

著名教育家陶行知曾说："教育只有通过生活才能产生作用，并真正成为教育。"从一定程度上说，这便突出了生活化教学的优势和影响，说明生活化教学是加强学生实践能力、推进素质教育，使教育真正成为教育的有效途径之一，同时它也是培养学生学以致用的习惯的捷径之一。那么在实际教学中，我们老师又该怎样做到这样呢？

1. 营造生活化教学氛围

生活化课堂教学十分重视教学氛围的营造，能够认识到这种氛围对学生心理品质、认知等方面的培养，以及在提高学生的学习效率上所起到的不可估量的作用。教师应该善于模拟生活化的场景，使学生在无拘无束、轻松愉快的生活场景中交流思想、表达情感，从而培养学生学以致用的习惯。

通过生活化手段所营造的教学氛围必须贴近学生的生活，自然贴切、新颖别致，还要紧扣主题。从某种意义上说，这些生活化的手段还是比较丰富的，例如用谈话、猜谜传达内容；用音乐渲染气氛；用图画展示意境；用播放动画表现形式等。

2. 积极挖掘生活信息，为培养学习习惯寻找素材

考虑到学生对社会的认知可能比较浅，对知识的理解也可能存在一定的难度，教师在教学过程中应该积极挖掘生活信息，为培养学生养成学以致用的习惯寻找合适的素材。

以数学学科为例，现实生活中蕴涵着大量的数学信息。在教学过程中，教师应善于根据教学内容，把握生活现象，精选生活素材，为学生掌握数学

知识提供充分的生活事实。教师还可以从学生熟悉的生活情景和感兴趣的事物出发，提取生活中的数学的实例，让他们感受数学与生活的密切联系，使他们通过观察、猜测、验证、推理与交流等活动，经历生活情境"数学化"的过程，逐渐养成学以致用的习惯。

例如，在上《长方体和正方体的认识》这节课前，教师可以让学生搜集一些长方体和正方体的物品，或者让他们动手制作一个长方体和一个正方体。上课时，让学生拿出自己各式各样的长方体和正方体。通过这种生活化的信息，学生在观察长方体或正方体时便很容易发现，长方体或正方体都有6个面；长方体相对的面一样大，正方体6个面一样大；长方体和正方体都有8个顶点等特点。

3. 创设生活情境，让学生体验生活教学

生活化教学是一种在生活背景下的情境化学习，它除了挖掘教材因素外，还可以利用教室里现有的物质条件来创设教学情境，让学生从中体验生活，感受知识。在小组讨论问题时，教师可以将课桌椅拼到一起，让学生围坐在一起，就像在家里一样讨论，他们肯定会积极思考、尽情交流。有的语文课文内容可能与学生生活较远，学习起来有一定的难度，教师可以尝试着将课文编排成课本剧，让学生亲自去演等。

以数学学科为例，我们相信，学生原有的生活经验是有利于他们理解数学知识的，因为这些经验不仅是他们的生活现实，而且通过这些生活经验，还可以让他们真正理解从具体到抽象的过程，让他们在类似的生活中感受知识。在教学的过程中，教师应该积极创设这样的生活情境，模拟生活，再现生活，使课堂教学更接近现实生活，让学生身临其境，从而有意识地将现实问题数学化，将数学生活化。

例如，在教授物体的体积和容积时，教师可以用两个同样的透明杯子盛同样多的水，并让一位学生做上记号，先往一个杯子里放入一个小铁块，然后分别演示把铁块取出来，再放进去，让学生观察并思考发生了什么变化以及发生变化的原因。在这个过程中，学生便在现实生活中感受了知识，加深了对所学知识的印象，同时也激发了他们的求知欲。

4. 以生活化作业为桥梁，培养学生学以致用的习惯

以生活化作业为桥梁，促使学生在生活中完成作业，教师便容易达到培

养学生学以致用习惯的目的。教师在设计课外作业时，要尽量做到趣味性、实用性、创造性的统一，努力培养学生的创新能力，全面提高学生的素质，让他们能够走出校园、走进生活、走向社会，在生活中成长。

以英语学科为例，教师可以布置以下作业：

第一，交流性作业。要求学生把自己所学的知识内容表演给家长看，也可以请家长一起表演，并让他们提出宝贵的建议。

第二，习得性作业。在日常生活中，让学生每天坚持听读课文录音或者听儿童英语广播，并把自己模仿得最好的部分录制下来，和其他同学一起欣赏或进行评比，选出"英语小广播"。还可以让学生阅读英语卡通故事书，欣赏英语歌曲等。

第三，操作性作业。让学生为家庭生活用品、学习用品贴标签。为了达到美观的目的，他们在书写标签、设计标签时便会很认真，这样既能够帮助学生记单词，也能提高他们的书写水平。

第四，探究性作业。让学生观察生活，并能用英语说出生活中看到的不同颜色、物体等，逐渐使他们在生活中能够应用、探究英语知识。

5. 带领学生在生活中运用知识

要想培养学生学以致用的习惯，教师还应该带领学生在生活中运用知识，加强学生的实践操作，培养他们运用所学知识解决实际生活的能力。

例如，在一次课外活动中，有一数学教师把学生带到操场上，想让学生运用所学的知识测量出学校操场旗杆的高度。面对这样的问题，学生大都无奈地摇摇头。有的学生提出爬上去量，有的学生提出测量升旗的绳子，再除以2等。可是这样的办法都不是测量旗杆高度的最好而且准确的方法。由于刚刚学过"比和比例"的知识，数学教师便找了把长1米的米尺，笔直地插在旗杆边。这时在旗杆影子的边上出现了米尺的影子，量得米尺的影子长为0.45米。此时教师便启发学生思考：你们能从尺长与影子的比想出测量旗杆高度的办法吗？这时学生的记忆大门被打开了，经过不断地猜想、假设，他们终于知道，在同一时间内，旗杆的高度与它的影长的比等于米尺的长度与它的影长的比。

这样，不仅学生知道了问题的答案，还锻炼了运用所学知识解决实际问题的能力。

6. 通过德育教育,培养学生学以致用的习惯

在传授知识的同时,教师还可以通过生活化教学对学生进行德育教育,让他们在学习过程中明白为人处世的道理。《思想品德》中有一篇课文是《建设社会主义精神文明》,教师在教完这节课后可以将学生带到操场上,让他们围成一圈,讨论自己在生活中可能遇到的一些不文明行为,并让他们发表意见等。在这过程中,教师应给学生讲述自己亲身经历的故事,让学生从中学会该怎样处理这些不文明的行为,并培养学生在生活中感受德育知识的习惯。

在现实生活中,还有很多的事情可以作为教育学生的素材,像让学生到十字路口感受交通规则的重要性,让学生到篮球场感受体育比赛中规则的重要性等,从而让他们体会到社会生活需要规则,做人也需要规则。

正是生活中这些常见的事情,使得学生的德育工作能够很好地进行。生活化教学让学生在生活环境中同样能够受到德育教育。

学以致用的习惯,实际上是为了提高学生的动手实践能力,其本质是为了让学生有更好、更高的发展前景,为了让学生在以后的工作中能够巧妙地运用知识。

作为一名教育工作者,教师应相信生活化的教学方式能够给学生带来新的变化。生活化教学不仅会促使学生更加牢固、更有效地理解、记忆知识,还能有效地培养他们养成学以致用的习惯。

好习惯成就好成绩——学习习惯培养

习惯培养高效细节之鼓励探究

运用探究式教学，培养学生探究的习惯

> 凡是教师能够讲述的、能够传授的知识，多半是死的、凝固的、无用的知识；只有学生自己发现、探究的知识，才是活的、有用的知识。
>
> ——〔美〕罗杰斯

探究式教学就是以探究为主的教学。具体而言，它是指，在教学过程中，在教师的启发诱导下，以学生独立自主学习和合作讨论为前提，以现行教材为基本探究内容，以学生周围世界和生活实际为参照对象，为学生提供充分的自由表达、质疑、探究、讨论问题的机会，让学生通过多种解难释疑的尝试活动，运用自己所学的知识解决实际问题的一种教学形式。

这种教学方式特别重视开发学生的智力，发展学生的创造性思维，培养学生的自学能力。它力图通过自我探究的形式，引导学生学会学习并掌握科学方法，为其终身学习和工作奠定坚实的基础。

作为探究式课堂教学的老师，我们的任务除了调动学生的积极性，促使他们自己去获取知识、发展能力，做到自己能发现问题、提出问题、分析问题、解决问题外，更重要的是培养学生探究的习惯，让学生在不知不觉中参与探究、感悟探究。

培养学生探究习惯的方法和渠道有很多种，但是探究式教学却被认为是培养学生的探究习惯、进行课堂教学改革的最有效、最理想的选择之一。

一方面，选用探究式课堂教学符合教学改革的实际，并能满足改革者的心理需要，有利于贯彻培养学生探究习惯的理念。

当前的教学改革是在探究中改革，没有探究就没有改革。对于传统教学来说，改革是探究前人没有走过的路；对于教师来说，改革是探究从来没有用过的新方法，去获得从来没有过的理想教学效果。

改革是在不断探究新的教学途径和新的教学策略中运行的。而这种探究适合于任何一门学科，能用在每一个教学环节上，对每一位教师都适用。可以说，谁能够掌握探究的钥匙，谁便能够打开教学改革的大门。这种探究式教学遵循现代教育以人为本的观念，能给学生以最大的发展空间，并根据教材提供的基本知识，把培养学生创新精神和探究能力作为教学的重点，为培养学生的探究习惯铺平了道路。

另一方面，选用探究式课堂教学能使班级教学焕发出生机勃勃的活力和效力，改变以往教学中的弊端，让学生从中逐渐养成探究的习惯。

以往的教学模式太注重教师的传授，而忽略了学生的个性，甚至是扼杀了学生的个性，难以真正地做到因材施教。而如今的教学改革的根本任务便是转弊为利，按照现代教学运行机制，变换传统的班级授课制组织形式，减少教师在课堂上的讲授时间，调动学生参与教学的积极性，充分发挥学生自主探究的能动性，使课堂教学焕发生机。

探究式教学的尝试确实实现了教学形式的转变，它最大限度地减少了教师的讲授，最大限度地满足了学生自主发展的需要，并尽可能多地给学生提供在"活动"中学习、在"主动"中发展、在"合作"中增知、在"探究"中创新的机会，进而有效地培养学生探究的习惯。

在培养学生探究习惯的过程中，教师应充分激发学生学习的自主性，让学生在探究中自主发现、寻找方法、探究思路、解决问题。我们应该尝试着从以下几大领域去培养的学生的探究习惯：在自主学习中探究；在质疑问难中探究；在观察比较中探究；在矛盾冲突中探究；在解决问题中探究；在实践活动中探究。

此外，选用探究式课堂教学可以为培养学生的探究习惯设置探究的情境，建立探究的氛围，进一步促进学生探究活动的开展。在这过程中，教师应注意把握探究的深度以及对探究成败的评价等。学生无形中成为探究式课堂教学的主人，他们根据教师提供的条件，明确探究的目标，思考探究的问题，掌握探究的方法，敞开探究的思路，交流探究的内容，总结探究的结果，并最终会养成积极探究的习惯。

 经典案例

杜蓉是湖北省宜昌市三中的高级教师。在教授初中化学《空气》一课时，她巧妙运用探究式教学，将学生带入极具探究氛围的场景之中，让学生在探究中感受知识，并间接培养了学生探究的习惯。

刚上课时，杜老师深深地吸了一大口气。学生看到老师这样的动作后，一个个也学着老师的样子用力地吸了口气。

看到学生模仿的样子，杜老师笑了笑说："大家对我刚才的动作是不是觉得很好奇呀？现在再请大家做一遍深呼吸的动作。"

学生按照老师的要求做过之后，杜老师接着说："今天我们要学习的课题就是刚刚大家吸入的空气。"学生恍然大悟，原来杜老师一开始的动作只是为了引出今天的课题。

杜老师继续说："空气对于我们来说应该是比较熟悉的，它无色无味，又不容易察觉。那么，我想考考大家，能否用一个简单的实验或列举实例来说明空气确实存在呢？"

不一会儿，便有几位学生举手回答，有一名学生说："把一个空的集气瓶放入盛满水的水槽，向下压，集气瓶内的水无法上升到顶端，这就说明集气瓶内确实存在着空气。"

杜老师笑了笑，并没有作出任何评价，而是继续让其他学生回答。

另一个学生拿出一个压扁的塑料袋，将它抖开后再将袋口系住，然后一边用双手挤压塑料袋一边说："当挤压塑料袋时，我便能感觉到两手之间有压力，这是因为塑料袋内充满了空气。它可以说明空气真实存在。"

此时，又有学生站起来说："我们用一个注射器在空气中抽拉一下，然后再向水中推挤，这时我们会看到有许多气泡从针头冒出。这也可以说明空气确实存在。"

在这三位学生回答之后，其他学生也纷纷说出了自己的想法：有的说用扇子朝着脸扇时，我们感觉有风，那是因为空气在流动；有的说起风时外面的树叶会动，那是因为空气的流动形成了风；有的说我们经常看到那些五颜六色的气球在天上飘，那也是因为气球里面有空气；还有的说平时用打气筒给车胎打气的过程就是将空气压入车胎等。

"很好，刚才大家描述的都能说明空气确实存在。那么老师请大家再思考一下，空气中又含有哪些气体成分呢？我们又该如何证明这些气体的存在呢？"杜老师进一步引导学生进行思考，逐渐培养学生探究的习惯。

过了一会儿，学生小李站起来回答："应该有氧气，因为氧气是我们生存的必要条件，没有了氧气，我们便会窒息。还有就是，某些物质能够在空气中燃烧也是因为空气中含有氧气。"

杜老师点点头说："不错，没有了氧气，我们人类以及动物是不能存活的，我们现在所吸入的空气中主要是氧气。"

听了杜老师的讲解，学生小张站起来说："我们吸入的大部分是氧气，那我们呼出来的大部分是二氧化碳，这说明空气中是含有二氧化碳的。还有，平时我们都曾见过这样的现象，向空集气瓶内倒入澄清石灰水，振荡后石灰水变浑浊，这也可以证明空气中确实含有二氧化碳。"

接着，又有几位学生站起来回答，有的说空气中还有水蒸气，像早晨我们所见到的露珠就是空气中的水蒸气冷凝而成的小水滴；有的补充说夏天从冰箱里取出一瓶啤酒，过一会儿，瓶外会出现许多小水珠，这是空气中的水蒸气遇冷凝结而成的。

"看来大家已经从生活经验和以往的研究活动中了解了空气中含有氧气、二氧化碳和水蒸气。"杜老师一边总结学生的发言，一边继续引导学生，"空气中除了这些气体外还有其他气体，各种气体在空气中所占的比例问题已经由科学家们经过漫长的科学探究而解决了。接下来，我想让大家分组尝试解决这样一个问题：设计一个实验，并能粗略地测定空气中氧气的体积比。"

杜老师前后相邻的四位学生组成一个实验小组，大家聚在一起进行实验、讨论。课堂探究气氛高涨，俨然一个学术讨论会。在这一过程中，学生的探究习惯便得到了很好的培养。

不久之后，每个小组选出代表发表见解。学生小玲先站起来总结："我们认为，取一定体积的空气（一个集气瓶），把火柴点燃伸入集气瓶中，等火柴熄灭后，用原来的总体积减去后来剩余的体积，就是氧气的体积；再通过计算，便可以算出氧气的体积比。"

杜老师说："小玲同学这组是利用物质在空气中燃烧消耗氧气来测定空气中氧气的体积，这说明他们具备了一定的探究意识。这是难能可贵的。大家对他们的这种方法有什么看法？他们这组的实验是否需要改进呢？"

不一会儿，善于提出疑问的学生小代站起来说："如果按照她们的方案进行，我认为燃烧后气体的体积减少量无法测定。"

杜老师笑了笑说："我也同意你的看法，那么又该如何解决这个问题呢？"

在杜老师的允许下，小代走上了讲台，一边讲述一边用粉笔画着："我们可以先将一支较长的蜡烛放在水槽底部，并向水槽中加水，使水面低于蜡烛，之后再点燃蜡烛，并将一个集气瓶倒罩在蜡烛上方，当蜡烛熄灭后，由于集气瓶中的氧气被消耗了，所以瓶内压强会减小，而外界大气压就会将水直接压入集气瓶内。这样，水面上升多少就表明氧气的体积是多少。"

"啪啪啪！"班上响起了热烈的掌声。杜老师随后说："看来大家对小代同学的方案都表示赞同，其实我也比较欣赏她的方案。她巧妙运用自己所学的物理学知识，利用倒吸入瓶内水的体积，来明确被消耗氧气的体积，从而测算出一定体积的空气内所含氧气的体积。她的方案可以说很有创意，那么大家觉得还有没有需要完善的地方呢？"

学生你看看我，我看看你，都没有回答。杜老师说："既然大家觉得没有地方需要完善了，那我们就让小代这组的同学演示一下，看她们的实验结果与科学家的结论是否一致。"

杜老师给她们准备了一个带刻度的集气瓶，让她们演示，以便于观察体积的变化。经过一段时间的实验，得出的结果是水上升的体积约为集气瓶容积的十分之一。

"我们知道，科学家们得出的结论是氧气约占空气的五分之一，那为什么在小代她们这组的实验中气体减少的体积远远小于五分之一呢？"杜老师依旧引导学生积极思考。

机灵鬼小磊说："那是因为蜡烛燃烧时放热，使剩余气体膨胀，所以液面上升的体积数会偏小。"

"好的,你的意思是说,我们要等到装置完全冷却到原来的温度后再进行观察,是吗?"杜老师问。

小磊点点头,后来按照他的说法又重新做了一次实验,结果还是偏小。学生对此产生了疑惑,都在思考着到底该如何操作才能得出正确的结果。

这时,杜老师给出了提示:"小磊的那个提议也不能很好地解决问题,大家可以思考一下,蜡烛燃烧后生成物是什么状态?"

这一提示起到了有效的作用,学生明白了蜡烛燃烧会生成水和二氧化碳,而二氧化碳是气体,占据了一定的体积,所以实验结果会偏小。

杜老师接着又引导学生:"现在大家知道了其中的道理,那该如何改进呢?"

有学生提议用木棒,这一提议立即被其他学生给否决了,因为木棒燃烧后也会生成二氧化碳。有的学生提议改用在空气中能够燃烧,但又不生成其他物质的可燃物。可是这一提议又很快被其他学生给否决了,因为燃烧一定会有新物质的生成。经过几次否决后,学生一致认为,可以改用燃烧后不生成气体的可燃物。

此时,杜老师笑了,说:"对了,体积变小是因为产生了其他气体,那我们用燃烧后不生成气体的可燃物进行实验,则会得出准确的结果。现在我就给大家介绍一种可燃物——红磷,它在空气中燃烧,只生成一种白色固体。如果我们用这个方案,那得出的结果就应该正确了。接下来,我给大家演示这个实验。"

在杜老师的实验结果中,学生得出了水上升的体积大约为集气瓶容积的五分之一,与空气中氧气的体积比相近。

最后,杜老师说:"为了便于操作和观察,某些细节上的问题还有待改进、完善,希望大家课后继续思考,并利用课余时间到实验室亲自做一下实验。"

这样,学生在不断的探究中了解了有关空气的相关知识,一堂具有特殊意义的化学课也圆满结束了。

探究式教学是学生探究习惯养成的保证之一。在探究氛围浓厚的环境中学习,学生内心中的探究意识会被全部激发出来,并会得到教师系统性的引导，逐渐让探究成为学生的习惯。

为此，教师应特别注重探究式教学的运用，从各个方面着手培养学生的探究习惯。教学实践也证明，越是探究氛围浓厚的教学，学生对知识的理解就越有深度，对培养学生探究的习惯就越有效。

案例分析

探究是一种能力，一种方式，更应该是一种习惯，一种值得每一个人都应该养成的习惯。在探究中，学生可以获得很多有趣的知识，可以感受它带来的种种不一样的体验，更能够从中去了解整个世界。作为教师，我们应该积极培养学生探究的习惯，让他们从中受益。

杜老师的整个教学充分遵循了化学探究式教学的三个原则：开放性、自主性和过程性。这是一个符合新课程改革精神的好的教学案例，同时也是有效培养学生探究习惯的好案例。

在教学设计中，杜老师选择了恰当的情景，并关注前一单元的探究成果和学生的生活经验与本节课学科知识的关联，帮助学生更好地探究知识。而在整个教学过程中，她又注重对学生进行提出猜想、进行科学探究能力的培养，鼓励学生大胆参与。从这可以看出杜老师在培养学生探究习惯上所付出的努力；同时，从众多积极发言的学生身上，也可以看出杜老师已经充分发挥了引导者和组织者的作用，向我们展示了她深厚的教育教学功底和驾驭课堂的能力。

为了让学生能够很好地理解知识，为了培养学生的探究习惯，杜老师的做法可谓是灵活巧妙。一开始她便运用了教学手段，通过吸气的方式将学生带进课题的研究之中，并要求他们运用自己的方法证明空气的存在。这既为接下来的教学进行了有效的准备，又为课堂探究式教学进一步深入奠定了基础，同时还培养了学生的动手能力，以及收集、分析和加工整理信息等能力。

在探究式教学中，教师应积极运用各种教育资源，采用一些新颖的教学手段和方法，以达到培养学生探究习惯的目的。

1. 积极创设问题情境

在学习过程中，学生必然会遇到许多认知问题，当这些问题交织在一起时，便成为培养学生探究习惯的内在动力和探究式课堂教学顺利进行的契机。教师则可以通过挖掘教材，以问题为契机，精心设计，释疑解惑，帮助学生完成探究知识的目标。

例如，当学生学习了电磁感应的知识后，并对电磁感应中电能的来源产生疑惑时，教师可以设计这样的问题：为什么线框在非匀强磁场中的摆动会很快减弱？学生便去积极探究，得出安培力做负功，机械能减少，机械能转化为电能。通过这些问题的层层设问和探究，不断激发学生的思维火花。

在探究式教学中，教师要善于把教材中既定的观点转化为问题，以展现知识的发生发展过程，借助具有内在逻辑联系的问题设计，促使学生思考，逐步培养学生自己发现问题、分析问题和解决问题的能力，让学生真正成为知识的主动建构者，让探究成为学生最容易养成的习惯。

2. 加强交流合作

合作意识是一种可贵的品质。在培养学生探究习惯的过程中，教师需注意学生这方面良好素质的形成。在课堂教学中的合作交流包括学生群体间的交流、学生个体间的交流、教师间的交流以及这三者间的交流，共同形成信息交流的网状结构。而信息在网状结构中随着交流而变化、增长，最后随着探究过程的结束而趋于稳定。学生在合作交流的过程中便充分体验合作的乐趣、成功的喜悦和群体的力量，同时他们也体会到自己的努力和贡献是有价值的，从而形成良好的科学态度和群体意识，为培养探究习惯注入了强心剂。

例如，物理学科中探究物体运动速度的变化的活动中，小组内成员分别完成计时、测距以及运动等工作，任何一方的失误都会影响到探究活动的完成和结果。像这样探究活动完整、科学的探究计划需要由许多学生共同讨论来制订，只有这样才能充分考虑各种可能的因素，才有利于探究活动的完成。

3. 注意循序渐进，层层深入

培养学生的探究习惯不能急于求成，而应注意循序渐进，层层深入。在探究式教学中，教师一定要把握好过程：

首先，在具体探究活动的安排上，教师应遵循由易到难的原则，逐步加大探究力度。从探究的环节上来看，可以逐个环节地训练，也可着重于探究某个或某几个方面。另外，对于不同的学生，探究活动的要求不同，教师参与的程度也应不同。但要记住，总的目的是为了培养学生的探究习惯。

其次，探究活动的数量应该由少到多，让教师和学生都有一个逐步适应的过程。从总体上来说，可以将科学探究的环节渗透到不同的教学内容中。每一次探究活动，让学生重点学习某一个环节涉及的有关方法，以便在完成该阶段学习之后可以对探究方法有整体的了解。教师可以在此基础之上不断运用这些方法提高学生探究的能力。

最后，探究活动的设计应该从教学实际和学生的实际出发。一方面，探究的课题应能激发学生的兴趣，符合学生的年龄特征。通过探究活动，可以培养学生热爱自然、理解自然的情感以及对科学的探索兴趣，还应有助于探究习惯的培养。另一方面，探究活动应紧密联系生产与生活实际，越是贴近生活、与学生的经验相矛盾的探究活动，越能激发学生的探究热情，开拓学生的思维。

探究并不是科学家的专利，学生也可以通过探究活动来获取知识，学习探究的方法。

同样，学生探究习惯的养成并不是可望而不可即的。当我们老师展开探究式教学时，便能够带领学生从形象思维到逻辑思维，从感性认识到理性认识，让学生的求知欲、积极性、主动性都能得以充分发挥。在这过程中，学生探究的习惯也会悄然养成。

习惯培养高效细节之手脑并用

培养学生做好笔记的习惯

> 大抵凡一个大学者平日用功,总是有无数小册子或单纸片,读书看见一段资料,觉其有用者即刻抄下。资料渐渐积得丰富,再用眼光来整理分析它,便成一篇名著。
>
> ——梁启超

俗话说:"好记性不如烂笔头。"此语道出了做笔记的重要性和必要性。美国心理学家巴纳特曾以大学生为对象做了一个实验,研究了做笔记与不做笔记对听课学习的影响。大学生们学习的材料是一篇有1800个词的介绍美国公路发展史的文章,以每分钟120个词的中等速度读给他们听。将大学生分成三组,每组以不同的方式进行学习。甲组为做摘要组,要求他们一边听课一边摘出要点;乙组为看摘要组,他们在听课的同时,能看到已列好的要点,但自己不动手写;丙组为无摘要组,他们只是单纯听讲,既不动手写,也看不到有关的要点。学习之后,对所有学生进行回忆测验,检查对文章的记忆效果。实验结果表明:在听课的同时,自己动手写摘要组的学生学习成绩最好;在听课的同时看摘要,但自己不动手组的学生学习成绩次之;单纯听讲而不做笔记,也看不到摘要组的学生成绩最差。

这个研究告诉我们,做笔记是能够提高学习效率的。但是,有些学生认为,反正教材上什么都有,上课只要听讲就行了,没必要记课堂笔记。研究已经表明,对于同一段学习材料,做笔记的学生比不做笔记的学生成绩提高的速度快二倍。这究竟是为什么呢?这就涉及做笔记给学生带来的特殊意义，以及培养学生上课做笔记习惯的重要性。

第一，做笔记的习惯有利于帮助学生集中注意力，专心听讲，避免学生上课分心和思想开小差。做笔记可以指引并稳定学生的注意力，促使学生听课时集中精力，深刻理解老师所讲的知识，同时更能充分调动眼、耳、手、脑四器官的互相配合与协调，锻炼学生的器官协调能力。

要想在听课的同时记好笔记，学生必须要跟上老师的讲课思路，老师导向哪里，讲到哪里，学生就应该想到哪里，听到哪里，把注意力集中到学习的内容上。如果学生光听不记，则有可能使注意力分散到学习以外的其他方面；而开小差则更是不行，自然会漏掉要记的重要内容，不利于更好地学习。

第二，做笔记有利于帮助学生理解学习内容。做笔记的过程实际是培养学生动脑、动手的过程，同时也是一个积极思考的过程。因为学生要能及时记下笔记，不仅要求听得懂，而且要求记得快：要能听得懂，就要积极动脑筋思考问题，快速理解；要能记得快，一方面字词书写要熟练，另一方面书写速度也不能慢。这样，学生对知识的理解便会更深刻。我们知道，越是高等的学习，越是以记为主。学生在课堂上边听课边记笔记，便能处于最佳的学习状态，能够抑制"思想溜号"的出现。

第三，做笔记有利于学生积累资料、扩充新知，可以增强他们的鉴别力与思维的敏捷性。笔记主要反映的是老师讲课的重点、难点与疑点。通过课堂笔记，学生便可以掌握老师的思考方法、分析方式和解决问题的技巧与次序。

课堂笔记可以说是学生的信息库和资料库，它们为学生以后的学习提供丰富的参考资料，并且这些资料又是教材和参考书中找不到的宝贵内容，是老师在课堂讲授的一些新知识、新观点。而做笔记的过程正是不断积累、获取这些新知识、新观点的过程。

第四，做笔记的过程中需要经过一番筛选，清楚教材中哪一处是重点，哪一处是次要点；老师哪些讲得详细，哪些讲得简略。这些学生都要在听课过程中作出自己的判断，并能对老师的分析、点拨作出敏捷的思维反应，并经过及时鉴别、筛选，准确地将老师的重要表述与总结的要点记下来。在这个过程中，学生的鉴别力和思维的敏捷性便得到了有效增强。

第五，做笔记有利于学生对所学知识的复习和记忆，收到消化巩固之效。如果不做笔记，复习时学生只能从头到尾去读教材，这样既花时间又难得要领，效果不佳。如果在听课的同时记下讲课的纲要、重点和疑难点，并用自己的语言记下对所学知识的理解和体会，这样当学完一个单元后，学生可以及时对课堂笔记作一番整理。这种整理过程其实也是对教材的温习与梳理的过程。在温习与梳理中对照笔记进行复习便能使学生加深对所学知识的理解，让学生感到既有系统、有条理，又觉得亲切熟悉，因而复习起来事半功倍，能够较好地消化巩固所学知识。

因此，在课堂教学过程中，教师应该加强让学生做课堂笔记的严格训练，并在方法上给予恰当的指导，注重培养学生做笔记的习惯。在训练学生做笔记的起始阶段，教师可以采取"扶"的策略，可以告诉学生，需要做笔记的地方老师会予以强调、重复。对老师强调了、重复了的内容仍然不愿动手或不会动手做笔记的学生，我们应特别加以督促或指导。

考虑学生做笔记的需要，教师应适当放慢说话的速度，而且做到发音标准、吐词清晰，尽量避免长句子，多用短句子，给学生足够的时间。既要保证写得完，又促使学生在写的同时能够去思考，去理解，避免学生只顾写不动脑思考。为了便于学生随着课堂节奏做好笔记，教师应在课堂结构的转折处做出明确的示意，既要承上作总结性的归纳，又要启下作简要的导入。经过一定时间的训练，教师还可以集中展示、交流学生的课堂笔记，让他们互相比较、借鉴，彼此取长补短。这样既能激发学生的进取心，使之保持做笔记的高昂热情，又能促使他们不断总结做笔记的经验，提高做笔记的能力。

当学生重视做笔记、善于做笔记了，他们的学习自觉性与主动性必然会增强，他们的知识水平与学习能力也必然会有切实的提高。从某种程度上说，这就是学生开始学会学习、善于学习了，开始逐步达到素质教育的某种要求了。

笔记是学生积累知识的重要手段，是弥补记忆缺陷的最有效方法。它可以培养学生的自学能力、综合能力和总结归纳能力；可以让学生当时受益，终身受用；可以形成学生的一种习惯，让他们从中获得更多有益的东西。而我们教师的任务正是要培养学生做笔记的习惯，让他们能够自觉地重视笔记，做好笔记。

经典案例

众多教学实践证明，养成做笔记习惯的学生，学习成绩往往比较好。然而，有不少学生仍不大重视做课堂笔记。一部分学生是没有掌握正确有效的做笔记的方法，而少数学生甚至根本就没有做过笔记，这样，到复习的时候便很困难。

对此，江苏省张家港市妙桥小学的优秀教师吴庆丰自有一套培养学生做笔记习惯的有效方法。

吴老师认为：人的大脑比不上电脑存储器，即使他的记忆力再好，也会有遗忘的时候。那么，在课堂上做笔记就是克服过快遗忘的一种好方法。它既可以筛选课堂上重要的学习信息，又可以作为一种长时间保存的记录，它可以克服头脑记忆储存知识的局限性。

在具体的教学过程中，吴老师也曾遇到这样的情况：有些内容老师在课堂上已经十分清楚地讲过了，有的甚至讲了很多遍，可是过不了多久，有的学生却回忆不出来了，在作业中也是错误百出，考试自然不能考出好成绩。这些其实都是由于部分学生嫌麻烦而没有养成做笔记的习惯而导致的。

针对这样的情况，吴老师特意挑出时间来教授他们做笔记的正确方法，并提出合理的要求，进一步培养他们做笔记的习惯。吴老师告诉学生，做笔记不能全盘照搬，要有重点、有选择地记。如果照搬照抄，只会占用大量的听课时间，而老师接下去讲的内容就会听不到，这样会顾此失彼的。

对那些不会做笔记的学生，吴老师还传授并具体指导了四种做笔记的方法：第一种是直接在课本上记下一些要点、注解，如当老师讲到某个内容对自己有启发时，或某个问题不懂、或有自己的阅读感悟时，可以在课本上或书上简要地记上几笔或画个符号，防止关键地方漏掉。这时，学生可以选择一些自己熟悉的符号，如用"＿＿＿"表示重点词句，用"?"表示疑问等。当然也可以用不同颜色的笔来标记不同的内容，如可以用红色标记重点，用黑色表示疑问等。第二种是记下扼要的提纲式的听课笔记，比如在讲到课文的段意时记下小标题。第三种是关键词记录法，如记句子的理解和感悟时，只记录几个关键词语，就能起到提示作用。这样记既省时又有效。第四种是在课后对课堂上没能来得及记的地方进行补充，修改完善。

为了让那些不会做笔记的学生能够跟得上进度，在课堂上，吴老师运用一些恰当的方法指点并督促他们应该怎样做好笔记。同时，还适当地控制自己说话的速度，给他们留下充裕的时间来记录重要的知识内容。除了在方法上给予他们指导外，吴老师还组织学生开展交流自己的课堂笔记的活动，让那些不会做笔记的学生从其他同学那里学会做笔记的技巧。

为了充分发挥笔记的作用，让学生自觉养成做笔记的习惯，吴老师提倡学生勤翻阅笔记和勤补充笔记。如新课后翻阅笔记，可以加以巩固；每节新课前翻阅笔记，可以加强前后知识的联系；考试前翻阅笔记，可以抓住重点、要点。

随着时间的推移，在吴老师的具体指导下，那些不会做笔记的学生也渐渐掌握了老师传授的做笔记的方法，慢慢学会了做笔记，也明白如何使自己的笔记做得更科学合理。他们逐渐地从做笔记中获得学习的乐趣，并将做笔记悄然融入自己的习惯之中，进而提高了自己的学习成绩。

从某种意义上说，教育就是培养良好习惯、纠正不良习惯的过程。在良好习惯的培养过程中，学生享受到的是它所带来的意外惊喜。

传授学生做笔记的技巧方法，培养他们做笔记的习惯，让他们在做笔记的过程中更进一步理解知识、消化知识是我们教师的任务之一。只有当学生发现并体会了做笔记的快乐和收获时，我们才能让他们真正养成做笔记的习惯。

案例分析

有些学生，也许他们还没有彻底地认识到做笔记的重要性，也许他们也没有掌握做笔记的诀窍，但是，他们应该清楚，在一些场合上，做笔记要比不做笔记强。作为一名教育工作者，教师应该像案例中的吴老师那样，积极培养学生做笔记的习惯，让他们在这个过程中重新认识做笔记的重要，学会做笔记。

在培养学生做笔记习惯的过程中,吴老师抓住了关键问题,通过给学生传授做笔记的方法教育学生,让他们了解做笔记的简单实用,知晓养成做笔记习惯的迫切性。

在吴老师的精心教育下,学生清楚了做笔记要做好以下四个方面的内容:一是应抓住老师讲的"新"知识、"新"内容,记清记全,对那些以前记过的,可以写上见何处便可以了。二是要集中精力记好自己所"缺少"的内容,通过做笔记来弥补自己知识的缺漏。三是要记好那些"实用"的内容,如自己训练或考试中容易出错的知识。四是要记"法",即记好那些带有规律性的知识。另外还有那些与自己的爱好有关的,对扩大自己的知识面有帮助的,或对自己的学习有启迪的知识,都可以及时记录下来。

清楚这些内容后,学生便慢慢掌握了做笔记的方法,知道该如何抓住重点,如何提高自己做笔记的效率了。但是,培养学生做笔记的习惯还需要我们教师积极从以下几个方面进一步落实:

1. 从思想上严格要求学生

对于做笔记,学生往往有两种情况:一是认为书上有,懒得做;二是想做笔记,但由于上课速度及其他因素的影响跟不上。有些学生半学期过后仍没做任何笔记,甚至在书本上连记号都没有,这样便给学生的学习带来诸多不便,学业成绩也往往很差。因此,在课堂教学中,教师应该从思想上严格要求学生,加强培养学生做笔记的习惯,并向学生介绍做笔记的作用、方法以及要求等。在以后的教学中,教师应更进一步指导和督促检查,促使学生养成做笔记的良好习惯。

2. 加强指导,逐步提高学生做笔记的水平

笔记是一项具有一定技巧性的活动。学生要养成做笔记的习惯,不但要具有一定的书写、绘图能力,还要具有一定的学科知识和提炼笔记内容的能力。刚开始时学生可能跟不上,教师应适当放慢教学速度,提醒学生记笔记的内容,每节课可留适量时间让学生整理、补充笔记。尤其要避免学生将笔记记为教师上课的流水账,不加选择地全部记下,也要避免将笔记记成教师板书的翻版。

当然,教师也要指导学生处理好听课、思考和做笔记三者的关系。因为

理解思维是学生在上课时的关键所在。如果学生的思考与做笔记发生了矛盾，教师要指导学生跟随自己的思路来思考，这样就可以避免学生因为做笔记而无法理解后面的内容。那么，这时的笔记可以写个标题空着，课后再补上。对于新课要安排学生先去预习，对课文的内容有一个粗浅、大致的了解，这样可以减少学生上课时听课的压力，在做笔记的过程中便更有针对性了。

3. 抓好备课环节

备好课是上好课的先决条件，也是学生做好笔记、培养学生做笔记习惯的前提。为了更好地指导学生做好笔记，开展教学双边活动，教师在备课中首先要根据课程标准的要求，对教材认真分析、推敲、归纳、整理，形成条理清晰、重点突出的教案，设计好统领知识结构的板书；然后在备课计划中列出重点、难点、关键的问题，并用特有的符号、颜色等标出，以便课堂教学时学生能按照这些重点、难点、关键问题做好笔记。

4. 把握好课堂教学的常规环节

在课堂教学中，教师应积极创造有利于学生做好笔记的条件，为培养他们做笔记的习惯奠定基础。

第一，教师的语言要清晰、有条理，准确而精炼，切忌杂乱无章；要有强烈的感染力、震撼力，切忌枯燥乏味。讲重点内容时要浓墨重彩、铿锵有力，对于难点问题要精心点拨，有的放矢。

第二，板书设计的布局要合理，层次要分明，要起到统领知识的作用；字迹要正确、工整。为了加强直观性，突出重点，可采用彩色粉笔作简图或标明重点内容。

第三，把握好上课的节奏，缓急有度，和谐协调；讲解重点内容时节奏要稳健而缓慢，反复加以强调，这样利于学生把握要领，做好课堂笔记，提高学习效果。

第四，充分利用教学辅助工具和设备，一方面可增强直观教学效果，集中学生的注意力；另一方面利于学生课后对课堂上未能及时记录的内容进行补充、整理。

第五，课堂要注意归纳和总结，并指出重点内容。总结归纳可理顺思路，也是对学生课堂笔记精髓总的概括。通过指出重点内容，让学生及时做出标志,让学生课后可以有重点地进行复习。

5. 从各方面能力的培养出发,促进学生做笔记习惯的养成

培养学生做笔记的能力和习惯,教师还可以通过着力培养以下几个方面的能力来实现:

第一,训练学生详述事物的意思,使之清楚明晰,并能作出自己的判断。

第二,训练学生说出事物间是如何相关联的,以及在多大程度上彼此相同或互相影响,并对某一事物的要点或本质作一个简要的说明。

第三,训练学生要养成在学习过程中大致记下学习时所产生的问题的良好习惯,提高学生发现问题、提出问题的能力。

第四,指导学生根据自己的认知特点和知识水平,记下课堂教学的要点和重点,课堂教学中自己弄懂的实例或实验以及知识形成的过程。学习比较差的学生要记得更详细一点,尤其要记下分析解决问题的典型思路和方法技巧等,让笔记成为自己探索新知识的激发点。

6. 促成学生主动学习,逐步培养做笔记的习惯

教师要尊重学生的主体地位和个性特征,改变过去要求学生一味被动接受知识的学习模式,而应精心设计一些教学环节,让课堂笔记成为体现学生学习自主性、创造性、探究性和合作性的有力工具,从而让学生感悟做笔记的重要性,逐渐养成做笔记的习惯。

例如,就某一节内容,由学生阅读思考后自行设计笔记内容,而不是教师写学生抄;设计一些空白内容,由学生课后查阅资料补充新的证据;板书或结论故意出错,考查学生的领悟能力和批判精神;创设情境,激发学生的想象力;对某一问题不直接给出唯一答案,而是引导学生自己探究,得出各式各样的答案;将所有答案记录下来,供以后进一步思考,从而不断培养学生的创新能力。

7. 将笔记纳入学业评价的范畴,激励学生做笔记

教师应积极让学生参与到学业评价方式、内容和标准的制定中来,让他们产生自主学习的意识。在教师的帮助、引导下,让学生自己将笔记设为学业评价的一项内容,再设定评价的标准;一旦设定,学生执行的有效性将远远大于教师的单向的命令要求。这样,以评价促学习,以评价指导课堂笔

记，不仅使学生的学习效果和质量得到了保证，同时也培养了学生做笔记的习惯。

8. 加强教师之间的合作，共同培养学生做笔记的习惯

教师之间应积极配合，"协同作战"，形成一种"做好课堂笔记是学校、年级和班级的整体要求"的外在氛围，共同培养学生做笔记的习惯。

好习惯的养成在于多次地重复。著名教育改革家魏书生曾说过，同样的事重复72次就可形成定势。做笔记的习惯也是如此。选准了这样的行为习惯后，坚持经常性地重复。学生的兴趣在重复中得以激发，并学有所得，这也是做笔记习惯养成的终点。

我们有理由相信，学生有了做笔记的认识，掌握了做笔记的方法，有了养成良好习惯的热情和信心，并能持之以恒，他们的作业质量、学习效率也一定会有所提高。

好习惯成就好成绩——学习习惯培养

习惯培养高效细节之举一反三

找准立足点，让反思成为学生的习惯

> 伟人不只在事业上惊天动地，他时常不声不响地深思熟虑。
> ——〔俄〕克雷洛夫

是什么消去你的浮躁，

令你成熟；

又是什么洗尽你一身的铅华，

引领你找寻到朴素的真谛？

是反思……

反思，无疑是件痛苦的事，它逼迫着人在肯定自己的同时，也否定自己，批判自己；反思，也是件困难的事，难在及时，难在坚持；同时反思更是件幸福的事，它让我们重新认识自己，尽力塑造一个完美的自我，离开混沌的生活。

美国教育心理学家波斯纳曾提出过一个教师成长公式：成长＝经验＋反思。这个公式的运用应该很广泛，不仅仅只适用于教师。当任何人积极反思自己经历过的事情时，他都会收到一份特别的礼物，更会有利于自己的成长。

我们知道，没有反思的经验是狭隘的经验，充其量只能是对事物有了一个比较肤浅的认识。但是，当我们经历一件事情以后，独自冷静地反思和总结，使我们今后遇到类似的事情时可以举一反三，不至于犯同样的错误。

反思是一种自律的行为。换言之，只有不断地反思，让反思成为一种习

惯的时候，我们才会不断地成长与发展。《论语》中也曾道出了反思成为习惯的重要性："吾日三省吾身……"这里的"省"便有反省、反思的意思。

当反思成为学生的习惯，便能促进学生的自我认识、自我改进和自我提高。它可以作为自我教育的重要形式。在日常教育教学过程中，我们老师如果能引导学生养成反思的习惯，那么学生接受规范、改善自我的主动性和实效性将会大大增强，同时也有利于教师德育工作的进一步开展。

第一，培养学生的反思习惯有利于提高学生自我教育的主动性。

部分教师有这样的感慨："我都讲得口干舌燥了，学生却把我的话当耳旁风""学生对我根本就不在乎，我还没说完，他就跟我顶了起来"，等等。可见教师的说教会引发学生强烈的抵触情绪，一味地说教是低效甚至是无效的。对学生而言，教师"说"出来的道理是外在的、强加给他们的，而教师不恰当的说教便极易激起学生的逆反心理，甚至会导致学生形成阳奉阴违的双重人格。

如果教师积极引导学生反思，培养他们反思的习惯，则是尊重学生自我教育的主动性，可以促使学生冷静、客观地分析自己的言行，试着从灵魂深处去审视自己，激发学生自主制定奋斗目标和措施。这样，学生接受教育的过程便实现了从他律到自律的转变。

第二，有利于扩大学生自我教育的深度。

与教师的说教相比，学生自己的反思更具有针对性。因为学生的家庭状况、成长经历、生活经验，特别是内心想法，教师无论怎样地"深挖"，也不会掌握得比学生更详细，更不会体会得比学生更深刻。但是，当学生有了反思的习惯后，他们则会结合自己的情况，进行深入的思考，冷静地进行道德判断和价值选择。

例如，有的老师教育学生后，学生在自己的总结中写道："您在表扬进步的学生时，居然报出了我的名字，当时我感到很汗颜。其实，这次考得'好'是因为我以前退步得太厉害，我努力得还不够，我应当从过去的退步中吸取更多的经验教训。"

这位学生能从进步中看到自己的不足，并将老师的表扬作为寻找差距、自我鞭策的机会。这难道不是一大进步吗？

第三，有利于拓展学生思维的广度和深度。

一般情况下，学生无法从教师的说教中获得思维的锻炼，更无法拓展自我教育的广度和深度。但学生有了反思的习惯后，便会在反思的过程中结合自己的见闻和内心的独特体验，全面、多角度地思考问题。

例如，有的学生在日记上这样写道："自己跑1000米通常需要4分20多秒，连达标都做不到，但有次考试因为有前面的同学'逼'着，自己竟跑了3分36秒。"这位学生从这儿想到了激发自身潜能的重要性以及制定目标的重要意义，进而认识到自己在学习上的种种不足。如果是老师来进行说教的话，岂能挖掘到学生这样细腻的内心感受？岂能获得这样丰富的教育素材？岂能让学生实现这样深入的思维拓展？

第四，有利于培养学生理性思维的习惯和积极的人生态度。

学生的情感是丰富而热烈的，但热情却难以持久；他们喜欢追求思想独立，但很容易走向极端甚至反面。而反思则能够遏制学生的情绪冲动，避免出现一些逆反心理。特级教师魏书生说过：班主任要善于发动学生"自己斗自己"。反思便是学生在进行自我思想斗争，在这过程中，他们自己给自己摆事实、讲道理，自己审视自己。在冷静分析、判断、选择的过程中，学生的思想走向理智和成熟，逐渐养成了辩证分析、换位思考等习惯。同时，他们在"慎思"中能够明辨是非、弥补不足，让自己的人生更趋向积极、光明的一面。

无论从哪个方面说，引导学生养成反思的习惯，对学生的道德成长、思维发展以及全面进步都具有巨大的促进作用。作为一名教育工作者，我们教师应该特别注重培养学生反思的习惯，让它深入学生心灵。

经典案例

姚军祥是浙江省嵊州市育英小学的优秀教师。在实际教育教学过程中，姚老师时刻把握培养学生反思习惯的每一个机会，努力做到让学生充分发挥反思的功效。他主要从以下三个层面培养学生的反思习惯。

第一，在学生获得一些成功时，引领学生进行反思。

在浙教版小学数学第十二册《作业本》第6页有这样一道题：下图是酒

厂蒸馏白酒用的集酒器，外形呈圆柱形，底部是一个向内凹进的圆锥，高度是圆柱的1/2，上面要加满水。问共需加冷水多少立方米？

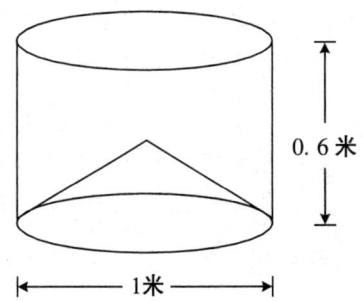

对于这一问题，姚老师班上的绝大多数学生都想到了用圆柱的体积减去圆锥体积的解题思路。但是，班上有一位学习成绩不怎么好的学生却想到了另外一种解题思路。在姚老师的鼓励下，那位学生清晰地阐述了自己的想法：因为底下圆锥的顶点在圆柱的1/2处，所以他设想着把这个圆柱通过这个顶点横截成相等的两个圆柱体。而每个圆柱体又可看成3个相等的圆锥，因此这个大圆柱实际上便可以看成是6个相等的圆锥，题中要求的冷水部分的体积实际上相当于5个这样的圆锥，所以可以用3.14×0.5²×0.6÷6×5来计算。

对这样一位基础不好的学生能够想到这样的思路，并且是全班唯一一个想到这种方法的学生，姚老师是分外欣喜，同时也及时地表扬了他。而此时那位学生的心里肯定充满了成功的喜悦。

姚老师认为，这时应该让学生进一步巩固和提升，当学生取得学习的成功时，也是他情绪高昂的时候，如果老师能进一步激励学生进行反思，总结成功的经验，便会促进学生学习方式的转变和问题解决能力的提高，取得事半功倍的效果。

课后，姚老师又及时叫住了那位学生，进行了追问："你在今天课堂上的表现很出色，老师很想知道你是怎么想到这种做法的？能把你的想法写出来吗？"那位学生高兴地答应了。

其实，姚军祥老师早已清楚那位学生的做法是如何来的，因为在以前"分数应用题"的学习时，他就特别喜欢把分数应用题转化成整数应用题来解答。此时姚老师的举措只不过是想让他进行反思，进一步梳理这种解题方

法，达到融会贯通的目的，并给其他学生带来第二次学习的机会。

第二天，那位学生把自己写的想法交给了姚老师，他写道："其实做这题时，我也没有想太多，只是习惯于这样的做法，而且也喜欢这样的做法。我在做分数应用题时都是这么思考的，如修一条120米长的路，已修了这条路的2/3，已修了多少米？我用 $120÷3×2$ 计算；解答还剩多少米没有修，我用 $120÷3×1$ 来做。再说说等底等高的圆柱和圆锥的体积关系。通过前面几节课的学习，我已经知道了把圆锥看做1份时，等底等高的圆柱可以用3份表示。所以今天的课堂上我就想到了把这个圆柱体看成6个一样的圆锥，用圆柱的体积除以6再乘以5来算。"

姚老师在文章的最后写上了这样一句话："将分数应用题转化成整数应用题来解答，这是一种很好的数学思想方法。"同时，姚老师还要求那位学生将这篇短文张贴在教室的墙上，供大家学习。姚老师这次成功地培养了学生的反思习惯，不仅让那名学生获得了很多有价值的东西，而且还让其他学生也多了一次细细品味数学思想的机会。

第二，在学生犯错误时，积极教育学生反思。

让学生对自己的错误进行自我反思，找出病因，看到错误的庐山真面目，并及时给自己注射一针"疫苗"，那么这时的错误便有了更大的价值，它可以促进学生的反思习惯的养成。

在教授应用题方面，姚老师很有感触，因为有很多学生会在学这一部分时出错，而这也成为姚老师培养学生反思习惯的"战场"。

例如，一个长方体的棱长总和是100厘米，长、宽、高的比是 $5:3:2$。这个长方体的长、宽、高分别是多少厘米？部分学生是这样解的：

$5+3+2=10$

$100×5/10=50$（厘米）；

$100×3/10=30$（厘米）；

$100×2/10=20$（厘米）；

答：这个长方体的长、宽、高分别为50厘米、30厘米、20厘米。

经过课堂上的分析、讨论后，姚老师引导出现错误的学生在课后进行反思，并要求他们整理自己的思路。其中有位学生是这样写的："我出现错误的主要原因是没能很好地理解'棱长总和'以及'按比例分配'的意思。棱长总和应该包括4条长、4条宽和4条高的和,这是不能直接按5∶3∶2的比例来分配的。如果这样分成10份的话,那求出来的长、宽、高应该是4条长的和、4条宽的和、4条高的和,所以都要分别再除以4,才是1条长、1条宽、1条高。当然也可以先用100除以4后再按比例分配。我以后要特别注意这一点。"

再如,修一条路,4个工人用了12天。照这样计算,8个工人需要用多少天?很多学生都做成12÷4×8=24天。

如何让学生少犯这样的错误,姚老师主张让学生好好反思一下做题的方法。其中一位学生说:"4个工人用了12天,我习惯地想到了1个工人要3天,8个工人要24天,也没有再细细去思考了。现在想想倒也是的,4个工人都要12天,怎么1个工人只要3天了呢,这样得出的结果是24天,怎么可能呢!8个工人用的时间肯定比12天要少。实际上这里的4个工人用了12天,应该理解成4个工人同时做了12天,而我理解成了4个工人共用了12天。哎!看样子学数学有时不能凭感觉,还得细细思考。"

姚老师在这位学生的反思后面写了句话:"如果你能化繁为简,找一个简单例子想一下就能很快明白了。如2个工人在学校花坛里锄了2天的草,你说让一个人干需要几天呢?这是数学思考中要用到的,老师再举一个例子2004/2005和2006/2007两个分数谁大?你只要想一下1/2和2/3或者5/6和7/8谁大,就可以知道了。"

其实,错误是一种资源,可以作为培养学生反思习惯的素材。我们老师应该像姚老师那样,一次次地让这些资源生根、发芽,并一次次地告诫学生不要重蹈覆辙,努力让一位学生的错误成为全体学生的路标,以此来告诫其他学生不要再走这条弯路,做一番理性的反思。

第三,在学生困惑时,培养学生的反思习惯。

在学习的过程中,学生经常会遇到困惑的时候,面对它时,有的学生是主动回避,有的是不惜放弃休息时间去攻克它。对此,姚军祥老师采取的是引导学生反思,并将之当做自己的习惯。

在教授"比例尺"一节时,有这样一道题:在一幅比例尺是1∶2000的平面图上计量学校操场的长是4厘米,宽是2厘米。问学校操场的实际面积是多少平方米?

在交上来的作业中,有位学生一开始是按照先求图上面积,再求实际面积的思路来做的,后来他又在旁边打了个错号,然后采用先分别求出实际的长和宽,再求实际面积的做法。

针对学生的这个细节,姚老师想培养他的反思习惯,便问:"你为什么后来又改了呢?"

那位学生说:"这两种做法的结果不一样,不过我还是不明白为什么不能这样做。"

姚老师说:"你再回去想想,什么叫做比例尺,等你想通了再来告诉我。"

过了一段时间,那位学生告诉姚老师:"比例尺是图上距离和实际距离的比,距离显然指的是长度,而我先算图上面积,再来利用比例尺求实际面积,显然违背了比例尺的意义,自然是错误的。不过我想出了一个补救办法,因为面积是长乘以宽得到的,如果先求图上面积的话,那就应该除以两个1/2000,即:$4×2÷1/2000÷1/2000$,然后再进行单位换算也是可以的。"

姚老师微笑着点点头,说:"对呀,你要记住,以后在做题遇到困惑时一定要好好反思反思,想好了、想透了再下笔。"

那位学生也笑着点头称是。

美国著名教育家G.波利亚曾说:"当你找到第一个蘑菇后,要环顾四周,因为它们总是成堆生长的。"从这我们可以感受到反思的奥妙所在。培养学生的反思习惯是一项艰巨的任务,老师只有做到坚持不懈、把握住时机、不断引导学生去反思,学生才能做到持之以恒,才能逐渐将其作为自己的习惯并始终地坚持下去。

目前的新课程改革也特别注重学生良好学习习惯的培养,重视学习的可持续发展。而让学生不断地对自己的学习行为进行反思,恰恰体现了新课程的核心理念——让学生学会学习。

因此,在平时的教学中,我们老师应努力引导学生积极反思,要求他们及时对自己达到某种学习目标的成功经验和失败教训进行总结,并注意调整自己的学习方法,从而更有效地提高自己的学习效率。

 案例分析

姚军祥老师培养学生反思习惯的三种情况,不仅抓住了培养学生反思习惯的关键点,同时也让学生在这种情况下能够较好地做到反思,明白反思给自己带来的意想不到的效果。

从上述案例中我们还知道,培养学生反思习惯的过程必须找准着眼点,选择在恰当的时机、关键的时刻入手,这样才会让培养过程显得轻松、自然。在把握好时机之后,老师应该积极寻找培养学生反思习惯的途径,争取找到最有效、最便利的捷径。

第一,书面反思。

它是指学生通过书面方式来总结和反思自己,如写"说明书"、思想汇报、学习小结、各种听后感与读后感等。其中以写"说明书"最具代表性。"说明书"是学生针对自己在成长中遇到的各种问题和事件所写的说明性文字,它的写作要求是:学生应说明事件原委以及自己在当时和事后的心理活动,目的是让学生抓住细节和自己的真实想法进行反思和改进。

这是培养学生反思习惯最常用的一种方式,它最具有针对性,也最利于学生冷静、理性、客观地分析问题,认识自己。

第二,集体教育。

集体教育有利于促进学生的反思,而班会课和日常集体教育又是最正规的集体教育方式。在这过程中,教师让学生进行口头反思,就某个问题、某种现象发表自己的观点,谈自己的感想。通过这样最常用的形式让学生的思想不断地交汇与碰撞,让全班学生共同受到启发和教育。教师还可以选择其中的要点,在班上组织交流、学习学生书面反思中的精华活动,再通过书面反思口头化的方式,促进个体反思的集体化。

第三,总结历史。

教师可以让学生将自己某段时期的作业、考试情况、获得的荣誉、犯过的错误及自己的心路历程等分类归档,进行必要的总结并装订成册,不定期地进行更新、补充。因为在总结过去的同时,学生会自觉或不自觉地回忆过

去，反思从前。当看到自己原来定下的目标与现在的现状有巨大反差时，学生便会感到无比惭愧，会决定改正自己不负责任的行为，会调整目标，积极进取。

虽然时机和途径都具备了，但要完全落实好培养学生反思习惯的工作，还必须采用积极有效的策略。这一点也是我们老师培养学生反思习惯的关键之一，它包括很多方面：

1. 构建和谐的班集体

科学的治班理念、和谐的集体氛围、融洽的人际关系，对学生的成长来说是意义重大，对促进学生的主动反思，并将其培养成学生的习惯也有积极作用。

有的老师提出"品德第一，学习第二"的治班理念，要求学生将思想水平和道德素质的提高摆在首要位置。这一治班理念便给了学生一种进取的信心，同时又有利于学生素质的全面提高。

构建和谐的班集体，要求老师要平等对待所有学生，尊重他们的人格，并要求学生之间做到相互尊重。这样，和谐的班集体便为学生的反思创设了心理安全和心理自由的平台，促进了反思的开放性、主动性和深刻性，大大增强了学生反思的积极性和有效性，有利于促成学生养成反思的习惯。

2. 巧妙运用丰富多彩的课堂教学

老师不仅要帮助学生对学习进行一般性的回顾或重复，而且还要培养学生的认知意识，以及巩固教学活动中所涉及的知识、方法、思路、策略等。也就是帮助学生整理思维过程，确定解题关键，促使思维条理化、概括化。

例如，在授课完毕或学生把问题解答完后，老师通过简单扼要的提问或引导，要求学生回顾解题过程，并思考：（1）回忆解题的方法、过程；（2）概括解题的关键、注意点；（3）改进表达、操作方法。通过学生的分析、讨论和总结，让解题思路显得更自然，更有条理。

3. 重视榜样的作用

榜样有两种表现形式：一种是表现的榜样，是指在班集体中起模范带头作用的"优等生"或在某一方面有特长的学生；另一种是反思的榜样，是指能够主动进行反思的学生。表现的榜样能给人以激励，但对有些学生来说，这类榜样所取得的成绩是可望而不可即的。

表现虽不"完美",但能合理地进行反思和自我分析的学生,也应成为其他学生的榜样。因为他们的经验可供吸取,他们的教训能引以为戒,他们能给人以启迪。那些书面反思材料也能够成为有价值的教育资源,可以在教育学生的过程中加以利用。

我们老师应该要好好利用榜样的作用,对所有学生进行反思教育,力争让所有学生都养成积极反思的习惯。

4. 积极肯定学生的优点

虽然有的学生目前的表现还不是很好,但他们大胆地自我解剖、客观地自我认知、自觉地反思等行为也是值得我们老师肯定的长处。

例如,有的学生这样反思:"我总结了一下,我的学习成绩至今还较差的原因,无非是上课时精力不集中,作业不做或'偷工减料'。"对此,教师一方面应指出他的总结切中要害,反思过程也比较理智而深入,另一方面还应适时地鼓励他,肯定他的优点,让他能够更好地进行下一步的更深层次的反思。

5. 适时制造"逆境",提高评价水平

顺境使人顺应现实,逆境使人反思现实。无数事实证明,逆境对于人的成长具有不可估量的推进作用。在课堂上,学生往往会因为思考的片面性,或审题时马虎,出现偏离正确的方向或不能得到比较完整的结论的问题。此时学生迫切需要教师的引导,那么教师可以人为地制造一些"逆境",让学生进行思辨,在反思中掌握知识,增进理解深度,并逐渐养成反思的好习惯。

反思是一个能动、审慎的认知加工过程;

反思是学生认知从最初对知识的复制到具有个性化的观点认识、思考方式都融入了个人的主动建构之中的过程;

反思是一种培养学生发展潜能的学习方式,可以使学生从旁观者成为参与者,让学生从自身的生活背景、学习起点中发现知识、运用知识、创造知识。

作为一名教育者,教师应该找准立足点,积极培养学生的反思习惯,让它一直伴随学生以后的人生。

习惯培养高效细节之勇于质疑

抓住一切可利用的机会,培养学生敢于质疑的习惯

> 一个人如果从肯定开始,必以疑问告终;如果他准备从疑问开始,则会以肯定结束。
>
> ——〔英〕培根

有人曾经对中美学生的各方面进行详细的分析和比较后,得出了一些有趣的结论,其中一条是:在课堂上,美国学生为了装懂故意向老师发问,而中国学生则为装懂而不向老师提出问题。

装懂固然不好,但是能提出问题肯定要强于不提问题。很显然,在课堂上,学生们不可能人人都把教学内容全都理解,没有问题可问。其实,青少年思维非常活跃,他们头脑中弄不懂的问题很多。那么,他们为什么不向老师质疑或提问呢?大体不外乎以下几种原因:

一是有些学生出于爱面子的虚荣心理,即使有问题也不敢提,总害怕问错了会引起同学的讥笑,对质疑有后顾之忧。

二是有些学生不善于质疑。他们只是虔诚而认真地接受老师传授的现成知识,不善于思索和怀疑,因而也就感到无问题和无疑问。

三是不会质疑。有的学生受应试教育和学习上的功利主义的驱使,他们平时很少与老师探讨一些知识性、学术性的问题,而是经常询问诸如考什么、怎么考等与考试有关的非知识性、非学术性的问题。

四是老师不鼓励、不支持学生质疑。出于狭隘的师道尊严,极少数老师怕被学生问住,面子上不好看,因而不喜欢那些"打破沙锅问到底"的学

生,而喜欢不质疑的学生。

极个别老师甚至错误地认为,学生与老师争辩问题,是对老师权威的冒犯和不尊重,会降低自己的威信。

这样,久而久之,学生逐渐形成了迷信权威、迷信书本、迷信老师的思维定式,不敢对有疑问的问题提出质疑。

这种思维定式同时也是一种非常不利于学生获取知识、追求真理的思维习惯,将会大大限制学生质疑和创新思维能力的发展。

因此,教师必须更新教育观念,与师道尊严的传统教育观念彻底决裂,确立学生主体观念、师生平等观念、学术和教学民主观念。

教师应该倡导创造宽松和谐的教学和学术探讨气氛,支持和鼓励学生对不明白的问题大胆质疑、争论,使学生不但会质疑,敢于质疑,而且善于质疑,习惯质疑,把质疑当做治学的一项基本功,当做学术素养的一个重要组成部分。

教师对于那些善于思考,敢于大胆质疑的学生要给予鼓励、表扬,即使问错了也不要耻笑。要把质疑作为改进教学,让学生积极参与教学的一种举措,使学生养成爱思考、善于质疑的良好习惯。

 经典案例

陈兴利是福建省南安一中的知名教师。在教育教学过程中,陈老师一直注重培养学生的质疑习惯。

《孔雀东南飞》是高中语文课本中的一篇文章,讲述的是一个爱情故事。它直接将古典爱情诗歌作品呈现给情窦初开的中学生,而且还占了一定的分量,这从一定程度上体现了新课标的人性化和人文性特点。

在讲解完课文内容,分析完人物形象后,陈老师便让学生分角色朗读。为了让学生更好地理解课文,在学生很有感情地朗读之后,陈老师说:"大家学习了这篇课文后有什么样的想法呀?或者还有什么样的疑问呢?"

过了一会儿,有位学生突然冒出一句:"为什么他们不私奔呢?"

陈老师笑了笑,说:"很好,这位同学能够提出这样的问题,可以看出

好习惯成就好成绩——学习习惯培养

他非常关心焦仲卿、刘兰芝他们的命运。老师想让大家思考一下,你认为他们是否有'私奔'的可能呢?"

问题一提出,学生们立即七嘴八舌地回答"有"或者"没有",班上像炸开了锅似的。于是,陈老师再次提问:"为什么你认为'有',而有的同学认为'没有'?请结合课文内容说说你的理由,注意思考清楚后再作答。"

这下子学生都开始冥思苦想,或埋头猛翻书本,或交头接耳交换彼此的观点……一番忙乱之后,教室又渐渐恢复了有序状态。看到学生们都跃跃欲试的样子,陈老师便让学生各抒己见。

小明第一个说:"没有可能。因为当时还没有那个风气。"

陈老师问:"当时是什么时候呀?"

全体学生异口同声地回答:"汉末建安年间。"

陈老师接着说:"我国历史上有一位名人,他曾借乐曲《凤求凰》来向心仪之人表达自己内心的爱慕之情,这个人是谁,大家知道吗?"

有部分学生知道是司马相如。陈老师便让一名学生来告诉其他学生这个故事是如何发展的。

那位学生说:"这是司马相如和卓文君的故事。后来,他们不顾卓文君父亲的激烈反对,不顾世人的闲言碎语,双双私奔。他们婚后生活比较窘迫,文君就把自己的头饰当了,开了一家酒铺,'文君当垆,相如涤器',他们过上了幸福的生活。"

这时,有其他学生提出:"这故事发生于什么时候?"

那位学生回答:"汉武帝时期。"

陈老师说:"很好。那么我们能不能说因为当时没有那个风气,所以焦仲卿和刘兰芝就没有私奔的可能呢?"

大部分学生都纷纷摇头,陈老师说:"那大家还得换个角度来思考这个问题。"

不一会儿,小华站起来答道:"我觉得他们的确没有私奔的可能。虽然焦仲卿深爱着刘兰芝,但是他更孝顺。只是当得知刘兰芝即将出嫁时,焦仲卿大受打击才说'吾独向黄泉'。说这话时,在焦仲卿内心爱情与孝顺的矛盾斗争中显然是爱情占了上风。但是,这时候他也只想到以死殉情,而没想到其他解决方法。就像故事开始时,他只想到向母亲求情,当不能求得母亲

51

回心转意时，他只好回去求妻子暂回娘家，他始终想不到能够使爱情保全的有效方法。所以，像他这样的人，怎么可能会'私奔'呢？"

陈老师表扬了小华："很好！这是从焦仲卿这一形象的性格特征的角度来分析的，抓住了他性格中最重要的方面。"

此时学生小燕说："老师，我觉得焦仲卿不是真的孝顺，他最后也自杀了，留下他母亲一个人孤零零的怎么办？这怎么能算得上孝顺？"

其他学生解释道："他母亲不是孤零零一个人，他还有个妹妹。"

"但是他妹妹总要出嫁，而且'不孝有三，无后为大'，他还没生儿子呢！以后他母亲要由谁来养老送终呀？"小燕辩解道。

看到班上不少学生纷纷点头同意小燕的说法，陈老师说："刚才小燕所说的并不无道理，让我们一起回到课文中，再仔细品读课文第27～31段，看能否找到答案。"

读过之后，有一学生说："'仲卿别母'的时候，从他说的话，我认为他太天真了。他母亲只有他这么一个儿子，而且他还没生孩子，他如果死了，让白发人送黑发人，那时候他母亲怎么可能还'命如南山石，四体康且直'！"

另一学生说："可是焦仲卿要是不这么想，他就要失去爱人了，这时候他脑子里占主导地位的是爱情，他只有这么想，才能安慰自己，才能使自己自杀殉情的想法不改变。"

还有一学生说："我觉得，假如他们真的私奔了，他们也不可能得到真正的幸福。"

陈老师很是惊讶，便问："哦，是吗？能否说说你的理由呢？"

这位学生说："我们可以假设，在刘兰芝即将自杀时，焦仲卿突然想出私奔的办法，而且及时找到她，于是两人双双私奔，到了一个没有人认识他们的地方，开始一段新生活。刚开始的时候，他们可能会幸福，可是日子一久，焦仲卿肯定会想念母亲，会担心母亲的生活过得怎么样，而且他们的生活费要从哪里来？焦仲卿是个'小吏'，私奔后他就没了工作，不是有句话说'百无一用是书生'吗，他也没有其他工作能力，那他们不就断了经济来源了吗？这样，日子会过得很辛苦，他就更会想念以前的好日子，也许慢慢地他便会开始埋怨刘兰芝，这样他们又怎么可能得到真正的幸福呢？"

刚一说完，班上便掌声雷动了。

陈老师说："看来这位同学分析得很有道理，从掌声也可以看出大家都赞同他的说法。刚才我们都是从焦仲卿这一人物形象的角度来分析的，现在能否换个角度，从刘兰芝的角度分析看看他们有没有私奔的可能。"

学生小群说："如果从刘兰芝的角度，我觉得有可能。因为她实在太爱焦仲卿了，她可能会为了爱情而不顾一切，就像卓文君。这可能就是女人和男人对爱情的不同吧。"

底下又是一片掌声。

陈老师总结说："同学们的分析都有道理，又能够从本文出发，这做得很好。那么，面对爱情，我们到底应该本着怎样的态度，是像焦仲卿、刘兰芝那样自杀殉情，还是像司马相如和卓文君那样私奔，还是可以寻求其他方法呢？"

接下来又是一番讨论，有的说："我认为自杀殉情固然轰轰烈烈，但太愚蠢而且也太不负责任。'身体发肤，受之父母'，我们应该为自己的行为负责，为父母负责，不能这么轻易地丢弃父母，留下他们白发人送黑发人。"

有的说："司马迁说'死有重于泰山，有轻于鸿毛'，自杀殉情看似忠于爱情，其实'于国于家'无益，我不赞同这种做法。"

有的说："我认为当爱情碰到障碍时，应当勇敢面对，积极地寻求方法解决，不能一味逃避。自杀和私奔都是逃避的表现，不可取。"

有的说："我认为当事人应该冷静考虑一下自己的爱情是不是正确。像《氓》中的女主人公的爱情就不正确，她爱的人根本不能对爱忠贞。难道她意识到这点之后，就要自杀？那也太不值得了。"

还有的说："人是社会中的人，每个人都要在这个社会上生存，社会性是人的根本属性，所以，人的爱情也应该考虑到社会性，不能只顾着自己……"

由"为什么他们不私奔"的质疑而引发了学生的讨论，陈老师很是高兴。因为通过这样的质疑解答，学生对爱情有了自己的看法，并能够把自己放在社会这个平台，结合国、家、人生价值等综合考虑。

古人云："学贵知疑，小疑则小进，大疑则大进。""学问学问，一学二问。"在我国古代，人们很早就注意到质疑对知识学习和学术研究的重要意义。

大科学家爱因斯坦在回答他为什么可以做出科学创造时说:"我没有什么特别的才能,不过喜欢寻根刨底地追究问题罢了。"他甚至认为,提出问题比解决问题更重要。

毋庸置疑,培养学生的敢于质疑的勇气和善于质疑的能力,不仅是教师关于教学方法、教学技巧的问题,更是个教学原则、教育观念问题。

案例分析

有人说:"语文课既不能上成简单的知识传授课,也不能上成单纯的思想政治课。语文课应体现出它人文性学科的特点来。既要分析语言技巧,又要培养学生的审美能力,还要对学生今后的修身立德有一定的指导作用。在语文教学中,也要渗透对学生高尚道德修养的教育。要告诉学生,要敢于质疑。"

"尽信书不如无书",教材只是工具,就算是课本的内容、"大家"的作品,也不一定就是完全正确的,学习就要敢于质疑。但最重要的是,要能够为自己的质疑找到合理的注脚,能够在说服自己的同时也说服别人,绝不能哗众取宠,单纯地为了质疑而质疑。这才是真正意义上的质疑习惯的养成。

爱情是高中生既感兴趣又羞于启齿的话题,也是人类一个永恒的主题。在传统观念的束缚下,它始终笼罩着一层神秘的面纱。面对直面爱情的《孔雀东南飞》,陈老师并没有刻意回避,而是抓住一切可以利用的机会,充分利用教材,让学生通过对课文的学习,体会爱的真谛,感受真爱的魅力,树立正确的爱情观。这样既培养了学生的质疑习惯,同时也教育了学生。

在陈老师的课堂上,我们看到了学生的质疑精神和自我探究能力。作为课堂教育的引导者、课堂活动的组织者、学生自主学习的协助者、学生质疑习惯的培养者,我们教师必须具备更高层次的教学理念,掌握更新的教育教学的手段和方法,让学生在质疑中探索,在质疑中体会,培养学生大胆怀疑,敢于质疑的勇气和思维习惯。

抓住一切可以利用的机会,培养学生的质疑习惯,对此可能有的教师会觉得有点极端,甚至无法理解和接受。但是,当教师灵活运用起来时,它自然会获得学生的认可和喜欢。有时学生来句:"老师,您说错了。"这也应看做是学生质疑习惯的展现。

无独有偶，美国斯坦福大学荣誉校长杰拉德·卡斯帕尔教授就遇到过这样的问题，但他却非常喜欢听到学生这样的声音。

在给本科一年级学生上课时，学生们经常这样提醒他："杰拉德·卡斯帕尔教授，您错了！"

每当听到这种声音的时候，都是他最高兴的时候。他说："学生们的天真让我意识到我的理解并不全面，然后我就再把讲义重写一遍。创新和追求真理就要靠这种质疑的勇气。"

有人说，在斯坦福大学成长的历程中，始终贯穿学以创业、学以进取的精神。而在杰拉德·卡斯帕尔先生看来，学生对他说"教授，您错了"，是最值得高兴的事。

因为"鼓励学生有勇气质疑，对全世界的教育来说都是最重要的。教育的主要贡献是培养好学生，而具有质疑勇气的训练有素的学生是可以通过学校培养出来的"。

质疑是一个民族进步的动力，培养具有敢于质疑、追求真理的人才是教育的首要任务。故而，教师应该尝试并努力以各种方法来培养学生质疑的勇气和习惯。

每个教师对教学方法都是各有所好的，前面案例中所提到的"抓住一切可以利用的机会"虽然包含的范围很广，但是它却是一个非常有创意，同时也蕴涵着丰富的趣味性的培养学生质疑习惯的方法。

当然，老师还可以选择以下的几种方法，同样可以有效地培养学生的创新精神、实践能力，让他们养成质疑的习惯。

第一，以课前预习为突破口，鼓励学生积极提出问题，并把问题记录下来。

通过预习，让学生准备问题，并提出问题，然后再抓住课堂教学，强调让学生自己去发现、回答他们自己的疑问，解决他们自己的问题。

第二，以解决基础知识为前提，迫使学生思考、提出深层问题。

对诸如"这个词语是什么意思"之类的问题，教师不宜给予回答。学生提出的低质量问题如果由教师来回答，则容易助长学生思维的惰性。因此，教师应该指引学生自己找到答案，比如课前预习准备充足，课堂上使用字典等工具书等方法。

而重要的是教师应该引导学生在自己解决一些基本的认知性问题之后，经过深入思考而提出更有意义的问题。

第三，保护学生提问的热情，适时对其提出鼓励和赞扬。

对于低年级的学生来说，他们有着一股"初生牛犊不怕虎"的劲头，对提问持有较高的热情。如果老师能不失时机地给予鼓励和赞扬，则会使课堂上出现热闹的提问场面，进一步激发学生追求和钻研知识的欲望。

在当今的信息社会，知识更新的速度大大加快，要在海量的信息中获取有用的知识，教师必须培养学生具有良好的判断能力和批判精神，而敢于质疑的勇气和习惯必不可少！

陶行知先生曾经说过："要发展儿童的创造力，首先要把儿童的头脑从迷信、成见、曲解和幻想中解放出来。"

在教学中，教师要引导学生不迷信教师，不迷信书本，敢于提出自己的问题。

然而，长期以来，不少学生宁可一知半解，也不愿随便提问。而部分教师也总是以为，把学生教得没有问题，才算是成功的教学。实际上，这恰恰是忘记了行成于思、思成于惑的简单事实，困惑与好奇恰恰是学生特有的财富，没有问题才是最大的问题。

著名教育家魏书生说："教育就是培养习惯。"

教师应该鼓励学生在学习和继承人类已经创造出的优秀文明成果的基础上，要勇于突破成规，勇于对现有知识质疑，挑战旧的学术体系，在发现和创新知识方面敢于独辟蹊径，养成大胆怀疑，敢于质疑的习惯！

好习惯成就好成绩——学习习惯培养

习惯培养高效细节之专心致志

培养学生集中注意力的习惯

> 成功的第一要素，即具备能够将身体与心智的能量锲而不舍地运用在同一个问题上而不会厌倦的能力。
>
> ——〔美〕爱迪生

为了了解蚂蚁的生活习惯，法国昆虫学家法布尔曾连续4个小时趴在潮湿、肮脏的地面上，用放大镜观察蚂蚁搬运死苍蝇的活动，当时周围有许多人围观、议论，但他竟能做到毫不理会。

物理学家安培正在大街上散步，突然想起了一道难题。由于太全神贯注地思考这个问题，他竟然把一辆马车的车厢当成了家里的黑板，掏出粉笔就在车厢上演算起来。马车走动以后，安培仍然追着车厢演算，引得满街人哄堂大笑，他自己却浑然不觉。

……

这些科学家们研究问题已经到了痴迷的程度。而世上凡是能取得伟大成就的人，无一不是做事专心致志、注意力高度集中的人。

"专心致志"能使科学家们取得丰硕的成果，但这种良好的习惯并不是天生的，而是靠从小培养出来的。

虽然人们常说做事要专心致志，但是一心二用甚至一心多用的情况却十分普遍。

例如，人们锻炼的时候会听广播，打电话的时候也能敲电脑键盘，出门遛狗的时候看看报纸，聊天的时候也可以抽空发几条手机短信。

表面上看,这种同时处理多项事务的能力似乎节约了时间,但是科学家研究表明,这种做法实际上降低了大脑的工作效率。

美国密歇根大学心理学和神经学科学家做了一个实验。

实验中,研究人员让志愿者在同一时间处理两个或两个以上的问题,比如一边做数学运算一边辨认图形。

结果发现,大脑在两项任务间转换大大降低了工作效率,同时从事两项工作所用的时间比做完一件再做下一件所用的时间多出50%。

在另一项实验中,研究人员一边让志愿者听复杂的句子,一边让他们辨认几何图形。而这两项任务是由大脑的不同部位处理的。

研究人员发现,在同时处理两项任务时,大脑的两个部位都不能进入最佳状态。这说明,人的大脑只有在持续不间断地处理一件事务的时候才能发挥最佳功能,也就是说,只有在"专心致志"的时候,做事效率才是最高的。

当然,大脑的这种工作模式并不意味着人们不具备同时处理多项工作的能力,只是当人们这么做时,效率和准确率都会下降。

而且有时候,一心二用还会带来危险。比如,开车时,无论喝水、听音乐、梳头,还是打电话,都会带来危险。

一个人是否能专心致志地做一件事,时刻保持注意力集中,对学习、工作、生活来说都是非常重要的,这也是一个人一生必备的良好习惯。

作为一名教育工作者,在教学中,教师便应积极运用各种方法去培养学生专心致志的注意习惯。

 经典案例

在小学数学教学中,经常会有一小部分教师在课后这样批评某些学生:"你上课注意力一点也不集中,眼睛看着黑板,心里却不知想着什么,这样下去怎么能学好数学呢?"

小学生因为年龄较小,上课时注意力往往不集中,经常表现为眼睛盯着黑板或窗外某地,心里却想着好看的动画片或课间某个喜欢做的游戏,这些

行为从心理学上讲就是所说的注意力分散和飘移。

那么如何才能让学生养成在课堂上保持注意力集中的习惯呢？下面一起来看看现任黑龙江省哈尔滨市师范附小校长、特级教师石瑾娜是如何做到的。

作为一名在教育战线最前沿孜孜不倦地辛勤耕耘了20多个春秋的杰出教师，作为一名紧随时代步伐充满着教育灵感的创新型人才，作为一名勇于在波涛汹涌的新课程改革大潮中指引航程的专家型校长，石瑾娜老师时刻不忘自己肩负的重任，在教育教学过程中一直注重积极培养学生增强注意力的习惯。

在石老师的班上有一些学生非常活泼，是一群既好动又头脑聪明的调皮蛋。看到这样的学生，石老师是打心眼里喜欢他们。但是，让石老师很头疼的一点就是这群学生有一些很不好的习惯，例如，上课喜欢摆弄东西，常常东张西望，经常溜号；让他们自己做题的时候，有的学生还喜欢一边听音乐一边做。

对此，石老师不知说过多少次不可以一心二用，但那些学生却总是意识不到一边听音乐一边看书有什么不好，而且他们还觉得自己在这样的状态下还可以更好地做作业。

为了改变这种情况，有一次，石老师要求学生和她一起来做个小实验：左手握一支笔画个正方形，右手握一支笔画一个圆形，并且两只手必须同时进行，不能先画正方形再画圆。

一听说要做实验，学生们劲头高涨，纷纷在桌子上面铺好纸，两只手握起笔照石老师的要求做。可是画来画去，尽管大家心里都十分明白正方形和圆形究竟应该怎么画，却没有一位学生能画得得心应手。

不一会儿，学生的尝试都失败了，此时传来了学生的抱怨声，有的说："老师，这根本就画不出来！"有的说："不能一个一个地画，这实在太难了！"还有的学生用略带不服的口气说："要不老师您给我们示范一下吧？"

"对呀，您用双手一起画，让我们看看吧。"又有几位学生附和着说。

"好，老师就画给你们看。"石老师表现出信心十足的样子说，然后微笑着双手拿起笔，很用心地在纸上画了起来。很快，她便放下笔，然后举起了有她的作品的那张纸。

这时，学生们都伸过头去看。这一看可好，学生们一个个指着画哈哈大笑起来！石老师画的那是什么形状啊？圆不像圆，方不像方的。她在纸上还画了好几对呢，可是就没有一对像样的，反而有几对中的那个圆形和正方形几乎是一模一样的四不像！

在一片笑声中，有一位学生反问道："老师，您不是也没画出来吗，那为什么还让我们画呀？"

石老师笑了笑，一副老老实实的样子回答道："是啊，我也画不出来，不知道这个世界上是不是有人能画出来，你们认为呢？"

"我敢说没有人能够做到！"

"也许有！"

"肯定有！"

"肯定没有！"学生们你不让我我不让你地叫嚷着发表自己的观点。

看到学生们争吵得不可开交，石老师顿了顿，说："老师也相信有，但毕竟是少数，就像大海捞针一样，捞着的概率非常小。大多数人是不能一心二用的，这样往往会使任何一件事都难以成功。"

部分学生也纷纷表示赞同，但也有学生马上反对道："不，老师，我虽然不能用两只手同时画正方形和圆形，但是我可以同时做很多事情。比如，我可以一边吃饭一边看电视，一边走路一边听音乐，还有一边上厕所一边看报纸。"

等他说完，其他学生都忍不住哈哈大笑了起来，这位学生一听到其他同学的大笑，便显得更得意了。

为了让这位学生信服，石老师说："那好啊，我们再来做个小实验。证明我们是不是真的可以一心二用，好吗？"

学生们异口同声地说："好！"

"大家都喜欢听音乐，那么请一部分学生戴上耳机听自己喜欢听的音乐，另一部分学生则不戴耳机。"石老师宣布完实验规则后接着说，"接下来请大家一起做数学书上第46页上的5道练习题，计时5分钟。"

滴答滴答，5分钟很快就过去了，这时石老师说："好了，时间到，大家停下来吧！我想看看大家都做了多少，对了多少。"

检查后的结果也很有意思，那些没有听音乐的学生大都做完了5道习题，只有几位学生做完了4道，错误率也比较低。但是，那些一边听音乐一边做习题的学生却平均只完成两道，而且大都做错了。可是，当石老师问他们都听了哪些歌曲的时候，他们能完整说出来的也很少。很显然，一心二用肯定会降低学生的学习效率。

通过这个小实验，学生都明白了一个道理：一个人的确可以做到一心二用，但办事效率和质量也都会大打折扣。

石老师总结说："只有一心一意、注意力高度集中地做事，才能把事情做好。如果一心二用、三心二意地做事，看上去是节省了时间，但实际是在浪费时间。"

有一学生问道："可是老师，有时我没有听音乐，但我的注意力也不能很好地集中，这又是为什么呢？"

"那是因为你的心思在想着其他的事情，或是什么也没想，但是你正在做的这件事却没有引起你的重视。"石老师笑着说，"如果你能把每一件要做的事都像医生对待手术一样认真而专注，那么你的注意力一定会高度集中的。"

这时，又有一位学生提问道："老师，我也有一个问题。有的时候，当我十分想认真地、专心地思考一个问题时，却怎么也静不下心来，我很着急，可是头脑里却很乱，尤其是在考试的时候，那个时候并没有其他的东西来干扰我，我也很重视，可是为什么我就不能集中精神呢？"

石老师耐心地解释道："那是因为你太紧张了，你的精神过分焦虑而使你不能安静下来。"

紧接着，石老师给学生介绍了古代僧人修炼的姿势：双腿弯曲，然后盘坐，轻轻地闭上眼睛，两只手臂自然地垂放在胸前，并把两只手轻轻地叠放在一起。

看到学生一双双好奇的眼睛，石老师继续说："这就是僧人打坐的姿势，他们这样保持安静后，可以坐几个小时甚至几天。这种奇怪的姿势非常有利于凝神思考，更有利于使自己集中精神，排除干扰，达到专心致志的境界。如果我们学会了这种方法，可能我们的心中便会安静许多，也会有助于增强自己的注意力。"

过了一会儿，石老师微笑着说："当然，很多时候我们并不能做这样的姿势去思考,其实这个姿势并没有什么特别的奥秘,它的优势在于使全身放松,闭上眼睛就能进入思考状态。经研究,当一个人做事专心致志时,脑电波会稳定而有节律,处于良好的功能状态,思考的效率也会大为提高。当你们专心思考的时候,如果先把身体全部放松,就很容易达到这种状态。"

通过这样个性化的方式,石老师有效地帮助了学生养成专心致志的学习习惯。

专心致志,就是把注意力集中在某个特定的欲望上,并且一直保持集中,直到已经找出实现这个欲望的方法,而且成功地将之付诸实际行动为止。

把意识"集中"在一个特定"欲望"上的行为,牵涉到两项重要法则:自我暗示和习惯。

教师在教学过程中要注意培养学生集中注意力的习惯。

案例分析

案例中石老师设计的两个小实验都较好地说明了"一心一意""集中注意力"的重要性与作用,学生从中也能领悟到自己应该怎样做。这就是石老师独特的个人魅力,她能通过具体的实验,让学生逐渐认识到该怎样集中注意力。

在教学过程中,老师应有机地结合实验活动,通过让学生亲自摸一摸、剪一剪、拼一拼、数一数、比一比等活动,让他们从中获得丰富的感知材料。这样既能激发学生的学习兴趣,发展学生的思维,同时又能培养学生集中注意力的习惯。

教师教给了学生一套科学的注意力集中的好方法,要想见效也不是一朝一夕的事情,重在坚持长久性、连续性,应伴随着学生年级的升高,要求也不断提高,逐渐让学生形成注意力集中的良好学习习惯。

除了上述案例提到的方法外,老师还可以参考以下培养学生"专心致志的注意力"的几点规律和要求:

1. 消除学习中的干扰因素

虽然有意注意的产生和保持，即使在有干扰的情况下也是可能的，但干扰毕竟不利于注意力的坚持。

干扰注意力的可能是外界的刺激物，如分散注意的无关声音和光线等；也可能是机体的某些状态，如疾病、疲倦等；或者是一些无关的思想和情绪等。

为了对某一对象的注意力，教师应设法采取措施，消除与学生学习或其他任务无关的干扰。

例如，学习的场所应固定，并将学习用具配备齐全；同时将那些无关的刺激物去掉，创造舒适的学习环境；保持环境的安静，降低干扰声音的强度；提醒学生注意学习的姿势；遵守作息时间，保证足够的睡眠和旺盛的精力。

2. 加深对学习任务的理解，用责任心约束注意力

注意力是服从于学习任务的。因此，学生如果对于任务的重大意义理解得越清楚，越深刻，完成任务的愿望就会越强烈，那么为完成任务所必需的一切就越能引起有意注意。

所以，教师应该帮助学生加深对学习任务的理解。

3. 引发学生的学习兴趣，特别是稳定的间接兴趣

在有意注意中，注意和兴趣的关系往往是间接的，人对于活动的直接结果可能没有兴趣，但对于活动的最后结果却有很大的兴趣。

这种间接的兴趣，即关于结果的兴趣，几乎存在于自觉进行的每一种活动中。这种间接兴趣越稳定，就越能对活动的对象产生有意注意。

对此，我们老师应多注意刺激学生的间接兴趣，增加他们的注意力强度。

4. 培养严肃认真、一丝不苟的作风

一个学生如果养成了严肃认真、一丝不苟的作风，那么他在学习时就能集中注意力于学习的对象上；相反，一个人如果总是马马虎虎、粗心大意，那么他在学习中就不能集中注意力，往往是东张西望、左顾右盼，不能专心致志。

5. 培养多种熟练的技能和技巧

学生有了多种技能和技巧，学习起来就能应付自如、心情舒畅，尝到成功的喜悦，注意力自然就会集中起来；相反，如果没有熟练的技能和技巧，

学生学习起来就会困难重重，尝不到成功的喜悦，便容易自暴自弃、更换目标，注意力也就无法集中。

因此，要想提高学生的注意力，我们老师必须让他们掌握多种熟练的技能和技巧。

著名作家高士奇小时候在楼阁读书，突然雷声大作，下起暴雨，他的姐姐被吓得躲在祖母怀里，而楼上仍传来琅琅的读书声，震耳的雷声并没能惊动专心学习的高士奇。

居里夫人童年时专心读书，几个同学跟她开玩笑，在她周围用椅子堆起塔来，椅塔超过了她的头顶，但专心读书的居里夫人居然没发觉。

这些作家、科学家们之所以能心无旁骛地专注于文学、科学事业，是因为他们从小就养成了集中注意力的习惯，集中注意力帮助他们打下了坚实的知识基础，练就了聪明的脑子。

老师如果想让学生学业有成，或是取得一些大的成就，就要在课堂上、教学中帮助学生培养出一个做任何事都能专心致志、注意力高度集中的好习惯！

好习惯成就好成绩——学习习惯培养

习惯培养高效细节之注重实践

引发参与意识，培养学生动手的习惯

> 行动生困难，困难生疑问，疑问生假设，假设生试验，试验生断语；断语又生了行动，如此演进于无穷。
>
> ——陶行知

有这样一个笑话：

课堂上，老师给出这样一道题目："现在是12点整，时针和分针刚好重合在一起。请问，要经过多少时间，时针和分针才能再次重合？"

老师的话音刚落，在场的中国学生立即拿出笔和纸，埋头列出一大堆公式并开始计算，而在场的美国学生的反应是不约而同地拨动腕上的手表，用这个其实很聪明的"笨方法"看时针和分针什么时候能够再次重合。

这虽然是个笑话，却说明了中国学生习惯于理论研究，而不习惯动手做实验，甚至连这方面的意识都十分薄弱。

中国学生整体的动手能力相对较差，这确实是人所共知的事实，也是这些年来教育界普遍关注、教育者们十分担忧的问题。

16世纪意大利物理学家、天文学家伽利略说："科学的真理不应该从古代圣人的蒙着灰尘的书中去找，而应该从实验中和以实验为基础的理论中去找。"

动手能力就是一种实践能力，是探索科学必须具备的能力。学生——教育的产物，将担负为国家、为世界寻找科学真理的重任。如果我们的教育培养出来的学生都只能空谈理论，而不喜欢动手实践，那么，我们的科学发展必将会大大落后于世界。

1997年因发明了"用激光冷却和俘获原子的方法"而荣获诺贝尔物理学奖的美籍华人科学家朱棣文,他的一个过人之处就是他具有极强的动手能力。

朱棣文一直称自己是一位实验物理学家,他对与实验物理相关的光、机、电的基本实验方法非常熟练。

他介绍自己的研究经历时说,他十分钟情于物理实验,并且非常用功,在实验室里待了许多年。

正因为他把许多时间花在做实验上,他才积累了丰富的实验经验和知识,他的实验技巧才越来越娴熟。

这次获得诺贝尔奖,在很大程度上是依赖于一系列难度极高的实验。如果仅仅有好的想法,却做不出来,那他可能就会与诺贝尔奖失之交臂了。

从1979年到现在,25年里,美国出了43位诺贝尔奖获得者,中国是零,而美国的诺贝尔奖获得者中却不乏美籍华人。

这完全说明华人是聪明的,是可以取得辉煌成就的,问题只在于我们的教育。

如果我们的教育仍然只是着眼于理论知识的传授,而不注重实践技能的培养,那么则如一条苏联谚语所说的:"不去实践的科学家,就像不酿蜜的蜜蜂",永远也不会有大的成果出现。

所以,科学的希望,国家的未来,教育的责任,这些落在教师肩头的重任,无不在提醒诸位教师,培养学生动手实践的能力和习惯是一切教学活动的重中之重。

 **经典案例**

《空气在哪里》的教学内容来自于沪科教版《自然》第一册第六单元"看不见的空气"的第一课时。这节课在整个单元中起着引领的作用,它是以后进一步认识空气、探究空气的作用等教学的基础。

张丹是上海市永清路小学的优秀教师。在教《空气在哪里》一课时,张

老师主要通过"感觉空气"的活动，要求学生设想多种方法，运用多种感官感知空气的存在，并通过"找空气"活动，引导学生积极参与，积极动手，感受周围到处存在的空气。

刚一上课，张老师便对学生说："我们先来做个游戏，请大家闭上嘴巴、捏住鼻子，进行短时间的憋气，体验一下是什么感觉？"

一会儿，有学生说："很累，透不过气，胸很闷……"

张老问："那你能说说为什么会这样吗？"

学生回答："因为我不能呼吸空气了。"

张老师笑了笑，一边在黑板上写下课题《空气在哪里》一边说："对了，这里的空气就是我们今天要研究的对象。"

接下来，张老师拿出塑料袋、水缸、水、大头针、洗洁精等，然后告知学生："请大家动脑筋想想，用老师提供的实验用具怎样来感觉塑料袋里的空气。"

这时学生的参与意识都表现出来了，一个个都在抢着动手实验。有的是一个人按照自己的方法进行实验，有的是两个人一边讨论一边做，还有的是自己做了一会儿又和别人讨论还有什么其他方法。

过了一会儿，张老师便问学生："大家都是用什么方法来感觉塑料袋里的空气的呀？"

学生甲说："我是用眼睛看的。我先用大头针在塑料袋上戳个小洞，并涂上洗洁精，再捏塑料袋，就会看到小洞那儿出现一些气泡，这些'躲'在气泡里的空气都是从袋中'跑'出来的。"

学生乙说："我也是用眼睛看的，但方法和学生甲不一样。我是把塑料袋戳个小洞后，再将洞口对着书，这时就会看到空气在帮我'翻书'。"

学生丙说："我也是用眼睛看到的，但方法和他们都不一样。我是把塑料袋戳个小洞后放在水里，再用手一挤，便看见空气在水里'吹'出来了许多小水泡。"

学生丁说："我是用手和脸感觉到的。我先把塑料袋戳个小洞，再对着手和脸，此时我感觉很凉爽。"

学生戊说："我是用耳朵听到的。我先把塑料袋戳个洞，再放在耳朵旁用手使劲捏，听到了像风吹一样的声音。"

学生乙说:"我也是用耳朵听到的。我先把袋口握紧,用力一拍,听到了很响的声音,塑料袋破了,空气全都跑光了。"

……

对学生的动手操作以及结果,张老师都给予了一定的肯定和赞扬。接着,张老师又拿出辣椒、海绵、粉笔、吸管、玻璃球等,要求学生继续动手实验,看它们是否含有空气。

具体的动手操作后,在汇报实验结果时,学生们一致认为海绵、吸管、玻璃球中含有空气,但对于辣椒和粉笔中有无空气却产生了分歧。一部分学生说:"我把粉笔放进水里,没看见泡泡,这说明粉笔里是没有空气的。"而另一部分学生认为:"我把粉笔放进水里,过一会儿就看见了很小的泡泡从水里冒出来,这说明粉笔里是有空气的,但很少。"

对此,张老师对学生说:"看来同学们对这个问题还有争议,那么我们再做一次好不好?"在接下来的实验中,学生都看到了小气泡。

对于辣椒到底含不含有空气,学生又动手做了实验。有位学生说:"我把辣椒放在水里,并用手将它按到水底,但是过了好一会儿也没有看到泡泡从水里冒出来,我觉得辣椒里面没有空气。"

这时又有其他学生举手,张老师让其中一位学生回答。他说:"我把辣椒放进水里后,用手捏破辣椒时就看到水里冒泡了,原来辣椒'肚子'里也有空气的。"

张老师问:"其他同学和他的结果是一样的吗?"

大多数学生点了点头。为了让所有学生都能够有个清楚的认识,张老师又让那些结果不一样的学生再做一次实验。

那些学生一个个都迫不及待地动起手来,突然有位学生兴奋地大声叫了起来:"老师,我的辣椒也会吹泡泡了!"

看着水中的泡泡,大家脸上都洋溢着成功后的喜悦。

瑞士教育家裴斯泰洛齐说:"实践和行动是人生的基本要务,学问和知识不过是手段、方法,通过实践和行动才能做好主要工作。"

教师培养学生亲自动手的习惯是让学生迈向成功的重要一步,因为只有在实践和行动中,才能验证自己的学问和知识,体现自己的能力和才华,否则到头来只是一位空谈家、幻想主义者。

案例分析

教师的少言或无言，是上好自然科学课的最高境界。在教学中，教师的语言较少便能把课堂时间让给学生，让他们积极参与，逐渐养成动手的好习惯。案例中的张老师便是这样的教师。

上课伊始，张老师设计的小小的"热身"游戏，不但能营造轻松、和谐、愉快的课堂气氛，还能激发学生的参与热情，引导他们积极地投身于动手活动中去。从这里我们可以看出，张老师已较好地把握"兴趣是最好的老师"的理念。她通过让学生自己去初步感觉空气的存在，并且通过谈感受、谈想法，在与学生一问一答的互动教学中，充分体现出了以学生为主体、以教师为主导的教学理念，学生动手的习惯也无形中得到了有效的培养。

在教学过程中，张老师始终把学生置于主体地位，放手让学生充分参与动手活动，她只是在学生需要的时候做个"帮手"或提些建议，使学生在动手过程中有所发展。同时，张老师还"高估"学生的能力，大胆地让学生积极参与，不断鼓励学生，培养他们动手的习惯。其实，在张老师这堂课的教学实践中，学生的发现大大超出了她的预想，但这更增加了她灵活运用教材、积极培养学生动手习惯的信心。

当张老师正确把握了自己的角色，摆正了师生之间的"地位"时，良好的学习氛围便得以形成。而此时让每位学生充满激情地参与学习、参与活动，无拘无束地参与讨论、参与发言，积极地动手动脑，便更进一步地增强了学生学习科学的信心和自豪感。

总的来说，张老师所设计的课堂让所有的学生都行动起来了，所有学生的参与意识也都被唤醒，一个个动起自己的双手，开动起自己的大脑，从而体验到了科学的趣味，进而培养了动手的习惯。

引发学生的参与意识，给学生创造参与活动的机会，这会大大调动学生的积极性，让他们全身心投入到学习知识、发现科学的奥秘的活动中去。

有位小学教师在讲《记金华的双龙洞》一文时，随着游览地点的转移，边讲边画。当她分析完课文时，黑板上便出现了一个完整的示意图。

翌日，一位女生拿着一幅画来到她的办公室，打开一看，老师立刻被感染了。

那是那位女生画的一张以《记金华的双龙洞》为内容的彩色图画。顺着山势，公路盘曲而上，山上野花点点，山间小溪流淌。就连洞里的石钟乳、石笋也画得很逼真。

老师不住地点头称赞，这个女生的画触发了她的灵感：在教学中，如果让学生人人动手，画出图示、图表、彩色图画等，这样不是既能激发学生的学习兴趣，有助于他们更深刻地理解所学的知识，又能培养他们的动手能力吗？

于是，在课堂上，她便引导学生根据课文内容画图。这一做法，不仅迎合了学生的好奇心理，更引发了他们的参与意识。

在学习白居易的《暮江吟》时，学生用彩笔描绘：江上波光粼粼，晚霞倒映水中，天上新月弯弯，江边渔船靠岸，绘出一幅幅各具特点的秋天暮江的优美景象。

同时，这位老师还抓住这一契机给予及时鼓励，让学生主办画展，定期出黑板报，等等。

动手能力的培养，使学生的手越来越灵巧了。当女生的绘画比男生技高一筹时，男生也不甘落后，他们别出心裁，用泥塑、木刻来显示自己的本领。当各种模型出现时，则更增强了学生的空间立体意识。如学习《长城》一文时，学生用红土捏成模子，晾干后还进行了精心的雕刻。

随着学生动手能力的不断提高，动手的范围也越来越广泛了。老师讲课用的教鞭、卡片、粉笔盒，教室里的图书箱、垃圾箱等，都是由学生亲手制作的。

在老师的引导下，学生的绘画、小制作也出现在了其他学科的课堂上。诸如数学课用的圆锥、圆柱体模型，地理课上绘制的简易地图，自然课上的漏斗、小天平、动植物标本等，都是学生根据课本知识绘画、制作的。

这一活动的广泛开展，不但吸引了学生们学习的注意力，而且还促进了他们大脑的发育，提高了他们丰富的想象力和创造力。

动手实践是一种科学探索的过程，也是发现真理和解决问题的必由之路，教师可以根据以下步骤循序渐进地通过引发学生的参与意识来培养其动手实践的习惯：

1. 以游戏的形式增强教学的知识性与趣味性

教学中，教师应注意增强知识性与趣味性，因为学生的感知往往是从直接感兴趣的事物出发的。

2. 利用"好奇"触发疑问，引起探索欲望

强烈的好奇心会增强人们对外界信息的敏感性，促使人们对新出现的情况和新发生的变化及时作出反应，并追根寻源，引起强烈的探索欲望。

3. 增强教学的直观性，突破技能教学的难点

为此，教师可以在教学中设计一些奇妙的演示和实验操作，并将实验操作融入趣味游戏中，使课堂教学生动活泼，学生情绪高昂，学习的主动性被充分调动、发挥出来。

爱因斯坦说过："你要知道科学方法的实质，不要去听一个科学家对你说些什么，而要仔细看他在做些什么。能经得起实践检验的才是真理。"

杨振宁博士也曾说过："成功的奥秘在于多动手。"

著名教育家苏霍姆林斯基指出："人的内心里有一种根深蒂固的需要——总想感到自己是发现者、研究者、探寻者。"

在中小学生的精神世界中，这种需要特别强烈。

作为教师，应充分了解学生的这一心理特征。在讲授某一新知识前或在传授新知识的过程中，联系生产、生活中的实际问题，举出一些有趣的自然现象或提出富有启发性的问题，再演示一些有趣的实验操作，以此来激发学生参与的意识和探索的欲望，培养他们动手的能力。

养学生好习惯的高效细节

习惯培养高效细节之追求效率

培养学生高效率的习惯

> 世界上只有两种效率：高效率和低效率；世界上只有两种人：高效率的人和低效率的人。
>
> ——〔英〕萧伯纳

中国有两个成语：一个是"事半功倍"，另一个是"事倍功半"。这两个成语的意思恰恰相反，每一个人都想获得前者的效果。

那么，如何才能获得"事半功倍"的效果呢？这就要求人们在学习与生活中凡事都要讲究效率。那又如何讲究效率呢？这就要求人们在平时养成做事讲究方式方法的习惯。

在"快乐学习网"上公布的小学生成绩不理想的主要原因有四个：

1. 缺乏学习动力：厌学、贪玩、对学习不感兴趣、不喜欢学、不自觉、不努力；

2. 注意力不集中：上课做小动作、开小差、不专心听讲；

3. 习惯不好：粗心马虎、拖拉磨蹭、动作慢；

4. 方法不对：学习很努力，成绩却不理想。

这些原因中其中有三条是因为学生在学习中不讲究方式方法，从而造成学习效率低下的。

在20世纪90年代的中学语文课本里，有一篇关于华罗庚教授统筹方法的文章，这篇文章通过烧水的例子为我们证明了做事如果经过合理的安排，就能节约时间，提高效率，就能做到事半功倍。

反观我们现在的一些学生，做事时只凭一股热情，在还没有把要做的事

情理清头绪时，就已经匆匆忙忙地开展了起来，而当他们做到一半发现无法往下进行时，才再回过头看看哪里出了差错。大多都得从头再来。

这就如把水壶洗干净了，把水也烧出来了，可是发现杯子还没洗干净，只好去洗杯子。如果又发现没有保温瓶，喝水的人较多，又在冬天，要以茶待客的话，难免不得不重新烧一壶水了。

作为从教者，我们的职责是为这个社会培养有用的高效型人才。现今的社会正处于一个高速发展的时代，学生们进入社会后，做事仅凭一腔热情是根本行不通的，而要讲究效率、注重方法。

所谓讲究效率，注重方法，不是让教师一步步安排好学生的学习和生活上的所有事，不是让学生按部就班地执行，而是要为学生讲授注重效率意识，注重做事的方式方法。

现在有关"注重效率、讲究做事方式方法"的书籍种类繁多，可以让学生们多读一些。在学校中，大多教师其实也在不停地讲授各种各样的提高效率的方式方法，但收效甚微，因此，效率低下依然是令教师和学生头痛不已的问题。

那么，如何才能让学生养成高效的习惯呢？最重要的一点就是要让他们注重和掌握好做事的方式方法。

经典案例

在生活中，每一个人都希望自己过得充实而不忙乱，没有做不完事情的烦恼，没有时间犹豫，每一件事情都能够有条不紊地进行着，既保持高效的生活，又享受着由此带来的实干的幸福与快乐。

紧张学习的学生也是一样，希望学习能够井井有条地进行着，通过在学习中讲究适用的方式方法能够提高自己的学习效率，并在长时间的学习生活之中养成高效的学习习惯。

而且现在社会知识高速发展，只有学生养成高效的学习习惯，才能够在有限的时间里，掌握到更多的知识，学会更多的技能。

而教师在这方面是学生的引路人，因此，高效的学习习惯不但压在了学生的双肩之上，也压在了教师的心上。

全国特级优秀教师魏书生，在教学中发现学生存在着这样的现象：

有的学生默写两遍生字，就已经会了，但是为了应付家庭作业，还要写八遍、十遍。

有的学生还没做会教材上的数学例题，就又开始做《全国数学竞赛习题》；

更有甚者，一篇作文写两周还没有结尾；一节自习课上放下语文课本，又拿起数学课本，之后再找物理课本，结果时间从手指间悄悄地溜走，下课铃响了。

有的学生在学习中，虽然已经达到了"两耳不闻窗外事，一心只读圣贤书"，可是始终不见他们的成绩有任何起色。

魏老师认为，学生的学习成绩不但与学生付出的努力和学习时间有着不可分割的关系，而且与学生的学习效率也有着不可分割的关系。

那些成绩优秀的学生，做事情大都讲究方式方法，他们会合理安排学习时间，他们养成了做事高效的习惯，所以他们不但不会远离音乐、体育、美术，而且还可以有更多属于自己的爱好和兴趣。

在20世纪80年代初，魏书生老师曾跟当时他所教的学生做过一个"高效学习日"的试验，测验学生们在一天合理安排时间后可以完成多少学习任务。

当时得到热情高涨的学生的积极响应。

就连平时爱玩、爱闹、上课爱讲话的卢建良、王海江等学生也表现出极大的热情。

当时任"炉长"的卢建良，只在下课时匆匆地往炉里添一次煤，就又回到座位上开始学习。

而王海江更是不甘落后。下课也不离开座位。

很多学生都觉得简直创造纪录了，希望以后多开展这样的活动。

魏书生老师把新学期开学的第一天定为"高效学习日"，这天学生除了完成课堂作业之外，大多数学生完成的作业量均在25页以上（每页为16开纸）。

而卢建良竟然完成了31页之多。

魏书生老师问他："你今天学习用了几分功？"

他轻松地说道："只用了5分功。"

好习惯成就好成绩——学习习惯培养

"高效学习日"激发了学生的紧迫感、效率感,造成了一种竞争的气氛,形成了你追我赶、奋力向前的竞争效应,使得平时学习比较懒惰的学生也能受到这种氛围的感染,也能积极参与进来,分秒必争地完成任务。

魏书生老师在设立"高效学习日"时,一般先引导学生制订一天的学习计划,把各科的练习、复习都落实到具体的数字上,让学生有章可循。

但是,正如魏书生老师所言:这种培养学生讲究做事效率的方式方法不能够常用,它要依据人体生物钟的平衡,和学习时间段的松紧来制定。学生的情绪不稳或者学习环境过于轻松都不能取得良好的效果。

虽然,一些具体操作方式已经不适应社会的发展,但是它对于学生在学习中制订计划,养成高效的学习习惯依然起着一定的作用,值得现在的老师借鉴。

事先做好计划,有行动的预案,是高效率的基础。古人云:"凡事,预则立;不预则废。"由此可见,高效率的工作在于要打有准备之仗,一场战争的胜利,在于事先做好了打这场战争的准备工作。

效率专家切斯特费尔德说过:"效率是做好工作的灵魂。"它同样也是学生更好地完成学习任务和快乐生活的灵魂。但是这个灵魂需要骨肉支撑,这个骨肉就是做事要有合适的方式方法。而计划和预案,只是其中之一。

教师的职责不是为了高效率培养听话的乖宝宝,而是要教学生学会提高效率的方式方法,并让他们养成习惯。

案例分析

大多数学生都希望,自己能高效率地学习,高效率地生活,而不是每天沉入"题海战术"中,刚刚打完一仗,为了理想的成绩还要继续挑灯夜战,可是成绩依然不是非常理想。

其实,在这些学生中,有很多学生也用过不少的提高学习效率的方法,但能持之以恒的却没有几个。可见,在做事之前,养成注重方式方法的好习惯绝不是一朝一夕的事情。

高效的方式方法有自身的规律和步骤,这就需要教师帮助学生了解其规律，掌握其步骤，久而久之，学生们才能习惯成自然。

第一，形成做事前思考的习惯。

魏书生老师提出：学生应减少犹豫的时间，明确任务。

学生每天有许多时间属于自己支配，自己支配时间效率不高的主要原因是犹豫。

自习课如果老师留的作业已做完，不少学生下一步不知道做什么。是看还是写？是复习数学，预习物理，还是背英语单词？

有时拿起数学书看几眼，很快又改了主意背英语。刚刚背了几句，又想做物理习题，主意还没拿定，下课铃声响了。

因此，魏书生老师利用"高效学习日"引导学生合理支配自己的时间，他拿出百分之二三的时间，规定这段时间的任务共几项，哪个为主，哪个为次，然后依次排队。

比如自习课，先复习数学20分钟，再预习物理15分钟，其余时间背英语单词。这样任务明确了，马上动手，效率往往是过去的几倍。

第二，魏书生老师告诉学生：任何高效的方式方法，都要持之以恒，才能形成习惯。

一个人经常在固定的时间内做同样的事，做得多了，便形成了习惯。习惯了的事情，常常会不由自主地去做，想停止都难。

他认为，学生习惯的事，做起来既不会犹豫，也很少拖拉。

例如，他的学生形成了写日记的习惯，有一天高温33℃。他劝学生，今天天太热了，日记就先不写了，明天再补吧！

第二天他发现，有一半学生照旧写了500多字。原来学生怕因为一天的拖拉而破坏了已坚持了几百天的每天记日记的习惯。

第三，科学利用人体生物钟的规律。

魏书生老师查阅有关资料发现，一个人确实存在着在某一固定的时间内，做某一类事情可获得最佳效果的生理、心理规律。

而生物钟不是一成不变的，特别是关于学习方面的生物钟，通过养成习惯，可达到调整生物钟的目的，尽可能使学生一天的生活有规律。天天如此，月月照旧，日久天长，生物钟会帮助学生提高学习效率。

第四，订计划，做总结。

魏书生老师曾倡导他所教的一个班级制订了每人每年完成12项任务的计划，然后落实到每学期、每月、每周、每天分别完成多少，数量都很明确。

每个月全班总结一次，鼓励超额的学生，督促没有完成的学生。每个学生都有一张本年度计划和计划完成情况的统计表，这张表上共有156个数据。每个月德智体美任务的完成情况一目了然。这样学生比有对象，赶有目标，效率也提高了一些。

教师在教导学生注重做事方式方法时，也应该注意自己做事方式方法的习惯是否有利于提高效率，因为教师对学生的教育有"言传身教"的典范作用。

学生努力学习是值得提倡的，但是只会努力学习，而不知事后总结，学习的效率同样不会太高，所以除了苦练还需要勤思巧想，方能够"一巧破千斤"。

学生不但要面对学校的学习与生活，而且将来还要走向社会。因此，我们的教师不仅要教导学生在学习上提高效率，更要在面对学习以外的事情时寻求其规律，并找出解决问题的最佳捷径。

因此，北京四中副校长李燕玲说："四中的教育理念是：用教师的智慧和劳动，让学生以最少的时间和精力上最少的消耗，获得事业上的最大成功。"

教师的智慧是有利于调动学生热情，有利于培养学生把握事物规律的能力，而按规律办事，是一个缓慢的过程。

把注重做事的方式方法，当成一项重要的内容对学生加以教育、培养，并让学生们形成一种高效率的习惯，是摆在教师面前的一项艰巨的、让学生受益终生的任务。

美国有一句谚语："要使车子跑得快，就得给轮子勤上油。"车子跑得快不快，取决于驾驶者的技巧是否娴熟，可是如果不讲究方式方法，车子不但不会跑得快，反而坏得快，甚至还会有翻车的情况发生。

而我们这些教师，就是车子的驾驭者，我们不但自己要有娴熟的技巧，还要把这些娴熟的技巧传授给我们的每一位学生们——因为最终，高效率的社会是靠他们推动的！

习惯培养高效细节之课前预习

通过督导培养学生的预习习惯

> 机遇只垂青那些有准备的头脑。
>
> ——〔英〕丘吉尔

吉林省重点中学长春市第十一中学曾在一次学情调查和教学会诊时发现:有相当多的学生,不肯预习,不会预习,不会主动地获取知识。作为学生素质相对较高的重点中学,"不预习"现象尚且如此严重,那么,其他学校呢?

现在许多学生愿意跟在教师后面,亦步亦趋地学习,认为这种学习方法比较轻松,又不容易走弯路。在课堂上的表现就是你讲我听,在课下的表现则是只会做教师教的题目,对于教师没有教授的题目则是一问三不知。

预习的过程是提出问题的过程,爱因斯坦曾说过:"提出一个问题往往要比解决一个问题更重要。"提出问题的过程,就是学生思考的过程。

大部分教师希望学生能在课堂上提出问题,这样才可以活跃课堂气氛,才能变灌输知识化为吸取知识,使学生由被动变为主动。这样既有利于提高上课时间的效率,又有利于教师和学生的共同创新,从而达到教学互长的目的。

曾经有人把学习比喻成教师与学生共同演奏的交响曲,而预习则是正式演出之前的预演,新的课程犹如新的曲目,合奏者必须都熟谙此曲,否则在上台之后,就变成了教师的独奏了,无论曲目是多么经典,这场演出都将会变得无比糟糕。

怎样才能让演出更加精彩呢？只有让每一位"演奏者"都积极地参与进来。那么，怎样调动其他"演奏者"的积极性就至关重要了。这时教师不仅仅是一个"合奏者"，更是一个"指挥家"，他必须能够正确地引导学生熟悉"曲目"。

在预习中，要让学生知道，新的"曲目"和旧的"曲目"之间既有着千丝万缕的联系，也有着一定的冲突，最重要的冲突就是时间利用上的冲突，这样，作为"指挥家"的教师，又面临教会学生怎样合理利用时间的问题。

 经典案例

中国的科举教育发展到后期，注重的是学生对前人的拷贝，长此以往，无疑会遏制学生的思考，而这种传统的应试教育，对中国的教学有着根深蒂固的影响，造成了学生学习被动且负担过重，主体意识和参与能力不强，独创精神欠缺。

预习——提问——讲解——教授，本应该是一个连贯的过程，可是由于前两者的长期缺位，就为当今的教师提出了怎样才能引导学生去预习的难题。

全国著名特级教师魏书生，在他的语文教学中，就十分关注学生对课文的预习。

在课文的预习上，他采用"分段包干"的形式进行，让一个或几个学生承包一段或几段。这样就激发了学生的学习积极性，他们会为此想方设法地查找资料、组织讨论。

在课堂上，学生把预习中的难点、疑点提出来，师生共同解决。由于学生在预习时着眼的角度不同，所以提出的问题也会不同。有些问题是教师还没有想到的，学生也由此扩大了知识面。

内蒙古赤峰市阿鲁克尔沁旗天山第一中学优秀语文教师项忠勇的"四人预习小组"的督导方式，与魏书生教师的寓教于乐的预习方法有异曲同工之妙。他的具体做法是——

第一步，分预习小组。

项忠勇老师把前后两桌的四个学生分为一个学习小组。这个看似简单的分法，他却着实动了一番脑筋。

因为学生的学习基础参差不齐，不但学习成绩上有差别，而且学生的积极性也高低不一。所以，要想分好组，必先分好位。除了学习上的问题外，座位的安排也与学生的个子高矮有关。

调整完学生的座位之后，预习小组自然形成。

第二步，课上的讨论和质疑。

项忠勇老师上课的前五分钟不讲课，而是让预习小组四人之间进行关于预习内容的讨论。五分钟之后，他开始课前提问，提问的对象是不定的，这样避免了学生数日子，提前算好哪天会轮到自己，以免在预习时偷懒。

提问的内容也不仅仅限于对课文的理解，以及对课文的难点、疑点的提问。有时还会提出一些意想不到的问题。

有一次，他在为学生讲课文《殽之战》时，提出了这样一个问题："请谭强同学回答一下，这课的情景插图，哪错了？"

被提问的谭强为之一愣，其他的学生也面面相觑。于是，他又给了谭强五分钟时间，让他把课文跟插图对比完之后，他给出了答案：按图中的画法，秦穆公将无法立于战车上。

他对学生讲道："看不等于思考，预习不是走马观花地看，而是能提出疑问地观察。"

第三步，在测验中，出超前习题。

学生有没有预习，很难在课上做面面俱到的检查。但是在测验中检查就方便了许多，所以在他所出的测验中总是有一些超前的习题。

例如，在出第四册的第四单元测验时，除了第四单元的内容外，还有第五单元的《赤壁赋》。

第四步，作为班主任，把这个方法推荐给其他教师。

除了语文这门课外，学生还面临着其他学科，怎样把每一门学科都学好？这不仅要他和学生共同努力，还需要其他任课教师的鼎立协助。

在他的影响下，其他任课老师也在课上设立了"小讨论"和"课前提问"，以及适当地出一些超前习题。

久而久之，在学生的学习之中，不单只是复习旧知识，而且还主动去吸取新知识。

学习的最终目的是让学生掌握知识，而预习的目的不单单是让学生熟悉将要学的知识，而是让学生在没有接受教师的固定传授模式之前，能够质疑所要学的知识。

孔子曰："知之者不如好知者，好知者不如乐知者。""知之者"在学习知识时常处于被动地位，而"好知者"和"乐知者"在学习中往往采取主动方式。

能质疑者谓之"好知者""乐知者"。因此，教师在教学过程中，应培养"好知者"和"乐知者"。

案例分析

项忠勇是一名高中语文教师，同时也是带班的班主任。他所带的高二六班是一个非常活跃的班级，但是与同学相处久了，他发现这种活跃在课堂上却得不到很好的表现。

这是为什么呢？

经过观察和跟其他的教师讨论发现，学生在课前没有对新课预习的习惯，上课前十五分钟他们要对教师所讲的内容先适应一下。

而高中生没有固定的家庭作业，却有紧跟其后的测验和考试，学生为了应付考试，在自学的过程中，往往都在复习旧的课程，对新课程总是抱有上课时教师就会讲的心态。

在他们这所高中里，基本上是把三年的课程压缩到两年学完，最后一年用于高考复习的。所以预习新课的时间很紧张，学生也就几乎没有预习的习惯。

为了提高上课效率，不再让教师在讲台上唱尴尬的独角戏，项忠勇老师制订了这个引导学生的预习方案。

但这个方案在实行中也确实遇到了不少麻烦。

首先，是如何设置"讨论问题"的时间。

如果设置在自习课上，一是会产生纪律问题，二是由于许多学生那时还没有预习完新课。可是在走读校，学生放学后必须赶紧回家用餐，以免耽误晚自习。

对此，他想起了一篇教育论文中曾经提到过，学生在上课的前两三分钟很难静下心来听课，为什么不把这两三分钟合理利用起来呢？"小讨论"一方面满足了学生对动的需要，另一方面还可以把学生顺利地带入到课堂的气氛中，这样可以一举两得。

"小讨论"督促着学生每天必须提前预习，结果，学生以前那种上课前十五分钟不知老师讲什么的状态没有了，取而代之是学生课堂气氛活跃，课下向老师提问的学生也多了。

其次是如何检测学生提前预习状况的问题。

不固定的提问，固然可以避免一些学生逃避预习的状况，可是课前提问毕竟时间有限，每次最多只能提问两三个人，而且预习小组中有的学生没有预习，大家还可以在"小讨论"中相互串通，这样就与最初的目的背道而驰了。

因此，他决定改变以往出测验题的方法，在小测验中，加入将要学的新内容，哪一个学生没有提前预习，或预习到了什么程度就一目了然了。

再次是如何让学生把预习应用到其他的学科上。

因为他在课堂设立了这些小测验，所以学生十分注重语文的预习，但是其他学科依然改善不大。

面对学生自觉性不是很高的问题，他认为无论在哪一科的预习上，有时都不得不采取一些强制性的小手段。

他开始与其他任课教师商议：可不可以根据具体学科的特点加入一些了解学生预习状况的小测验？

最初，其他教师持怀疑态度，可是为了改变学生上课最初十五分的茫然状态，他们还是决定跟项忠勇老师一起试一试。可是毕竟是高中，太多的试验时间是占用不起的。

经过讨论，其他任课教师决定试验期为一个月，如果月考时见成效，就坚持下去，如果学生成绩没有起色，就放弃用这种教学方式。

结果，当月的月考，项忠勇老师的班级成绩比上一次月考有了很大的提高。最主要的是,课堂气氛活跃了,教师和学生之间的互动性增强了,教师通过学生提出的问题,可以知道学生哪里还存在不足,讲课也就有了针对性。

最后是"小讨论"带来的问题。

最初,学生讨论声音过大,影响到别的班级的学习,遭到其他班级教师的非议。他建议学生课堂讨论要兼顾他人,注重课堂纪律。

"温故而知新",新旧知识之间是有联系的,学习新的知识也可以引起对旧知识的思考。

"温故"与"知新"最重要的是持之以恒,学生由于年龄小,自觉性相对较差,"温故"可以在做作业的压力下完成,"知新"则必须由教师来指导。

联合国教科文组织在《学会生存——教育世界的今天和明天》一书中明确指出:"未来社会是一个学习化的社会,教师的作用在发展变化,即教师和学生要建立一种新的关系,教师要从独奏者的角色过渡到伴奏者的角色,从单纯的传授知识转变为帮助学生发展、组织和管理知识。"

预习形成学生的自觉意识之后,它就变成了学生的自学能力了。这就达到了著名教育学家叶圣陶说的,"教是为了不需要教"的目的。

习惯培养高效细节之学会观察

参加课外活动小组,让学生学会细心观察

> 我既没有突出的理解力,也没有过人的机智,只是在觉察那些稍纵即逝的事物并对其进行精细观察的能力上,我可能在众人之上。
>
> ——〔英〕达尔文

人们常用"聪明"二字来概括人的智力。顾名思义,聪明就是耳聪目明的意思,代表的是优异的听觉能力和视觉能力,即敏锐的观察力。

对一个正常人来说,有80%以上的外界信息是由视觉和听觉神经传入大脑的,人类获得的知识绝大多数也都要通过听觉和视觉来形成。

因此,由视听组成的观察力,是获取信息和知识的主要渠道,同时也是人类智力结构的重要组成部分,是一切科学发明和艺术创造的前提。

俗话说:"处处留心皆学问,勤察深思出真知。"观是看,察是想。观察问题,不仅仅应该知道事物是这样,而且必须知道为什么是这样,既要知其然,也要知其所以然。

凡有良好观察力的人,都是平时处处留心、善于认真观察。很多举世闻名的科学家、艺术家、作家,他们所取得的成就都离不开仔细观察。

俄国伟大的生理学家巴甫洛夫在他实验室建筑物上刻着:"观察、观察、再观察。"

劳仑兹说:"对科学家最大的恭维莫过于对他说:'哎呀!我怎么没看见?'"

虽然观察如此重要,可是,生活中,我们很多中小学生的观察能力并没

有得到很好的开发和训练。

比如说学生害怕写作文,这是有目共睹的事实。许多学生的作文乍一看上去,语句通顺,用词准确,可是仔细一看,便发现描写不细致,不准确,语言空洞,叙述草草了事。

这其实并非不会写,原因就是没有到生活中去亲身体验,没有仔细观察,所以写出的文章没有更多的材料,短小却不精美,精美却无内涵。假如学生学会到生活中去仔细观察,写作的素材和灵感就会如长江之水滚滚而来。

法国著名作家莫泊桑在写作起步时,可以说是一窍不通,虽然看过很多的书,但是他从来没有写出过一篇不同寻常的文章。

后来,他拜文坛大师福楼拜为师。福楼拜让他去观察家门口的马车,莫泊桑观察了三天也看不出什么名堂。

福楼拜指点他说:"虽然每天都有马车经过家门口,但通过对不同时间、不同环境、不同人的观察,就会有不同的收获。"

莫泊桑恍然大悟,从此写作水平大大提高,终成一代名家、大家。

其实,很多有名的作家之所以有材料可写,都是在生活中观察得到的,生活就是创作的源泉,需要我们去发现、去观察。

观察,对学生认识事物、增长知识、发展智力有着深远的意义。

教育学生懂得怎样将感知与思维相结合,是教师不可推卸的责任。学生只有拥有了仔细观察生活细微现象的习惯,并能通过现象抓住本质,才算真正学会了学习。

 经典案例

湖北省宜昌市东山小学优秀教师段淑平,在教授学生功课的时候,十分注重培养学生细心观察的能力和习惯。

在她教的第八册教材中,教学内容有这样一个特点:要求学生进行长期观察的内容比较多,如《养蝌蚪》《养蚕》等。这两篇课文从内容上来说主要都是要求学生掌握蝌蚪到青蛙、蛹变成蚕的生长过程。

实际生活中,教师肯定不可能时时刻刻和每一个学生在一起观察,因此,段老师就采取了一定的方法来培养学生自觉独立进行长期观察的习惯。

她首先在班级成立了几个饲养小组。因为她班上的学生都是就近上学,互相之间住得都比较集中,因此,段老师把在同一个居住范围内的同学编为一组,饲养小组的名称由地区名命名,如"东湖饲养小组""新光饲养小组""武装部饲养小组"等。

并在每一个范围内选择了一个组织能力和责任心较强的同学,作为该范围内饲养小组的组长。同时这名同学也是学校饲养小组的成员,具有一定的活动经验。

每天下午第二节课后,在段老师的带领下,校饲养小组的成员对活动进行观察,并且记录观察步骤和细节。

这些同学回去后,就带领各自范围内的小组成员一起活动,指导观察,记录活动内容,并要求组员们写观察日记。

活动结束后,组长把观察日记收上来,然后及时向老师汇报观察结果以及活动中出现的问题。

为了更好地帮助同学们完成饲养任务,培养学生长期而细致的观察习惯,段老师指导学生针对活动内容,制订了一个切实可行、全面系统的计划,内容包括:

1. 观察时间;

2. 观察内容;

3. 具体细节安排(如哪些同学什么时间提供水草或桑叶);

4. 观察记录;

5. 坚持写观察日记。

日记要求记下观察天气、气温、风雨、风力、动物的颜色和形态变化、动物的活动情况。在一些重大发现的记录下画上符号,有的可用图画、图表记录。

段老师把学生们在饲养过程中的各种观察发现和课堂教学有机地结合起来,在课堂上让学生们充分展示自己的观察结果。

段老师上这堂课时,让学生像讲故事一样向别人讲自己是怎样饲养蝌蚪和蚕的,同时又观察到了什么。学生在讲述时非常自豪而且也很详细。

段老师则在他们讲述时做好记录,然后请同学们归纳出蝌蚪到青蛙及蚕的成长过程。

通过这堂课的学习,同学们不但了解了青蛙和蚕的生长知识,而且还对动物学、自然学以及饲养、观察等发生了浓厚的兴趣。

段老师趁热打铁,继续组织学生成立各种活动小组,让学生对其他的感兴趣的方面进行更深入的观察与研究。

人们认识事物,总是从观察开始的。有了观察,便开始有了注意、记忆、想象和思维等。

如果我们把观察比作蜜蜂采花粉,那么思维等心理活动就好比将花粉酿成蜜,没有花粉就酿不出蜂蜜;没有良好的观察,思维就会因缺少材料而得不到良好的发展。

所以观察是认识的基础、思维的触角。敏锐的观察力,对于科学家、文学家、艺术家、生产革新能手等都是必不可少的条件,更是学生应当具备的一种重要的能力和习惯。

案例分析

实践证明,观察力的强弱,直接影响着学生的学业成绩和实践能力。

在语文学习中,两个字的字形、写法只有细微差异,观察力较强的学生就能看出来,观察力较差的学生就常常把它们认错或写错。

在写作学习中,如果观察力较强,就可以抓住现实生活中的大量材料,感到有东西可写,而且对人物、事件的描写会细致、深入、具体、生动,正所谓"世事洞明皆学问,人情练达即文章";反之,在这方面能力较差的学生,就感到没有什么可写,写不具体,或就事论事,空洞无物。

在数学学习中,如果有较强的观察力,在老师用实验演示或图形说明某一个概念时,就能抓住本质,看到数量关系的变化,理解概念的实际意义。

在物理、化学、生物等学科的学习中,观察力更为重要,特别是通过对实验现象的观察,推断物质的结构和性质。

总之，观察的能力与习惯是学生重要的学习手段，也是教师应该努力培养的重点。

前面的案例中，段淑平老师用开展课外活动、组织饲养小组来培养学生长期观察的能力和习惯，不仅引起了学生对自然科学的兴趣，还养成了学生勤于观察、仔细观察的好习惯。

教师以组织课外活动、学习课内知识的方式培养学生观察力是一个行之有效的好方法。

山东省淄博市师范学校优秀地理教师秦克铸在教学过程中十分重视以观察实物来配合教学。这在无形中培养了学生们细心观察的习惯。

秦老师时常带领学生走进自然，结合所学知识细心观察自然地理情况，并结合所观察到的实际情况深化理解所学的知识。

几年来，秦老师在组织学生在星空观察的活动中，收到了良好效果。具体做法如下：

首先，秦老师和学生一起做好星空观察前的一系列的准备工作：

1. 让学生写出星空观察计划，订出观察内容；

2. 让学生了解当月星空，熟悉可能看到的星座、月相情况、大行星位置及有无特殊天象等；

3. 利用活动星图、天球仪、天文伞、课本插图，使学生熟悉各星座的构图、相对位置关系、大行星出现的天区、主要恒星的名称、位置、作用等；

4. 采用讲故事的形式，把有关天文知识与民间传说如"牛郎织女""嫦娥奔月"等，融会在一起讲给学生，寓知识于趣味之中，激发学生观察星空的兴趣；

5. 根据观察的内容来确定观察星空的时间；

若想观察主要恒星、大行星和星座构图，时间可确定在"月明星稀"之时；

若进行月球环形山观察，可选择上弦月前后；

若进行月海观察最好是在望月之时；

若要观察到较多的天体，时间应确定在月亮及天气影响较小的时候，即农历月末、月初的晴朗的晚上……

6. 选择观察的地点。选择在距教室不远，受周围灯光、建筑物影响较小的空旷地带，如大的运动场中央等。

做完观察计划，秦老师在带领学生观察之前，先到观察地点按计划要求勘察一番，然后带学生分批去观察。

秦老师在观察前先讲注意事项，然后通过和学生一起观察整个天空，提出天球概念，建立天球直观印象，熟悉天球上主要的圈和点，利用天球坐标确定天体位置的方法。

再从最容易找到的星座开始，如仙后座，依据相对位置关系，依次观察其他星座，寻找大行星，看它与恒星的区别，观察其光点大小、亮度大小、光的稳定性、出现的天区，连续观察看有无相对位移等。

观察过程中，秦老师以手电筒代替教鞭，利用手电筒的光柱来指引学生的视线，以便让学生看清他手所指的方向。

秦老师和学生一边观察，一边复习课堂上讲过的天文知识，并注意联系有关的故事情节，给学生留下回味的余地。

当观察结束时，秦老师检查学生掌握的情况，没弄清的就地对照星空加以讲解。并提示学生，星座在天空中的位置随时间而变化，其原因是：

1. 由于地球自转，同一天晚上不同时间看到的星座在天空中的位置不一样。

2. 由于地球公转，不同月份，不同季节，看到的星空也不一样。

几年来，秦老师用这种办法组织学生观察星空，学生普遍感到印象很深，对掌握和理解教材起到很好的作用，同时也激发了学生的学习兴趣，培养了学生细心观察自然、理论结合实践的习惯。

怎样才能使学生勤于观察和善于观察，从而提高观察能力呢？

1. 培养学生的观察兴趣。

"兴趣是最好的老师"。培养观察兴趣是提高观察能力的前提。

如前面案例中的段老师，通过成立"饲养小组"引起了学生浓厚的观察兴趣。有了兴趣，观察客观事物就会有一种内驱力，会主动、自觉、积极地进行观察。

2. 教给学生正确的观察方法。

（1）对比观察法。比较是一个鉴别的过程，只有通过比较才能提高学生的观察能力。比如，让学生观察其他学生的绘画作品，并同自己的作品进行比较，好的要肯定，不足的要指出。

（2）反复观察法。对于某一动作可让学生进行重复观察，这种方法可以强化学生大脑皮层形成暂时性的联系，并能使各个暂时性联系之间相互贯通，逐步形成动作的连贯一致。反复观察能形成学生对事物的整体认识，并掌握复杂的难度大的各个环节。

（3）顺序观察法。事物的发生都有先后顺序，如植物的生长。让学生认识一个事物发展的全部过程，建立一个完整的概念，使学生养成按顺序观察的好习惯。

（4）重点观察法。在事物完整的发展过程中，必定有一个环节是主要的。如植物生长是其从生到死过程中的最主要的环节，这个环节是重点观察的对象。这些训练对培养学生抓主要问题，抓中心环节，掌握大局都有好处。

3. 写观察日记或观察记录。

这是培养学生观察习惯的好方法，应教育学生、鼓励学生天天写日记，使学生逐渐养成对事物细心观察的习惯。

学生有了观察的兴趣和习惯，就会勤于观察；掌握了观察的方法，就会善于观察。这样长期坚持认真细致的观察，学生的观察能力就会不断提高。

陶行知说"要解放自己的眼睛"。指的就是要用自己的眼睛去观察生活、观察自然、观察社会，并在观察中思考，在思考中实践、探索。

观察，是通过人们的感官或仪器，有目的、有计划地对自然状态下的客观事物进行系统考察和描述的一种活动。

观察，是人们认识世界、增长知识的主要手段，是人类最早使用的和最基本的研究方法之一，它在人们的一切实践活动中都具有非常重要的作用。

观察，是智力活动的源泉和门户，人们通过观察，获得大量的感性材料，获得有关事物的鲜明而具体的印象，经过思维活动的加工、提炼，上升到理性认识阶段，从而促进智力的发展。

教师应在日常生活中努力引导学生去细心观察各种事物，获得各方面的感性知识，培养敏锐的观察能力和习惯，从而打开学生智力发展的大门！

好习惯成就好成绩——学习习惯培养

习惯培养高效细节之认真仔细

培养学生仔细审题的习惯

> 良好的开端，等于成功的一半。
>
> ——〔古希腊〕柏拉图

毋庸置疑，无论是在理科学习，还是在文科学习当中，审题都是十分重要的。审题，既是学生的一种学习能力，也是一种学习习惯。

审题是解题的第一步，同时也是无法省略的一个必经步骤。而且这一步骤还像头脑对四肢的指挥一样，对其他解题步骤起着决定性的作用。

如果做数学题时对题目的理解不清楚，或是审题马虎，就很难找到合适的解题思路，当然也很难得出正确的答案；如果是写作文审题不清或审题失误，则"差之毫厘，谬之千里"，写出的文章就会南辕北辙，离题万里，思维混乱甚至不知所云。

因此，每一年中考、高考试卷分析后，都会有一个不变的话题——学生审题能力薄弱，导致考试严重失分。

每一个学生的审题能力都有一个由低向高发展的过程，那么由低到高这个过程是如何变化发展的呢？

在实践中该如何分步骤、分层次指导学生提高审题能力呢？

究竟是学生思考方面的问题，还是教师引导方法的问题呢？

怎样在日常的学习过程中培养学生的审题能力和习惯呢？

是的，教师应该深思到底该如何提高学生审题能力，培养学生良好的审题习惯。

经典案例

有些同学一见较难的应用题就害怕,不知从哪里下手,总是做不出来。要想正确、合理地解答应用题,首先就要学会认真审题,这是解答应用题的第一步。

但解题中,常有不少同学因不会审题或没仔细审题而将题做错了。因此,如何提高学生审题能力已经成为多年来教师教学研究中的一大课题。

刘嘉望老师是天津市红桥区一位具有多年教学经验的数学老师,在其撰写的《怎样解答应用题》的系列讲座中,以全新的视角、独特的思路、新颖的形式、典型的题目,阐述了应用题的解题思路、技巧和解法,尤其着重讲解了审题的方法。

刘老师在"应用题教"学中总结出一套"三字审题法",对于提高学生审题能力起到了很好的效果。

"三字审题"法的三字含义为:

读——要搞清题意。要反复把题默读几遍。必须认真、仔细、全面地、逐字逐句、逐符号地读题,边读边思考。前后对照地读,关键字、词语还要重点读。通过读题弄清题里说的是什么,弄清题中的已知条件和所求问题是什么。

画——要弄清关系。在读的基础上,用笔将条件用"——",问题用"〰〰",关键词语用"△△△"画出来。明确题中哪些是"已知条件",有几个;哪些是"问题",有几个,还应注意挖掘出"隐含条件"是哪些……有时还可以画图助思,有的可以把较多的或较复杂的条件用缩句摘录出来。

想——要理清思路。在弄清题意后联想。一般有三种联想。一种是从条件出发去想;一种是从问题出发去想;一种是直接抓题中的关键词语去想。这样通过联想分析数量关系,初步确定先算什么,再算什么,最后算什么,解题的方法就出来了。

刘老师在结合数学应用题讲解"三字审题法",他是这样引导学生完成审题的"三字"步骤的:

例题：玩具厂要生产10800辆电动小汽车。计划在30天完成，由于改进技术，每天比原计划多制造108辆，求比原计划提前几天完成？

教师要求学生边读边画①：玩具厂要生产10800辆电动小汽车。

启发学生想：一共计划制作（10800）辆。

要求学生边读边画②：计划在30天完成。

启发学生想：就可以知道原计划每天生产多少辆，（10800÷30＝360（辆））

要求学生边读边画③：由于改进技术——

启发学生想：就可以求出改进技术后每天生产多少件？（360＋180＝540（辆））

要求学生边读边画④：求比原计划提前几天完成？

启发学生想：要想求出"比原计划提前几天完成"，就要先求出实际生产多少天？（10800÷540＝20（天））

这样，经过以上的认真审题，此题的解法就好解决了。综合算式应是：30－10800÷（10800÷30＋180）＝10（天）

由此可知，在解题过程中，审题十分重要。无论是计算题还是应用题。审题不清，计算就要出错。

对于应用题审题，刘老师还提到几点细心的要求：

（1）在应用题读题时，要不添字、不掉字、不破句、边读边画，画出题中的条件、问题和关键词语。

（2）对关键词语要"咬文嚼字"。如"一个星期"就是"7天"，"一个月"，如果是大月就是"31天"，小月就是"30天"，如果是平年的二月就是"28天"，闰年的二月就是"29天"。

（3）审题时不仅要弄清已知条件，还要注意题中的隐蔽条件和不参加计算的条件。对应用题的问题一定要弄清到底要求的是什么。

刘老师把启发式教学和培养审题能力与习惯相结合，使得学生在解题初始阶段便能调动手、眼、脑，进行独立分析、深入思考，从而做好审题的每一个步骤。

全面、透彻的审题使得学生解题思路变得清晰、明朗，再加上"细心"的几点要求，从而使成功解题变得很容易了。

学生的审题能力薄弱，确实是困扰很多教师的一大难题，考试成绩不理想更是困扰学生的一大"头痛病"。

那么，我们的教师是否考虑过，学生的审题能力为什么差呢？是什么原因造成的呢？除了学生的因素，我们的教师、我们的课堂教学有没有关系呢？为了培养学生的审题能力，我们教师又应该怎么做呢？

案例分析

刘老师的"读""画""想"三字相互结合审题法，在手脑并用、图文结合的过程中，一步步引导学生分析所有条件，找到解决问题的方法。在实际应用中，既有效提高了学生审题、解题的能力，也培养了学生不放过每一个条件，认真审题的学习习惯。

审题是一种具体的能力和学问，是学生每个学科都面临的问题，但是针对学科的内容不同，相应的审题方法也千差万别。

如数学中讲求逻辑思维的严密，在审题过程中强调利用已知条件导出未知条件，而只有通过细心、缜密的思考，方能把题审好。

在写作中则要求对每个词义进行正确、深入理解，以防止发生诸如对文章题目的理解不当、曲解主题、以偏概全、偷梁换柱、似是而非、举例失当等错误。

其他各学科也有关于审题的不同的要求和方法，但是总的来说，还是异中有同，其中有万变不离其宗的规律。

那就是在刘老师的"三字审题法"上再加上——看、读、画、想。

1. "眼看"是前提。

这是从题目中获取信息的最直接的方法，这一步一定要全面、细心。"眼看"时要对题中关键性的词语多加思考，搞清含义，对特殊字、句、条件可以用着重符号批注，全面分析出已知、未知的条件，特别是一些隐含的条件，这是解决问题的关键。

"眼看"时不要急于求解，有些同学拿到题目立即写上一大堆公式，往往还没有弄清题义；有些同学审题时漏看、错看或看不全题目中的条件，这是解题之大忌，也是解题中"无从下手""解答出错"的重要原因之一。

2．"嘴读"是内化。

可以小声读或默读，这是强化知识、接受题目信息的重要手段，这是一个物理信息内化的过程，它能解决你漏看、错看的问题。

例如，平时学习中，成绩较好的同学，拿到一道题目，不管是难是易，他都会怀着轻松的心情去小声读或默读，特别是遇到一道陌生的题目，他会更加兴奋，会逐字逐句地研究，会认真、仔细地完成它，把做出一道难题看成一种快乐。

而基础较差的同学则不然，他们看见难题有畏惧感，脑中"我做不出"的意念缠住了他们的思维，这时可通过"嘴读"的方法寻找一些灵感，解决问题。

3．"手画"是方法。

就是对题目中出现的情景、模型画一些必要的草图和变化的过程。草画图形，搞清过程，还原模型，找出题目的关键之处，这是解题中很重要的一环，也是解题的突破口。

运用"手画"方法画出草图以展示完整的过程图景，可以使题目看上去更为直观。

4．"脑思"是关键。

做到以上几点后，下面就是充分挖掘大脑中所有储存的知识信息，准确思考、全面思考、快速思考，分析出解题的思路和方法。

遇到从来没有碰到过的题型或一时无从下手的难题，千万不要认定自己做不出来。这时可采取一些巧妙的办法，例如，不妨先闭上眼睛，深呼吸几下，然后再集中全部精力攻克这道题等等。

最要不得的是，遇到一道难题，看了几眼，做不下去，就看下一道；写了几行又做不下去，再做前一道；刚有了思路，却又放弃；反反复复，最后两道题一道也做不出来，可时间却又所剩无几了。

其实，考试成绩不理想的原因不在于做不出难题，而在于做不对你会做的题目，这儿计算错误，那儿题目看错，导致到处失分。

另外，过好审题这一关，还必须做到：

5. 知识掌握要全面，复习内容要全面，要深入、透彻理解基本概念。

每当考试时，要打有准备之仗，认真、踏实地进行全面复习，对所有知识进行梳理，形成知识的网络，覆盖每一个知识点，不能有任何知识的疏漏，然后胸有成竹、充满信心地走进考场。

6. 可以运用一些科学的思维方法：像对称思维、极限思维、等效思维、假设法、图像法、整体法等。

审题是学生学会学习、有能力解题的关键，也是很多教师的教学工作的重心之一。然而并非只要教师重视审题，就能在教学中培养学生良好的能力。

我们的教师在日常的教学中有时会走进一些误区，从而严重影响了培养学生的审题能力和习惯，下面两个片段可以说明一些问题：

片段一：某老师在引导学生分析了大气温度的垂直分布特点后，请同学们看思考题，教师读题：根据图2—2中……为什么要穿一件银白色的"外衣"。教师把"银白色"三字读得很重。学生们反应不强烈，老师干脆问："银白色"说明什么？学生恍然大悟。

片段二：教师在解释了电能表铭牌上的含义后，出示练习。有一电能表标有"1 500R/Kwh"字样，若1分钟内电能表的转盘转了5圈，则1分钟内电流做的功是_____，该用电器的功率是_____瓦。教师读题后，教师分析，师生一起完成练习。

这两个片段中反映了什么呢？

从教师设置练习的目的和功能分析，教师带领学生做练习有这样两个作用：1. 巩固知识、训练技能。2. 得到教学反馈。

然而，片段中，教师把情景的分析和解题过程包办了，剥夺了学生思考的机会，在潜移默化中学生失去了思考的积极性和习惯，只是等待着教师的答案。

而且教师包办练习的结果，使教师无法获取第一手的教学信息，也无法得知学生的掌握情况和问题所在，因此教学只能按教师预设的教学过程进行。

最重要的是，在这一过程中，教师代替学生分析和推导，使学生失去了提高审题能力的机会。

学生的审题能力很差，题目看得不仔细，回答问题答不到点子上时，教师常把责任推给学生。

其实，练习除了巩固知识、反馈信息外，也有审题能力、分析能力等多种能力培养的作用，教师的包办代替，让学生失去了这种机会，也隐藏了学生这方面能力的欠缺。

到了考试暴露问题时，老师认为自己教得很好，讲得很清楚，学生没学会，显然是学生能力不行。好像自己很委屈，其实真正的委屈者是学生。

如片段一中，学生不一定会看重"银白色"，而可能看重"外衣"，答成隔热作用，实际上这也是原因之一，当然如果只是"外衣"，那么其他颜色也行，为何要强调"银白色"呢？

教师可以通过引导，使学生自然会想到吸收辐射与颜色的关系。这样会给学生留下深刻的印象，也给了他们审视题目、思考问题的方法。

从教学过程看，教师总担心完不成教学任务，或担心教学内容的不完整，急匆匆地把备课时准备的内容讲完，教师把课堂教学看成完成教学任务，而不是考虑学生应该学会些什么？学生学会了多少？

学生经过了尝试，才会有体会和感受，才会更深刻地理解教师的分析、指导，而教师的包办代替只能扼杀学生的思考能力。

审题是学生学习过程中的一个至关重要的环节，是学生解决问题、发展思维的一项重要能力。同一个年级，或同一个班级学生的审题能力也是大不相同的，是有低有高的。

每一学科的教师在教授学生知识和解题技巧时，首先就应该把针对本学科的审题方法教授给学生，并且在日常学习中多加练习和巩固，养成认真审题的良好习惯。

学生审题能力的培养是一个长期的任务，它几乎无捷径可走，只有在学生自己反复的练习、教师不断的分析指导中才能逐步养成。

习惯培养高效细节之自主学习

独立完成作业,学生自主学习的良好开端

> 不好的老师是转述真理,好的老师是教学生发现真理。
>
> ——〔德〕第斯多惠

2003年,"非典"突袭中国大地,社会各界都因此进入了紧急"备战"状态,很多学校更是迅速采取了非常规的教学方式:通过网络,让学生坐在家中接受教师的辅导和指点。

但是,学校这种教学方式的调整和改变,虽然有效地保护了学生的健康和生命,却也让习惯于平时按部就班地上课听讲、记笔记、做作业、考试等固定学习流程的学生们有了骤然松弛的感觉。

在"没有人管"或者管得松了的状态下,有相当一部分学生,甚至是大学生,感到有些无所适从,一些学生放任自流的现象也就随之出现了——

有一名小学生,"非典"期间整天待在家里,除了看电视就是打游戏,作业都懒得写。父母有一天打开电子信箱,发现老师发来的一大堆作业都被"积压"着。

北京某高校的一名大学生写信告诉妈妈:这些天很悠闲,大家把最原始的玩法都拿出来玩了:放风筝、跳皮筋、踢足球……

还有的大学生戏言被医学隔离观察的"非典生活"是"物质生活极大丰富,精神生活极大贫乏"。言外之意,就是"非典"来了,读书学习少了。

为什么会出现这样的情景?离开了课堂,离开了教师,这些学生难道就不会学习了吗?

我们不妨先来分析一下现在学生的学习情况,其大致可以分成以下

四种：

一是主动学习，对课本进行主动复习和预习，喜欢阅读一些课外读物，求知欲强，勤于思考，考试成绩稳定。这类学生具备了自主学习的习惯。

二是能完成教师布置的预习、复习等任务，但学习上欠主动，需要在老师布置、安排下进行学习，总是以完成老师布置的作业为标准。

三是在教师的督促下才能够完成所布置的内容，得过且过。

四是没有学习方法，把学习当成负担，由于成绩不好，造成失败者心态，产生厌学心理。

显然，"非典"时期出现的学生状况，大多是属于第二种和第三种——缺乏主动学习的能力，没有养成自主学习的习惯。

中国有句老话："师傅领进门，修行在个人。"一个学生的学习成绩好与不好，很大程度取决于他是否具备了良好的自主学习的习惯。换言之，一个背离了"主动学习原则"的学生是不会取得优异的成绩的，这就是问题的症结所在。

自主学习习惯，是培养学生独立性的一个重要方面，是学生成长、成才所必需的能力，所以，我们的教育工作必须注重对学生独立人格的锻造，培养他们形成自主学习的习惯，这是落在学校和教师身上不容推卸的重要任务。

当然，任何习惯的培养都不是一朝一夕能成功的，所以，这需要学校和教师做长期的、实实在在的艰苦工作。

 经典案例

江苏省无锡市蠡园中学，作为一所生源较差、外地民工子弟占三分之一以上的普通初中，却在近几年的中考中脱颖而出，成为全市30多所中学中的佼佼者，更获得了一连串的荣誉："省青少年科技教育特色学校""市教育现代化示范学校""亿利达发明创造先进集体"……

这一切，其实都得益于蠡园中学的"成长教学"理念：要让教学中的育人价值得到最大拓展，从而最大限度上满足学生的成长需要。

蠡中的教师们都清楚地记得几年前的那次初一新生情况调查。其中有一道题是"你为何而学？"统计结果显示：为家长而学、为老师而学的占了将近一半，而因为自己的志趣而学的却不到四分之一！

这个情况引起了全校教师的深思——"首先要唤醒学生学习的主人意识！"

凭着这样一个朴素而又坚定的教育信念，蠡中人迈入了教学改革的大道。

蠡中的教学改革是从改革学生的作业开始的。

蠡中把学生作业分成了"责任田"和"自留地"两种。

"责任田"，指按老师布置的要求当堂完成的或在校自主完成的作业，作业总量一般只在一个半小时之内。

而所谓的"自留地"，则是让学生做真正的"自主作业"：学生每天根据自己的学习情况自己布置作业，或预习、复习，或自己"对症下药"找习题，或进行课外阅读。

对于"责任田"，蠡中的全体师生共同遵守一条特殊的"纪律"：所有的书面作业，学生要在学校安排的限定时间内完成，教师不再布置"二次作业"！

每天的15：45是全校学生铁定的"种责任田"时间，所有作业的总用时之和约为80分钟，要求绝大多数学生能够完成。

当然，如果个别学生当堂完成不了作业，那是很正常的，教师会个别对待；但假如相当一部分学生完成不了，责任则不在学生，是教师对作业的量估计不足。

蠡中还在"种责任田"时间规定了"两不准"：学生不准讲话，教师不准讲课。也就是说，在这80分钟内，全体学生必须做到"自主""宁静""高效"，而教师也不能以影响全班的"宁静"为代价，对某个学生进行个别辅导。

至于以前屡禁不止的抄作业现象，学生们普遍认为：在这80分钟之内抄作业，一是没这个可能，二是没这个必要。

在这样的教学制度下，蠡中学生回家不做教师统一布置的书面作业，这一点得到了充分保证，同时学生还获得了可以回家自由支配时间、自主学习的权利。

"在校'种好责任田',回家'种好自留地'",成了蠡中学生现在做作业的一大特色。学校把引导学生乐于和善于"种自留地",作为培养学生自主学习习惯的最重要途径。

新学期一开学,蠡中的每位学生都会收到两本专门设计、统一印制的活页式本子:"自主作业诚信日记"录,"自主作业每周小结"本。

前者主要是让学生每天记录、检查自己的"自留地"的"耕种"情况;后者则是让学生每周对自己的"耕作"情况作一下小结,便于下一周自主学习的调整、改进。每张记录纸上均设计了"给老师捎句话"一栏,这给学生向老师质疑、与老师交流打开了一扇方便之门。

老师可以抽查学生"诚信日记"中的内容;可以解答"给老师捎句话"栏目中学生提出的问题;可以在"教师签阅"栏中为有进步的学生写上激励性的话语……

对于那些对自己的"自留地""耕种"积极性不高、"耕种方法"欠妥的学生,老师还会经常找他们进行深入的谈心,耐心地指导。

学期期末,学校教务处进行了一次无记名民意调查,结果显示:学校实行"自主作业"之后,有66%以上的学生表示作业效率有较大或很大提高,89%以上的学生认为这是学校"减负增效"的一个好举措。

在蠡中,被"自主作业"改变了的学生的确有很多——

"一开始不太习惯,后来发现效率真的提高了不少。"

"'自主作业'让人有速度感,能让我在剩余的时间里放心、踏实地做预习、复习。"

"说实在的,'自主作业'让我有了学习的信心!我从此能够保证,我的作业是我做的!!"

"对我来说,每次'自主作业'就是一次考试,不但考自己的知识,更是考自己的毅力,考自己的信心,真的要感谢我们的校长作出如此决定!!"

……

有人曾经问蠡中的一些学生:"你们'种自留地'最大的收获是什么?"

"其实,作业不一定要老师来布置。"一位学生说了这样一句似乎很普通的话。

但是，这句话却比成绩进步本身更重要，因为这句话背后体现出的是学生良好的学习心态，也是学生养成了自主学习习惯的最真实的表现！

学生作业做得慢、做得不好，甚至抄袭，表面来看只是学生的顽劣个性所致，但实际上这牵涉到了学生的学习态度问题。学习态度不端正，久而久之，就会形成坏的学习习惯。坏的学习习惯一旦养成，就会直接影响到其各项能力的发展，以致丧失信心，形成恶性循环。

因此，教师必须着重培养学生独立完成作业的习惯，让学生在做作业的过程中真正体验到知识应用的巨大作用和乐趣，激发学生的学习积极性，做到主动学习、主动求知，从而养成自主学习的习惯。

案例分析

几乎每位教师每天都能遇见或听见一些学生不能按时完成作业的事情，不少教师因此而大伤脑筋，他们经常会对不能够按时完成作业的同学用批评的方法，甚至让其停课补做，或加倍罚其完成当次的作业。

但事实上，无论是批评、罚做，都只能治得了一时，管不了长久——今天处理了这几个学生，明天可能会出现另几个不完成作业的学生；今天罚他刚补完这一科作业，可能明天他依然会有另一科作业不按时交上来。这些方法治标不治本。

而更让许多教师在教学中无法回避的一个很现实的教学问题，是少数学生的抄作业现象，想"堵""堵"不住，想"疏""疏"不通！

那么，到底为什么会出现这些现象呢？

其实，这些学生并不缺乏聪慧的头脑，真正影响他们的是惰性，也就是我们经常说的"懒"。而造成这种"懒"的最主要原因就是这些学生没有养成自主学习的习惯。

在培养学生形成自主学习的习惯时，教师一定要意识到，教师只是外因，只有通过学生这个内因才能真正起作用。所以，教师要想方设法地加强教育，让学生真正意识到自己是主体，让学生有自主的机会，从而为培养其独立意识和自主习惯提供可能。

在这方面，蠡中显然是一个绝佳的典范：

他们通过让学生"在校'种好责任田'"的方式，杜绝了学生不能及时完成作业和抄作业的恶习，真正培养了学生的独立性；

他们还通过让学生"回家'种好自留地'"的方式，为学生创造了自主学习的机会，赋予学生自主的权利、责任、角色，从而很好地培养了学生的自主学习习惯。

应该说，独立完成作业正是培养学生自主学习习惯的第一步，但并不是唯一的一步，教师还应通过以下方法努力培养学生的自主学习习惯。

1. 明确学习目的。

在很多学生的意识中，学习是为了完成老师的任务、家长的期望，所以，他们的学习依赖于师长的外在压力和监督，自己则彻底放弃了自主学习的机会。

所以，教师必须从帮助学生明确学习目的开始，对他们进行自主学习习惯的培养。如果没有明确的学习目的，学生就不会有积极的学习态度，就更谈不上自主学习了。

2. 确立学习目标。

学习目标分为长期目标和近期目标两个方面。

长期目标具体包括：将来准备从事什么工作，你现在打算如何去做等内容。制定长期目标可以帮助学生明确努力方向，增强学习的自觉性。

近期目标具体包括：你今年的学习目标是什么，你这学期的学习目标是什么，你每个月的学习目标是什么，你每个星期的学习目标是什么等内容。制定近期目标可以让学生从现在开始，主动、充实地度过每一天。

3. 传授学习方法。

集体指导，主要包括学习过程的方法指导和各学科学习的方法指导。学习过程的指导包括预习、上课、练习、复习方法的具体指导，以提高学生预习、复习的自觉性。各学科的指导主要是指对具体科目的学习指导，使其能学懂、学透，产生自主学习的信心。

个别指导。教师应针对被指导学生的具体情况，从学习态度、学习方法、学习兴趣等方面进行交流和帮助，解决一些个性化的问题。

方法交流，即让自主学习者成为榜样，向同学们介绍自己的学习方法和经验。这一类学生一般占全班人数的五分之一左右，如果他们能起到带动作用，就会达到事半功倍的效果。

人的一生，大部分时间都是在自我教育中不断发展完善的，如果没有一个好的自主学习的习惯，人就会像那只坐井观天的青蛙一样，变得目光短浅，认识狭隘，那样很难拥有成功的人生。

古人云："授人以鱼，不如授人以渔。"教师的重要职责就是帮助学生养成有益于日后发展的良好的自主学习的习惯，这远比传授知识更为重要！

好习惯成就好成绩——学习习惯培养

习惯培养高效细节之笔耕不辍

提高创作积极性，培养学生写日记的习惯

> 随时注意，随时记下来，这样的记录很重要，它能锻炼你的文字表达能力。要天天记，养成一种习惯。
>
> ——老 舍

写作能力的培养是语文教学的四大基本任务之一，新课标更是将培养学生的写作能力提高到了一个全新的重要地位。

然而，学生的写作现状却又令每一位关心教育的人士担忧。君不见，作文课上，唉声叹气者有之，百无聊赖者有之，愁眉苦脸者有之，害怕逃避者有之，抓耳挠腮者有之。作文已经成为部分学生心中"永远的痛"，引用学生的话来说就是"无话可说，无话可写"！

试问，这样又怎能写出令人拍案叫绝的文章来？

"文必多作而后工。"

"业精于勤，荒于嬉。"

"刀越磨越利，脑越用越灵。"

"三天不练口生，三天不写手生。"

……

写作是一种技能，是一种综合性的思维方式，寓观察、思考、分析、比较、联想、想象、积累、运用于一体。只有经常练习，写作技能才能有所提高，而提倡学生写日记，让学生养成写日记的习惯，就是一种最佳方式。

宋代大教育家朱熹说过："问渠哪得清如许，为有源头活水来。"

现代教育家叶圣陶先生也说过："生活犹如源泉，文章犹如溪水，泉源

丰盈而不枯竭，溪水自然活泼地流个不停。"

写日记，不失为使作文"泉源丰盈而不枯竭"的一个良方。

日记是生活的记录，真实地记载着生活的点点滴滴，是人生珍贵的财富。学生坚持写日记，不仅能训练写作技巧，还能开拓写作思路，增强生活体验。

写日记，学生最难以做到的是坚持。而这也正是教师教学中迫切需要解决的问题——究竟应该如何保持学生的写作乐趣，引导他们一步步坚持下来，乐写、爱写、善写日记，养成写日记的习惯呢？

经典案例

著名特级教师魏书生不改作文，但他的学生作文却写得很好，其中的奥秘之一便是他鼓励学生多写日记。

从1998年起，魏老师每学期只批改两篇作文，更多的则是让学生多写日记。结果，效果非常理想，仅仅两年时间，学生便在省级以上刊物发表文章30余篇，获市级以上奖励20余人次，考试成绩也遥遥领先。

那么，魏老师是怎样让学生爱上写日记的呢？

1. 采用"无限积分制作文批改法"批改日记。

"无限积分制作文批改法"是魏老师在1996年提出的科研课题，用在批改日记上的方法是：

一周批改一次，积分包括数量和质量两个方面，累计得分为本周日记成绩。

在数量方面，写满一页积50分；坚持一天一篇日记另奖励200分；超额部分每篇奖励100分。

在质量方面，视日记的质量高低积≤100分（积分没有上限）；书写认真积50分。

例如，一名学生在一周内写了14页（9篇）日记，数量分可得1100分，如果9篇日记的质量平均得分为300分，那么，他本周成绩就是3800分。

在每个月底，魏老师还会统计每个学生的得分总和，公布前20名，给学生竞争的参照物,一方面让学生有一个纵向的自我比较,通过努力不断地实现自我超越;另一方面,横向的互相竞争使学生都想夺得最高分,从而激起了学生爱写日记的热情。

魏老师还会根据具体情况灵活变动分数,利用分数使学生从追求数量起步,进而追求质量,以达到提高质量的目的。

比如,刚开始的时候,为了鼓励学生多写,他会将"完成任务(如一天一篇)奖励分"和"超额奖励分"的分数定高一点。等学生的水平有所提高或数量达到一定程度或上毕业班的时候,他会再加大质量分,降低数量要求,甚至取消超额奖励分,以鼓励学生在质量上多做文章,写出精品。

事实证明,魏老师这种"无限积分制作文批改法"非常成功。每次交上日记后,学生们便迫不及待地围着魏老师问分数,想知道自己一周奋斗的结果,想战胜自己或对手的愿望表现得极为强烈;每次发下日记本后,学生都会写一篇关于写日记心得的日记。

2. 认真上好日记课。

魏老师每周上日记课的方式有:

(1) 选典型日记,魏老师自读、自评、自讲。

(2) 进行分组竞赛,每组自选两篇日记,由学生自己上讲台朗读并做简要评讲;每组选评委一名,就日记质量和朗读水平进行评分(10分制),每次评出优秀小组一名,优秀个人两名。最后,由魏老师做整体评价,力求形式和内容变化新奇,避免单调。

(3) 魏老师随机抽5篇日记,读给学生听,一般会读两遍,要求学生听后说说自己的认识,平均每篇日记用8分钟时间;同时进行分组竞赛,视每组的发言次数和质量评优秀小组一名。最后还是由魏老师做总评。

(4) 将全班同学分成4~6人一个小组,每个小组自选一篇日记集体讨论,派一人做书面记录,30分钟完成任务,将讨论记录悬挂或张贴;每组再派一人当评委,给每份记录评分(10分制),评出优秀小组一名。最后由魏老师做总评。

(5) "记者招待会"。魏老师会让每周在日记写作上有特殊表现的学生举行"记者招待会",这样既能激发学生们的写作欲望,又能让学生们互相交流,同时还锻炼了学生们的听评能力。

3. 不写评语写心语。

教师批改学生日记，写评语似乎是天经地义的事，但魏老师却并没有遵循此道，近年来，他逐渐改写心语。

心语的内容大多是：回应学生提出的某些问题；和学生一起探讨他们感兴趣的话题；赞美学生的进步和优点；暗示日记中的某些不足；倾吐烦恼，让学生感到老师很信任他，进而更亲近老师。

经过这一周又一周心语的交流，使魏老师和他的学生们都非常盼望交日记、上日记课，并因此取得了很好的效果。学生们这样形容日记：日记，是我们集体不屈的灵魂、是师生交心的彩虹桥、是蔚蓝色的心灵天空、是灿烂的山花、是绚丽的朝阳、是叮咚的山泉……

事实上，用审视的眼光、客观冷静的态度写出的评语，学生确实不大爱看，它所具有的评价、诊断、导向功能在很多情况下是起不了多少作用的。

而心语不同，它采用第二人称的方式和情感化、个性化、美化的语言和学生交流，既培养了学生写日记的兴趣，又起到了有效的导向、激励、诊断和强化作用。学生不仅爱看，而且"百读不厌"。

魏老师还会适时地给学生一些意外的惊喜，以激发他们写日记的兴趣。比如：

对于持之以恒写日记的学生，会在他的日记本中夹上一枚火红的枫叶；

获得好成绩的学生，会和他照上一张合影；

取得飞速进步的学生，会发给他一张奖状；

有突出表现的学生，会为他写张喜报；

文章想象丰富的学生，会在他的日记本上画对飞翔的翅膀；

拟人手法用得好的学生，会给他画个卡通人物，画张笑脸，以示对他的鼓励。

……

让学生真正爱上写日记是件很困难的事，但是，魏老师却通过多动脑筋、多想办法，努力为学生带来了一系列的惊喜，始终用新奇的方式去提高学生写日记的积极性。

虽然魏老师因此付出了很多的时间、精力和心血，但他的付出并没有白费，他的学生们都爱上了写日记，他的语文教学取得了巨大的成功。

日记，是笔耕的田园，是人生的史册，是道德的长跑，是超我与本我的对话，是超我对本我的监督。

写日记，可以让学生对自己的学习、生活进行总结和深入思考；

写日记，可以锻炼学生观察生活的能力和驾驭语言的能力，提高他的写作水平；

写日记，可以让学生倾诉自己的情感，调节自己的情绪；

写日记，可以培养学生独立的个性和独立处理事物的能力；

写日记，可以锻炼学生的意志，开阔他的心胸，净化他的心灵。

作为人生的引导者和监督者，教师一定要努力让写日记成为伴随学生终身的生活习惯，陪伴着他们青春的脚步、奋飞的旅程，用浓墨书写、用重彩描绘他们成功的人生！

案例分析

日记，顾名思义，是一天生活的记录。但究其本质，实为自由命题作文由学生自己命题的作文。很多不擅长写日记的学生，特别是一些刚起步的低年级学生，往往会因为害怕或者畏难而产生逃避的心理，使写日记变成了一件"苦差事"。

而教师若想使日记真正成为学生写作素材的仓库，让学生说自己想说的话，写自己想写的事，最重要的就是要提高并保护好他们的积极性。在指导的过程中，教师要结合他们的年龄特点，用各种办法消除他们的内心顾虑，让他们真心地想写，开心地去写。

这样，日复一日，年复一年，学生们在快乐中写日记，在积极的心态下写日记，他们就会在不知不觉中养成良好的写作习惯，他们的写作水平也一定会不断提高。

魏书生老师的"无限积分制作文批改法"和学生评分制，以及其他新奇的激励方式，虽然比较奇特，但在提高学生的写作积极性方面，绝对称得上是实用、好用、管用的教学点子。

他适时地为学生们提出了一个个通过努力才能达到的目标,让学生产生一级一级攀登的欲望、挑战自我的雄心、竞争胜利的愉悦、超越自我的满足,从而最大限度地提高了学生写日记的积极性,使学生们真正地爱上了写日记。

教育家叶圣陶曾经指出:"能不能从小学高年级起,就使学生养成写日记的习惯呢……这样的习惯如何养成,我说不出方法和程序来。"

的确,许多语文教师都曾要求过学生写日记,但都苦于没有一个很好的办法让学生坚持下去,往往流于形式或半途而废,当然也就谈不上让学生养成写日记的习惯了。

显然,魏书生老师的办法是非常值得借鉴的,除此以外,我们还可以尝试以下一些方法,这些都是一代又一代的教育工作者辛勤努力的结果。

1. 宣传启发。

为了让学生喜欢日记,不把它当成额外负担,教师应想方设法地向学生宣传日记的作用。比如,讲述名人的日记故事,或者宣读教师自己读书时的日记,讲述自己当时的故事,这样,自然就会引起学生们的共鸣,调动起他们的积极性。

2. 授之以法。

学生有了积极性,还需要教师的细心指导。

第一步,先从内容入手,解决"可炊之米"。教师可以先让学生轮流出日记的题目,把写好日记的主动权交给学生,让学生畅所欲言,想写就写,使学生之间有一种亲近感、认同感,形成互相竞争、你追我赶的写作风气。

第二步,为使他们的日记内容写得具体、生动,教师还应训练学生善于观察、主动留心周围的事物,并及时把观察所得记下来,如校园里的一草一木、身边的好人好事、生活中的种种琐事,乃至社会上的美好、丑恶现象,都可以成为学生资料库中的"矿藏"。

在日常学习中,教师还可以尽量为学生多创造写作情境,提供写作材料。凡是学校、班级开展的各项活动,都事先提醒学生留心观察,抓住重点。

这样,学生在写日记时,就不会再产生搜肠刮肚的烦恼,就会越写越有内容,越写越爱写,越写积极性越高。

3. 及时批阅。

及时批阅学生的日记，是促使他们持之以恒地写日记的重要措施。教师应把批阅日记当成组织交流的手段，设计出教师批改、学生互批相结合的批阅方法。学生互批日记，可以提高他们修改自己和别人文章的能力，有利于互相学习，互相启发，激发兴趣，可谓是一举数得。

4. 制造喜悦。

学生虽然年龄小，可情感世界非常丰富，他们渴望得到表扬，渴望超过别人，渴望引起大家的注意。所以，提高学生写日记的积极性的最根本的方法，是使学生享受到成功的欢乐。

（1）在班里读学生的句子，哪怕是一个好的词语，都会让学生惊喜地想："我的词语、句子原来写得很好吗？啊，老师表扬我了！"尤其是对一些表达有困难的学生，只要发现了他们文章中一丁点的闪光之处，都应及时大张旗鼓地夸奖，让他们树立信心。

（2）适当设立奖励机制。比如，×××坚持天天写了，奖他一颗星；×××的日记进步了，奖他一朵花；×××连续拿了三个优，奖给一个日记本；等等，以强化学生写日记的兴趣和动机。

（3）挑选出优秀的日记，在课堂上朗读，或者写在黑板报上，或者将其送交校编辑部刊登在校刊上，从而增强学生的自信心和积极性。

学生时代是幻想的时代，如果我们教师努力让学生真正爱上写日记，使写日记成为他们人生旅途所必须经历的精神跋涉，那么，他们的学生时代将会更加丰富多彩，他们的明天将会更加美好灿烂！

教师一定要教会学生如何在生活的长河中选择闪光的珍珠，让学生体会到写日记的喜悦，让他们的日记真正为作文服务，并养成持之以恒地写日记的好习惯！

习惯培养高效细节之学会阅读

用巧妙的方法培养学生的阅读习惯

> 一个爱书的人,他必定不致缺少一个忠实的朋友、一个良好的导师、一个可爱的伴侣、一个幽婉的安慰者。
>
> ——〔英〕伊萨克·巴罗

美国在21世纪初发起了"美国阅读挑战"的运动,目标是三年级(8岁)的孩子能够独立阅读。

为什么提出这一目标呢?

这是因为,美国人认为,为了保持自己在世界上的领先地位,人的素质是关键,而这其中,阅读又是至关重要的。因为阅读为每个人打开了通向想象和虚幻世界的大门,有了想象力才会有创造力。

所以,美国总统布什亲自在电视上做开展阅读活动的动员讲话,要求大学生深入美国家庭,和低年级的孩子一起阅读,并说开展这种活动的费用由政府支付,按勤工助学对待。

由美国人对阅读的重视程度可见,阅读是件无比重要的大事,不仅关系到一个人的全面的素质发展,而且关系到一个国家在世界上的地位。

不可否认,一切学识渊博、才智出众的人都有大量阅读的习惯。养成阅读的习惯对一个人的一生至关重要,而教师则责无旁贷地要担负起帮助学生养成阅读习惯的重任!

经典案例

韦君宜原是人民文学出版社副社长兼总编辑。她从1935年开始写作,断断续续已有60多个春秋,写出了很多优秀的作品。

而回忆起成长的过程,她始终感谢自己的父母和老师让她养成了良好的阅读习惯。

韦君宜1917年10月26日生于北京一个知识分子家庭。

她的父亲在清末去日本留学,民国初年回国。他在日本参加过同盟会,回国以后,从铁路技术人员升为铁路局长。母亲是一个清末举人的女儿,略通文墨。

父亲自认为和别的旧式封建家长有不同之处——主张男女平等,对儿女的功课要求得非常严格,让女儿和儿子读同样多的书。

所以,韦君宜除了到学校上课之外,父亲还亲自教她诵古文、读日语;还要她课余攻读英语、数学。

虽然父亲"望女成凤"心切,但是,韦君宜却并不喜欢背诵古文,英语也只能勉强及格,而数学和日语干脆毫无兴趣。

父亲在忧虑之余,发现女儿的形象思维似乎特别发达,对一些通俗小说很有兴趣。父亲知道,读书当然不能仅仅读通俗小说,但这可以成为一个突破口,帮助女儿打开知识的大门。

于是,父亲虽然依旧严格要求她认真对待每门功课,却也并不逼迫,反而让她把家中的旧书、历史小说、通俗演义等读本在学习的间隙内通读,希望借此把她对读书的兴趣从"星星之火"发展成"燎原之势"。

果然,韦君宜在通俗读物中感受到了文字的神奇和奥妙,十二岁以前她就看完了《红楼梦》和《三国演义》。虽然只知道十二钗做诗、游园很好玩,不过这么小就把名著浏览了一遍已经算是很难得。

而且,她阅读的兴趣范围也渐渐广了起来,历史小说、诗集、通俗演义、政论、弹词……各种书籍她都能捧着津津有味地读半天。

没过多久,她把家里存放的一切旧书,全部"吞"了下去,还如饥似渴

地在外面寻找书读。

父母对于韦君宜的穿戴总是严格限制，但对于她买书却是很宽松，他们允许女儿到书店自行挑选。

就这样，诸如《小朋友》《儿童世界》《白话文选》等文艺及社会科学方面的书，韦君宜都可以尽情地买，回到家就贪婪地读。

通过父亲有意识地培养，韦君宜的阅读习惯在此时基本形成了。幼年时代的她像蛇吞象似的看了许多完全超出她年龄的书，在书本上她广泛地接触到了社会，开始知道了胡适、梁启超、鲁迅……

少年时代书籍的启蒙教育，在韦君宜的心灵上留下了深深的烙印，为她后来的成长奠定了坚实的基础，使她开始思索人生。

中学时代，韦君宜是在著名的南开中学度过的。这是她生命旅途上不可多得的黄金时代，南开中学不仅给了她人生的启示，而且赋予了她创作的智慧。

至今，韦君宜谈起自己的母校，仍十分留恋，并带有感激之情。因为自己最引以为豪的阅读习惯和一些良好的阅读方法都是在这个时期，在两位国文老师的影响下逐步形成的。

南开中学是聘请当时最为优秀的学人作为教师。

韦君宜在高中一年级时，班上来了一位进步教师，叫田聪，他曾和几位青年朋友办过同人刊物，自己也能写作。

一次，韦君宜交了作文卷以后，田老师兴奋地鼓励她说："何不学习写小说？"

田聪老师告诉她学文学要打基础，要多读一些世界名著，不求精读，不求全解，但要广泛地、大量地阅读，尤其是小说等文学作品。

韦君宜按着老师的指教，老老实实地读了屠格涅夫、契诃夫和当时时髦的辛克莱的作品，从这些作品中，她吸取了丰富的营养，为她后来的文学生涯打下了深厚的基础。

同时，田聪老师教学生们有选择地读新作品。韦君宜在他的启发和指导下，阅读了《北斗》《文学月报》等；接触了进步的俄罗斯文学，读了《新俄学生日记》《铁流》《毁灭》等。

这些作品，在那黑沉沉的长夜里，好像天空中倏然闪过的一道亮光，使

她看到了光明和希望；又好像一股小小的清泉，在她那干涸的心田上流淌。她感到振奋，感到世界有了生机。

当时，南开中学对学生的学习要求得十分严格：一科不及格就要补考，两科不及格就要留级。

尽管如此，田聪老师却仍然鼓励学生在课余办刊物，轮流当编辑；经常举行国文会考和课外阅读比赛，对优胜者发奖品；南开中学有一个不小规模的图书馆，田老师还鼓励大家多去图书馆，在图书馆宁静的读书氛围中更能感受书籍的气息。

韦君宜对书籍的痴迷正和这里的学习环境相契和，她就犹如一颗等待萌发的种子找到了适合生长的土壤和气候，她在文学方面孕育的才能得以发挥和显露。

这段时间，韦君宜在田聪老师的倡导下，养成了在图书馆中阅读的习惯，她不仅爱去图书馆，也常去书店。

后来，她还学会了到北京琉璃厂旧书店去选购线装书，书店的伙计们总会用惊讶的眼神看着这个经常钻故纸堆的少女。

同时，她还掌握了广泛阅读的基本方法，比起小时候的囫囵吞枣，这种阅读法对文章的理解和知识的掌握更有好处，同时进步速度也很快。

高中三年级的时候，韦君宜的国文教师换成了孟志孙先生。他学识渊博，精通古文，后来还成了大学教授。他在中学教这群少年的时候，就已经开始用大学的授课方法了。

他把中国的诗歌按时间顺序自由圈选，教学生们从头读起，由诗经开始，楚辞、汉乐府、唐诗、宋词，至元曲为止；他还指导学生阅读大量参考书。

他同时提倡学生们，读书一定要做读书笔记，如遇到特别好的书就要抄书，但不必全抄，而要摘抄，因为摘抄必然要经过细读才可以知道什么是必须要摘的，什么可以不摘。

韦君宜极力适应孟先生的授课方法，她这时已经渐渐明白了泛读的特点和优势，以及精读的方法和好处。

从此后，故纸堆、书斋、图书馆，成为她终生迷恋和陶醉的地方，成为她赖以生存的极乐世界。

阅读就像是站在巨人的肩膀上一样，让人能够看得更高更远，借以增长见闻，拓展知识领域。一个人若能从小养成阅读习惯，便犹如得到一生受用不尽的宝藏。

而教师对阅读的重视、对学生阅读兴趣的培养和阅读方法的引导，则是帮助学生养成阅读习惯的关键。

案例分析

诚然，一个人要阅读一定得靠自己的眼睛去查看和浏览，靠自己的头脑去思索和记忆。但是，外界的影响和帮助同样也会起到至关重要的作用，甚至关系到一个人是否能拿得起书本。

在韦君宜的读书生涯中，父亲、田聪老师、孟志孙老师，这三位关键人物，帮助她把阅读培养成了一种终生的习惯。

韦君宜的故事，在培养学生阅读习惯方面给了我们一个很好的启示，由兴趣到方法，最终形成习惯的整个过程中，方法很重要，且始终贯穿。

兴趣是最好的老师，对阅读有兴趣，就等于是为学生持续阅读和提高阅读能力提供了内在条件。

不可想象，学生对阅读毫无兴趣，仅凭毅力怎么可能完成九年义务教育阶段400万字的课外阅读量呢？

纵然完成，也只能是事倍功半！

"牛不喝水强按头"，这样只能让学生离书本越来越远。要让学生养成阅读的习惯，就必须意识到第一要务是：培养阅读的兴趣。

教师在教学生活中，应主要从兴趣入手，逐步培养学生的阅读习惯：

1. 可以通过朗读来培养学生的读书兴趣。

教师每天持之以恒地为学生大声朗读文章，学生对阅读的兴趣便会在抑扬顿挫的朗读声中渐渐产生。在每天的听读中，学生会逐渐领悟汉语的神韵，产生想读书的愿望并能逐步具备广泛的阅读基础。

此外，学生阅读开始得越早越好，朗读的内容应生动有趣，以能吸引学生为标准，随着年龄的增长，内容可以逐步加深。

2. 根据学生的兴趣，在学生生活空间内尽可能地提供有较大选择余地的阅读材料。

教师可以把这些阅读材料放到学生容易看到的地方，以便于学生随时阅读。

比如，让每个学生上学时都要带一本自己喜欢的课外书，课间把书放在课桌上。

在家长会上要求家长把希望孩子阅读的好书放在家中孩子经常活动的地方，例如放在电视机旁边，或放在孩子的玩具上等。

当学生看到这些书的时候，注意力就会很自然地被吸引过来，从而在不知不觉中进入阅读状态。

3. 培养阅读习惯的又一个关键点，是处理好"读得多"与"读得好"的关系，也就是"博"与"精"的关系。

美学家朱光潜说："读书原为自己受用，多读不能算是荣誉，少读也不能算是羞耻。少读如果彻底，必能养成深思熟虑的习惯，涵泳优游，以至于变化气质；多读而不求甚解，譬如驰骋十里洋场，虽珍奇满目，徒惹得心慌意乱，空手而归。"

而陈原在《书林漫步》中说："凡是精华——也就是比较正确地概括了前人生活和生产斗争经验的书本，或者说是好书，应该反复地读，不厌其烦地读上千遍，把它读'破'，那才能生出'巧'来。读'破'之意在于通，引证自己的经验，加以融会贯通，书本知识才能够成为你所掌握的工具。"

可见，尽管"博览群书"很好，但是更要注意吸取精华。如果仅仅为了"多读"而读，则会忽视了汲取过程，多亦无益。如果能把"精"与"博"结合好，"读得多"又能兼而"读得好"，则是最妙。

一个好的阅读习惯的养成，对于一个学生的整体素质的提高将起到巨大的推动作用，所以，教师要注意学生的这一习惯。

《儒林外史》中有一个"万雪斋"，斋内客厅有联："读书好，耕田好，学好便好。"内容浅显易懂却蕴涵深味。

"读书好"，"学好便好"，如何算"学好"？

此问不难，难的是如何才能"学好"。这里牵扯到一个读书习惯的问题，因为如果没有正确而且健康的读书习惯，"学好"就不可能实现。

不过，一个好的读书习惯并不是一天两天就可以养成的，它需要教师付出无比的耐心和信心来帮助学生。

而一个好的读书习惯所蕴藏的奥妙也绝不只是简单的陈述就能全部揭晓的，它需要教师在实践中不断摸索和总结，才能让学生走更正确的路，读更多、更好的书！

习惯培养高效细节之善假于物

运用工具书,提高独立解决问题的能力

> 问题与解决问题的办法是同时出现的。
> ——〔德〕卢曼

工具书种类繁多:有综合性的工具书,有各学科乃至于各个领域专题性的工具书,它们各有各的用途。那么,如何通过运用工具书来培养学生解决问题的习惯,是需要作为教师的我们去正确对待的严肃问题。

字典或词典等工具书,能够帮助学生解决学习中所遇到的困难,可以扫除阅读的障碍。因此,教师必须教给学生正确使用工具书的方法,使他们能够独立运用,并且形成一种习惯。

假如学生在学习中学会了运用工具书,就等于掌握了一种解决问题的方法,这不仅有利于提高学生的学习成绩,而且还可以拓宽学生的知识视野,使他们变得更加聪明。

如果学生在学习过程中没有掌握工具书的使用方法,只是一味地死记硬背,就会影响学生思维能力的发展,不利于提高学生的学习能力。而学生是否会学习,学习的方法是否正确,将直接影响到他们获得知识的多少。

所以,教师在教学过程中,要积极提倡学生运用工具书,因为它是学生学习和消化知识的良师益友。而学生则可以通过工具书,举一反三,拓宽自己的知识面,提高自学能力,并掌握解决问题的方法。

孟子说过:"工欲善其事,必先利其器。"就是说,工匠做事如果想做得又快又好,就一定要在做事之前将他的工具磨得十分锋利。

学生也是如此。学生在学习中的工具就是字典、词典等各种工具书,它们就是学生最锋利的"武器"。因此,教师必须从低年级起就要教会学生使用工具书,并且要让学生们养成习惯,这样,学生们才能够逐渐地掌握解决实际问题的能力。

 **经典案例**

许通儒,北京市西城区自忠小学的特级语文教师。许通儒从20世纪80年代就开始了"培养学生自学能力,改进阅读教学"的课题实验研究。

她在阅读教学中,通过实践总结出"反复读、查字典、划重点、加批注、议问题、写体会"等培养学生自学能力的教学环节与方法。

为了使学生在阅读课外书时能保持浓厚而持久的兴趣,养成认真阅读的习惯,许老师首先教育学生认识到阅读课外书的重要性,同时教给他们一些有关的内容,提出一些要求,比如关于一本书的知识,一本书由哪些部分构成,各有什么用处等。

最重要的是,许老师要求同学们阅读时一定要多使用工具书,要注意看书中的注释;关于时代背景、地理环境有不理解的可查看有关的参考书等,这样才能让学生养成认真阅读的良好习惯,并锻炼他们自行解决疑难问题的能力。

许老师在其《培养自学能力的探索》一文中说:"在小学语文各项基本功的训练中,让学生学会使用工具书有着重要的意义,因为学生会不会使用工具书,有没有用工具书的习惯,关系到他们一生自学的效果和水平。"

因此,许老师把教学生使用工具书,作为培养学生自学能力的一项基础训练。

她首先教学生熟练地使用字典。她说,在低年级,学生学过了音序和部首两种查字法,已经具备了使用字典的基本能力,但这还很不够,还应当进一步培养学生根据句子的意思正确选择词义的能力,教给他们处理生字生词、生字熟词、熟字生词的方法。

随着学生年级的升高,能力的加强,许老师还要指导学生学习字典中的"凡例",了解字典的编法、内容以及各种符号等有关查字典的知识,提高学

生使用字典的能力,减少查字的困难。

到了高年级,条件许可了,许老师则教学生学查词典,使他们能更广泛地理解词义,积累词汇。

其次,为了深入理解一篇课文,为了扩大知识面,许老师也十分注意教学生查找参考资料的方法,她认为这也是自学时必不可少的能力。

如学习《我和狮子》一课时,许老师指导学生看《野生的爱尔莎》一书;学《黄河象》一课时,许老师和学生们一起查看了考古书中黄河象骨架的插图;学《威尼斯的小艇》一课时,许老师又带领同学们一起查看地理书、地图和旅游杂志等。

经常这样查看有关的书籍、资料和图片,不仅使学生初步学会了哪类课文可以查找哪方面的书籍和资料的学习方法,还培养了学生们的自学能力,并激起了学生浓厚的学习兴趣。

许老师的研究取得了重大成果,曾多次在北京市、全国教育工作会上交流经验,她撰写的《我是怎样备课的》等文章,先后发表在《人民教育》等杂志上。她本人还被评为"劳动模范"、"市三八红旗手"、"全国少年先进工作者"。

许老师的教育思想、教学方法,一直是西城区每一位教师的楷模,并成为该校教学上的一大特色。

工具书是学生在学习中最好的帮手,诸如《新华字典》《现代汉语词典》《英汉词典》和《辞海》等各种工具书,因其涉及面广,经典实用,确实能帮学生解决很多实际问题。对于一名教师,尤其是小学教师来说,更要了解,工具书是学生学习中不可缺少的、不会说话的"好老师",对学生有着非同一般的意义。

这就要求教师要培养学生正确地使用工具书来解决学习中遇到的一般性问题的习惯,并且要求学生养成查阅工具书的习惯,不凭想当然理解,不依赖别人,通过自己亲自动手去解决这些问题。

当然,教师要明确、系统地传授学生一些查阅资料的知识和方法,并有意"回避"他们,不给他们的懒惰提供温床,这样日积月累,久而久之,学生们就会养成将工具书作为自己解决问题的必不可少的习惯之一。

案例分析

工具书是一种依据特定的需要，广泛地汇集了许多相关知识和文献资料，按照一定的体例和检索式编排，专供查资料线索的图书。它是人们在书山探宝、学海求知的武器。

学会和善于利用工具书，既是做学问的一项基本功，也是解决问题的一个重要途径。

方嘉是西北某市一所小学的学生，他最喜欢的电视节目就是中央电视台的《幸运52》和《开心辞典》。他最高兴的一件事情就是随爸爸来北京参加了一次《开心辞典》的现场录制活动。

他爸爸之所以能够被选中进北京参加《开心辞典》的现场竞赛，很大一部分原因要感谢方嘉，是他帮助爸爸解答了许多难题。而方嘉的帮手，其实就是他的那些工具书。

方嘉的爸爸给方嘉买了许多工具书，如《中国少年儿童百科全书》《辞海》《华夏文化辞典》《数学词典》《历史辞典》《军事百科辞典》《艺术百科全书》等。

方嘉上学前喜欢问问题，他问的许多问题，让研究生毕业的父母都没法给出正确答案，于是就买来许多工具书来查阅。渐渐地，方嘉就喜欢上了工具书。

上学后，方嘉最喜欢看的书还是工具书。因为他发现，无论哪门课上的知识，他的工具书上都有，课本上没有的知识，工具书上也有；老师讲的所有知识，工具书上都有，老师没有讲或者老师一时不明白的知识，工具书上也有。

方嘉平时在班上知识面最广。甚至有时老师一时不明白的问题，也会请他去查阅。

工具书其实是一种"小型图书馆"，要培养学生养成运用工具书的习惯，虽然很多老师都明白这个道理，但是这一点却一直没能引起我们中国基础教育界的足够重视。

好习惯成就好成绩——学习习惯培养

作为一名教师,要培养学生正确使用工具书的习惯,要系统地介绍工具书的作用,要让学生学会利用工具书自行扫除文字的障碍,要让他们养成一个自觉查阅工具书的动手习惯。

当学生会使用工具书后,教师还需要逐渐地培养学生通过查阅工具书来解决问题的能力。当学生遇到生字生词时,教师不要给他们提供现成的答案,要让学生到工具书中去查找正确的解释。这种习惯的养成,不仅可以培养学生严谨的学风,而且还能够提高学生自觉解决问题的能力。

随着学生年龄的增长,教师更要让学生养成请教工具书的习惯,当他们发现自己依靠查阅工具书可以解决学习中的疑难问题后,就会增强自己动手解决问题的能力。

所以说,教师教学生学会使用工具书,是学生解决学习中所遇到问题的前提,也是学生个人能力提高的重要体现,更是一名教师教学方法的展示。

总之,教师要通过教学生使用工具书来培养学生解决问题的能力,要使学生由原来被动地等变成自主找结果、寻答案,从而使他们在获得知识的同时并终身受益。

教师除了通过工具书的使用来培养学生解决问题的能力,还可以通过以下方法来培养学生这方面的能力:

1. 通过相互沟通来解决问题

教师要让学生提出问题,给学生提供自主探索的机会,引导学生相互交流,在思想撞击后,通过观察、验证、交流来解决问题。

2. 通过亲自实践来解决问题

假如教师想让学生具有更好地解决问题的能力,就要带领学生亲自实践,让他们从实践中找出解决问题的办法,这样更能够增强学生解决问题的灵活度和领悟能力。

总之,教师培养学生运用好工具书,可以使学生在庞大的知识领域中更加如鱼得水,可以帮助学生自行解决一些学习上的问题,其学习效果必将事半功倍,信息意识也将随之增长。

什么是习惯?心理学认为,习惯就是在一定条件下经常完成某种行动的需要。习惯使人遵循着一定的方式去行动,习惯一经形成就会比较稳定。因此，良好的习惯对于培养积极的个性是有重要作用的。

当然，在很多学生的潜意识里，都有懒惰的习性，当自己遇到问题时，他们喜欢张嘴就问，而不是通过自己动手去解决。如果老师对他们总是有问必答，有求必应，从某种程度上讲，这会助长他们的惰性。适时地对他们"断奶"，"逼"他们自立、自思、自做，则会使他们勤奋、成熟。

尤其是对成长中的学生而言，一旦养成某种良好的习惯，将使他们受益终生。其中，养成良好的自主解决问题的能力尤为重要，这就要求教师必须在教学过程中格外注意对学生进行这方面习惯的培养。

好习惯成就好成绩——学习习惯培养

习惯培养高效细节之主动探索

善于提出问题，培养学生独立思考的习惯

> 发展独立思考和独立判断的一般能力，应放在教育的首位，而不应当把获得知识放在首位。
>
> ——〔美〕爱因斯坦

孔子说："学而不思则罔。"

清代学者王夫之说："致知之途有二，曰学，曰思。"

爱因斯坦说："如果一个人掌握了他的学科的基础理论，并且学会了独立地思考和工作，他必定会找到自己的道路。"

……

这些名人名言，显然都是在强调思考的重要性——养成独立思考的习惯，是发展创新思维的前提，是不断汲取各类知识的重要武器！

现在的学生，在学习素质方面普遍存在着很多问题，有学习态度的问题，有学习意志的问题，但更为严重的问题是不会学习，没有思考的习惯。这不仅使教育教学达不到教师的期望值，最严重的是，这会影响学生未来的学习和发展。

教育的根本任务之一，就是引导和帮助学生运用自己的智慧和能力去发现问题、分析问题和解决问题。"学起于思"，即培养学生的学习能力，首先应当有意识地培养学生独立思考的习惯。

学生养成独立思考的习惯，可以使他们加深对知识的理解和记忆。通过认真思考，可以把感性认识上升到理性认知，找出所学知识之间的相互联系，把分散的知识点连接成有机的整体，更好地从总体上把握知识体系。

孟子说:"尽信书则不如无书。"学生养成独立思考的习惯,有利于他们对书本知识批判性地关注,正确的予以肯定吸收,错误的加以否定、扬弃。养成独立思考的习惯后,他们不仅能鉴别和选择书籍,而且还能够死书活读,防止"读死书"和"死读书"。

学生养成独立思考的习惯,可以不断解开学习中的疑团,激发灵感,从而有所发现,有所发明,有所创造。科学家爱因斯坦,在其科学生涯中,始终信奉"怀疑一切"这句格言,所以,他提出了划时代的"光量子"概念,创立了相对论。

学生养成独立思考的习惯,有利于提高学习质量,有利于培养各种能力,尤其是有利于增强其发现、发明和创造能力。因此,作为教师,无论是为了学生的现在,还是为了他们的将来,在教学中都应当自觉引导学生思考和强化他们的思维训练,培养他们独立思考的习惯。

经典案例

尝试教学法是我国当代改革最有成效的典型教学法之一,此法的创始人是著名数学教育家邱学华教授。

邱教授对于小学数学的教学、研究,已经进行了很多年了。自20世纪80年代起,他就提出并在全国实验了尝试教学法,至今已坚持了25年,成为中国乃至世界很有影响的一大教学流派。在中国小学数学教育界,几乎没有人不知道尝试教学法。

尝试教学法现在已发展为尝试教学理论、尝试学习理论,其核心是"先学后教,先练后讲",即学生先在掌握知识的基础上通过尝试题进行尝试练习,在尝试的过程中教师指导学生自学课本,引导学生讨论,然后教师在学生尝试练习的基础上再进行有针对性的讲解。

尝试教学法的一般操作规程为:

(1) 出示尝试题;

(2) 自学课本;

(3) 尝试练习;

（4）学生讨论；

（5）教师讲解。

由于地区、班级、学生、教材、教师的不同特点，可有增有减，相互掉换、合并。比如：

第二步与第三步可掉换；

第二、三步，第四、五步可合并；

为澄清概念上的模糊认识和计算上的错误，可在第五步后增加"第二次尝试练习"；

为使学生对尝试题认真理解，可在第一步之后让学生讨论，等等。

邱教授在教"9的乘法口诀"，引导学生总结9的乘法口诀时，是这样设计提问的——

教师问："9×1＝9，是1个9等于9，1个9比1个10少几？"

学生答："少1。"

问："这样我们写成'10－1'，那2个9呢？"

答："2个9比2个10少2。"

问："3个9、4个9……9个9呢？"

答："3个9比3个10少3……9个9比9个10少9。"

教师随着学生回答逐一板书，写上"30－3……90－9"。

教师然后又问："同学们，发现上面的算式有什么变化规律了吗？"

这时有学生回答："1个9是10减1；2个9是20减2；3个9是30减3……9个9是90减9，所以9个几相乘就是几个10减几。"

在邱教授由浅入深、环环相扣的四个提问的引导下，学生人人都学会动脑筋积极思考、发现、总结"9的乘法口诀"的规律，根据规律理解记忆，进而达到熟练掌握。这样做既符合学生的心理特点，学生也听得清、听得懂。

学生学习的活动，归根到底就是思维活动，只有勤于动脑，肯思考，善于思考，才能理解和掌握学习知识，形成各种更积极有效的学习能力。

为此，教师一定要注意激发学生的思考欲望，善于提出启发学生思考的问题，培养学生提出和解决问题的良好品质。教学实践证明，越是给学生留有思考的余地，学生思考体会得越深刻，回答问题的质量也就越高。

案例分析

习惯，其实是一个人在一定情境下，自动地进行某种动作的需要或特殊倾向，它是在较长时间内逐渐养成的，一时不易改变。所以，教师在培养学生独立思考的习惯时，一定要有意识地进行逐步培养。

从邱学华教授所倡导的五步尝试教学法中我们不难看出，其实质就在于通过长期的尝试练习培养学生独立思考的习惯，从而更深刻地领会知识，掌握学问。

邱教授每一个提问都能激发出学生的思考欲望，使他们迫不及待地主动去探索、发现，从而牢牢掌握；邱教授在讲解每一个问题时都留给学生很大的思考空间，使他们对问题的理解更加深刻、牢固，从而大大提高了学习质量。

培养学生独立思考的习惯，就是要有目的、有计划、有方法地培养学生探究未知领域，让学生充分感知、认识，使学生自觉、主动地观察，有意识地提出问题，有理性地思考问题，从而达到自觉学习的效果。

上海市一所小学的谷老师，在课堂中就十分欢迎学生质疑提问，这样不仅满足了学生的好奇心与求知欲，又使学生在宽松愉悦的课堂氛围中养成了敢想、敢问的习惯，使学生独立思考意识的萌芽得到了保护，并逐步培养了会问、善问的思维品质。

一次，谷老师在教学"乘法估算"时，例题 21×48 是看做 20×50 进行估算的。他讲完例题后，随即问道："同学们，有没有什么疑问？"

一位学生立刻提出质疑："48看做50后，21×50 也可以口算，为什么一定要两个数都看做整十数？"

谷老师当即对这个问题给予了肯定，号召同学们集体讨论一下，结果，真是"一石激起了千层浪"，平时就被谷老师培养得很有想法的学生们都纷纷发表自己的意见。

有的赞成这位同学的意见。

有的则说:"48看做50,看大2,积就增加了2个21,如把21看做20,就看小1,积减少1个48,估算结果就比较接近精确值,口算也更方便了。"

有的说:"在日常生活中,有的估算只要求得到一个估计数,不需要很精确。"

最后,在一片讨论声中,大家得出了结论:根据需要,估算只要方法合理、方便就行。

还有一次,在学习"小统计"的例1、例2后,学生在谷老师的鼓励下提出质疑:"每小格可以表示1或10外,还可以表示几?"

全班顿时"兴奋"了起来:

"可以表示20、100……"

"可以表示任何数……"

"每小格不可以表示任何数,0及比0小的数就不行。"

这些学生的问题提得多好呀!尤其是后者,不但对前面的提法敢于质疑,还大胆提出了自己的观点,这就是独立思考的结果。

经过讨论后,学生们知道了根据需要每小格可以表示一定的数量,但不可以表示0(无意义),而比0小的数是可以参加统计的,只是这个内容要长大一些再学习。

谷老师在课堂教学中,并没有把知识点直接加以解说,而是通过提问引导学生独立思考,引导他们自学,使学生整个认知系统被激活并高速运转起来,由最初的兴趣萌芽状态进入了主动探索理解新知识阶段,从而为后面的教学过程做好了准备和铺垫。

爱因斯坦说过,提出一个问题比解决一个问题更重要。因为疑问能使学生产生认知冲突,促进学生积极思考。所以,教师在教学中,应该主动培养学生想问、敢问、会问的能力,这是培养学生独立思考习惯的一个重要手段。

首先,要引导学生提出一个问题。比如,在一些公开课中,许多教师在出示课题后,都设计了这样一个问题:这节课你想学习什么?这就是让学生先提出一个问题。

其次,要引导学生提出一个适当的问题。比如,在教巴金的《灯》一文时,教师在相关的语言和细节上不断地深入分析,强调作者起笔写"窒闷"

感，收笔时却落在"微笑"上。这时，学生就会提出问题：在这一感情转换过程中既无他人诱导、劝慰又无突发事件，作者究竟是靠什么力量完成这一感情转换的呢？

再次，引导学生提出一个创新的问题。比如，在计算题和应用题教学中，我们可以提倡学生用自己独特的想法、做法去进行计算或解答应用题，只要学生能够算得对、算得巧就可以了。时间长了，就会使学生在做完每道题后，都会产生这样的疑问：这道题还有别的解法吗？

除此以外，教师在培养学生独立思考的习惯时，还可以采用以下一些方法和途径：

1. 榜样示范，激发思考

根据小学生好模仿的特点，在教学过程中，教师要及时地发现一些学生可以效仿的事例，多用一些激励性的词语触动学生的心灵。

2. 鼓励学生主动质疑

古人云："学贵有疑，小疑则小进，大疑则大进。"说的就是质疑的重要性。学生在学习过程中必然会产生各种不同的疑点或难点，而这些疑点和难点往往就是我们教学中的关键。学生大多存在胆怯心理，不少学生往往有了疑难问题不愿提，不敢提。

因此，在教学过程中，教师要十分注意教学信息的反馈，及时鼓励学生主动质疑问题。教师对主动质疑问题的学生要给予充分的肯定，对独立解决疑难问题的学生更要大力表扬，以此来调动他们质疑问题的积极性，引发他们解决疑难问题的创造性。

3. 让学生养成讨论的习惯

讨论为学生创设了发现的空间，使每个学生都能参与其中，充分开动脑筋，发表自己的见解，又可以让学生在实践参与的过程中理解、消化知识。而学生通过自己实践得到的知识往往是掌握最扎实、记忆最深刻的，从而学得活、记得牢。

独立思考的学习习惯，是学生较高层次的修养！

而这个习惯、这种修养在很大程度上是需要身为教师的我们一点一滴地去培养的，我们应尽量使学生经历一个由学到想、由想到疑、由有疑到无疑的过程。只有这样长期坚持，才能培养起学生独立思考的好习惯。

朱熹说："读书无疑者须教生疑。"

希莱特尔说："教育最主要的目的是教会人们思考。"

英国教育家斯宾塞说："应该引导儿童进行探索，自己推论，给他们讲的应尽量少些，而引导他们发现的应该尽量多些。"

……

毋庸置疑，教育者在教学中必须非常注重培养学生的独立思考习惯，必须从小抓起，从细节抓起，而且要常抓不懈！

习惯培养高效细节之勇于开口

进行多样化教学，培养学生说英语的习惯

> 在一切使人喜悦的艺术中，说话的艺术占第一位，只有通过它才能使被习惯钝化的感官获得新的乐趣。
> ——〔法〕卢梭

众所周知，英语是国际交往的重要工具。全球化的思维方式和文化价值观念，使文化间的相互冲突、碰撞和交融日益凸显，作为世界上使用最广泛的语言，英语自然而然地成为了世界文化交流的桥梁。

作为祖国的明天和未来的栋梁，学生当然也必须熟练掌握这门语言，因此，英语便成了教学大纲规定的三门基础课程之一。但是，我们学英语，难道只是为了升学，为了文凭吗？

说到底，语言是交流的工具，是为提高生活质量服务的。如果一个人学了多年英语，单词记得不少，语法懂得也不少，却很少开口说，一旦与人面对面交流起来，舌头就会变得僵硬，耳朵也失灵了，那这样的"哑巴英语"就算学得再好又能有什么用呢？

学习英语必须遵循语言的规律，即模仿、记忆、积累、领会、理解、循环、吸收、运用、创造等。而从"说"入手，去领略英语的韵味，去感受说英语的乐趣是非常重要的一环。

英语不是闭口学出来的，而是开口练出来的。今天会说一句，明天会说两句，日积月累，形成习惯，就会越说越多，越说越会说。所以，学了多久不管用，练了多久才算数，学十年不如练一年。

然而，就我国英语教学的现状来看，口语教学仍然是一个十分薄弱的环

节。虽然目前针对少儿的口语教学开始进入一个较好的发展阶段，比如各种电视节目以及少儿英语辅导班之类，但是在中学阶段，口语教学还是处于一个次之又次的地位。

几十年来，学校和教师都过分重视语法和词汇知识的讲解与传授，忽视了对学生实际语言运用能力的培养，这种"讲讲、读读、练练"的复习课的单一模式自然会使学生说英语的兴趣剧减，而"怕开口"更成为学生学习英语的最大障碍。

诚然，语法代表了外语和母语的本质区别，必须下工夫才能掌握，并且语法知识的学习，可使学生越学越明白，越学越聪明，越学越容易，越学越轻松，但教师如果只把精力投入到语法教学中，而忽略了语言的交际功能，那势必会出现舍本逐末的现象。

长此以往，这种忽视口语教学的教育，必将导致学生的英语知识与实际能力无法同步前进，使学生在英语课堂上表现消极，不愿开口说英语，以致影响正常的英语教学活动，形成恶性循环。

学校和教师有责任为改变这一现状作出努力，我们应尽可能为学生提供运用语言的机会，通过让他们学会在一定的情境中运用所学的语言知识创造性地完成任务，从而培养学生说英语的兴趣，树立学生说英语的自信心，培养学生说英语的良好学习习惯。

经典案例

近年来，蠢园中学由于其先进的办学理念、大胆的教学改革、突出的办学成绩而远近驰名。特别是英语教学，蠢园中学在历次权威性测试中都名列前茅，在全国及省市英语能力竞赛中也经常捧得奖杯。

这是因为蠢中有着丰富多彩、兴味盎然的英语生活。在这里，有创设的语言情境，有异国的人文环境，还有现实的即时即景，学生既可以亲身接触到来自现实生活中的英语，又能将英语运用到现实生活中去，进而使英语成为自身生活的一个组成部分。

其实，这一切都源于蠢中几年前的一次教研活动。当时的英语老师们都为学生们"哑巴式"的英语感到头痛,经过热烈讨论之后,达成共识——要彻底改变学生"不会说—怕说—不说—更不会说"的状况,大力提倡、培养"大胆说"英语的习惯!

于是,蠡中活泼多样的英语教学活动就这样蓬勃地开展起来了。

学校首先将参与热情空前高涨的益智类活动引入课堂,使学生在激情和自信中将英语"脱口而出",在自讲、自练、自演、自评的活动过程中真正感受到说英语的乐趣,从而自发地使用英语。

在初三的一节复习课上,胡涛老师事先准备好小纸条,纸条上分别写好《Shopping》《A football game》《In the library》《Work on the farm》等小标题,由各组派代表来抽签。然后给学生10分钟时间策划、准备,再由各组推选代表上来表演。

最后的得分评判权也交给学生,让学生说出好在哪里,交际时错误又在哪里,这样又给了学生一次"Correction"和"Consolidation"的机会。

在初二(1)班学习"Shopping"这一单元时,陈静娣老师先让学生掌握买卖时的一些基本日常用语,并学会课文对话中的基本内容,再让学生4人一组去搜集有关买卖的对话和课文(课内课外的都可)。

然后,根据学生提供的货品及相关的知识,利用一个空余的教室办个"小商品市场",以4个学生为一个单位,以买卖东西为主题,编演小品。因为有了模拟场景,再加上学生即兴发挥,他们表演起来特别来劲,前后知识的贯穿也很到位。

学校为了能使学生不怕与人交流,帮助学生在语音上打下扎实的基础,从1998年起,还特地聘请了外籍老师。在蠡中校园里、走廊内,经常能够见到外籍教师被学生围着的场景。

这是英籍女教师Cox与学生们的一次谈话内容——

学生:What's the name of the school?

Cox老师:Over School.

学生:How many students are there in the school?

Cox老师:I'm not so sure. My daughter-in-law teaches in this school. Look, this is my granddaughter. She sits in the middle.

学生:How lovely!

好习惯成就好成绩——学习习惯培养

他们正在谈论的是Cox老师儿媳妇所在学校的情况。听着他们和外籍教师自然、流畅的对话，让人不禁赞叹蠡中学生的英语水平。

每周的周二、周四都是学生与老外的对话日，外籍教师定期来校和不定期邀请外籍人士来校与学生交流，为学校的英语生活增添了丰富的内涵和特殊的气氛，他们讲家常，讲孩子，讲万圣节……

从他们的讲述中，学生多角度地了解到了他们的生活方式、教学方法、风俗习惯和人文环境。在与他们广泛随和的对话交流之中，学生能够充分培养语感，纠正语音，丰富词汇，乃至接触方言俚语，使自己的英语水准在特定的环境中得以提高。

学校还在每周三举办英语日活动，所有人从进校门的那一刻起，课余几乎全部用英语会话，连非英语学科的青年教师也不例外。

每到这一天，校园里都热闹非凡，学生们两个一对、三五成群地挤在一块，谈论自选的话题，发表自己的观点，还可以参加自己喜欢的活动，有短剧表演组、诗歌朗诵组、歌舞组、小报设计组、故事组等。

每到圣诞节的时候，学校还鼓励学生自己组织欢度圣诞节的活动，学生可以自编、自导、自演联欢节目，自己装饰布置环境，自扮圣诞老人，自当主持人，师生同乐，像模像样，俨然是一番难得的"洋场景"。

学校多样化的英语教学活动取得了很好的效果：害怕开口说英语的学生少了，感兴趣的学生多了。

更有意义的是，学生比较规范的语音、相对丰富的词汇和贴近生活的英语功底，帮助他们奠定了良好的说英语习惯，为他们以后顺利地完成初高中学习的衔接，乃至为将来长远的生活和工作，打下了坚实的基础。

良好的英语学习习惯是不会自然生成的，而是要经过有意识的培养的。而学生说英语的良好习惯的养成，主要是靠教师和学校的共同努力。

学校和教师应积极创造条件，为学生提供各种各样的语言环境，有计划、有步骤地严格训练学生，让学生在教师的指导下，通过感知、体验、参与和合作等方式，乐于说英语，主动说英语，养成良好的英语口语交际习惯，彻底告别"哑巴英语"，真正做到"开口就说"！

 **案例分析**

长期以来,我国的英语教学一直受到"应试教育"思想的干扰,教师往往只追求高分数,片面追求升学率,考试中不出现的绝对不讲,而口语并不在考试范围内,自然就不会对此加以重视。

而反观鑫园中学,他们才是真正从学生的角度出发,一反传统的英语教学模式,通过大量的专项和综合性语言实践活动,帮助学生提高综合语言运用能力,为真实的语言交际打下了坚实的基础,并取得了很好的成绩。

两相对比,孰优孰劣,不言自明。

要培养学生养成良好的英语学习习惯,首先要从培养学生的英语口语交际习惯入手!

而培养学生说英语的良好习惯的核心,就在于注重学生的学习兴趣、生活经验和认知水平,倡导参与、合作、交流,激发学生的积极的情感态度,使其主动思维,大胆实践。

1. 激发学生说英语的兴趣

在现行的不包含口语的考试制度的影响下,在一些老师和家长往往只重视学生笔试分数的压力之下,很多学生本身也产生了忽视口语的心理。他们往往认为:既然口语好不好和我能不能考上重点高中或大学没有任何的联系,又有什么必要把时间花在口语的练习上呢?有时间我还不如多做几道填空题,多阅读几篇文章呢!

学生们如果带着这种只顾眼前、不考虑将来的错误思想,那他们是不可能把英语口语学好的。所以,教师首先要做的就是纠正学生的这种错误观念,激发他们说英语的兴趣。

2. 培养学生的自信心

由于英语和汉语是两种不同的语言,从词汇到句法,处处都存在差别,这就很容易使学生产生恐惧心理,生怕说错了会遭到老师的批评和同学的嘲笑,于是宁肯不说。在他们看来,不说当然不会出错,那么老师也不会批评了。

面对这样的学生,教师一定要努力培养他们的自信心,为他们创造参与课堂活动的机会。教师对于他们微小的进步及时给予肯定与鼓励,使学生感到只要努力就可以取得成绩,感到自己正在不断进步,有所收获,从而促使他们变消极为主动,增强他们克服困难的信心。

3. 教学方法多样化

丹麦语言学家斯帕森说过:"教学外语的首要条件看来是要尽可能地让学生接触外语、使用外语。学外语像游泳一样,学生必须潜在水中,而不是偶然沾沾水。学生的头浸泡在水里,才会感到自由自在,这样他们才能够像一个熟练的游泳者那样乐在其中。"

外语教学最有害的缺点是老师讲得太多,学生练得太少。老师试图以教代学,结果是学生什么也学不到。因此,教师应该精心设计,把每一课都导演成学生喜闻乐见的形式,创造语言情境,让学生比较轻松、自然地达到训练目的,培养学生良好的语言习惯。

根据青少年活泼好动的特点,教师可以借助实物、CAI辅助教学,创造性地把日常生活中的对话和情景搬进课堂,使学生把看到的情景和听到的英语建立直接的联系,培养开口说英语的意识。

一名好教师就如同交响乐队的指挥,他应根据所学内容,组织学生进行大量丰富多彩的练习,时而提问题,时而重述,时而朗读;或一个人演奏,或两个人合奏,或全班齐奏,营造紧凑而活跃的学习气氛,使学生感觉到英语口语的新鲜多样、趣味无穷,从而使其养成爱说英语的学习习惯!

学校教育心理学研究表明,任何知识、技能甚至品德、习惯的形成,都需要经过学习者反复操作和练习。

由于学生认知能力较低,自制能力更差,所以在学习英语的过程中,就需要教师帮助他们建立一个良好的语言环境,培养他们说英语的良好习惯。

当然,这种习惯的养成绝非一朝一夕所能完成,这需要教师有意识地将其贯穿于日常的教学活动中,通过课堂内外的口语训练,使学生的学习变被动为主动,为今后漫长的学习奠定初步的基础。

第二篇

好习惯造就好品质
——品质习惯培养

好品质不是一朝一夕便能造就的,需要长时间的培养。在孩子的世界观没有形成之前,家长和教师就要随时关注孩子的语言行为,培养孩子养成良好的生活习惯、学习习惯,在孩子心中扎下好品质的根基。遵守公共秩序、爱惜他人的劳动成果、礼貌待人、行为端正、热爱劳动,若孩子能从小就长时间地坚持,必定受益一生。除传统的品质要求以外,本章就培养现代人必备的多种优秀品质进行了深入的阐述,例如珍爱生命、尊重隐私、学会分享、保护环境、学会倾听等。

好习惯造就好品质——品质习惯培养

习惯培养高效细节之爱护公物

让学生懂得爱护公物

> 做公民的一方面要自己爱惜公物,一方面对于损坏公物的人还要一致反对。我们应当爱护公物如己物。
>
> ——陶行知

我们都经常会见到这样一些现象:

下水道的井盖丢失了,本来平坦的路面上突然出现了一个个的"陷阱";

公路边上、小区周围的铁围栏被拆,出现一个个"快速通道";

马路边上的不锈钢垃圾箱或被损坏,或被当废铁卖掉,垃圾只能散在路上;

公共电话亭里的电话有的被拆走,有的被摔坏;

路边供行人休息的石椅已经"粉身碎骨""支离破碎";

路灯、楼道灯的灯泡常常不翼而飞,灯柱上贴满了小广告或被信手涂鸦;

……

这些都是在绝大多数的城市中让人们习以为常的现象。被破坏的公物比比皆是,似乎已经成为每个城市的一大景观。

然而这些都是本不该出现的。现在,我们国家的很多大城市正在向建设国际化都市的方向而努力,但是如果市民连爱护公物这种基本的行为准则都做不到,那还谈什么国际化呢?

公共设施的保存状况反映了一个城市的文明程度,同时爱护公物也是人们的一种最基本的素质,而这种素质要靠从小培养,从学生抓起。

可生活中,我们的很多学生并没有养成这种良好的习惯,甚至没有这方面的意识。

正如一位政协委员所说:"是社会、家庭和教育根本就没有给我们的孩子树立一个好的榜样,更谈不上培养孩子的良好习惯。"

在学生没有爱护公物的意识和习惯这个问题上,社会、家庭和教育确实都存在着不可推卸的责任。

现在独生子女居多,父母在满足其物质欲望和心理需求时,却很少注意培养孩子的一些优良品德和习惯。

社会上的不良现象更是随处可见,在基本的公共道德上,很多孩子的是非观已经被混淆,孩子甚至分不清什么是正确的,什么是错误的。

而少数学校和教师尽管在学生入学的时候就常讲"要爱护公物,不能损坏学校桌椅",但是并没有从根本上说明这样做的意义,甚至少数教师都不爱护自己的教具,在这方面没有起到模范带头作用。

培养学生爱护公物的习惯,和传授给学生科学知识一样重要,是影响学生终身的大事。

它要求教师必须在根本上向学生阐明其意义,在细节上监督其行为,并在以身作则中对其产生潜移默化的影响。

 经典案例

江苏省南京市西善桥小学的校长张果香,最近在学校图书馆里发现一个不太好的现象:一些低年级学生刚刚学会在图书馆中阅读图书和查阅资料,但是他们总是不能把看过的图书放回到原来的位置上。这样便给其他查阅图书的学生带来很大的麻烦,同时也给图书管理员带来不便。

张校长相信这些学生的行为应该不是故意的,但他们为什么不把图书放回原来的位置呢?对此,张校长问了几位在场的学生,得到的回答竟然是反问:"为什么一定非要放回原来的位置呢?反正有的同学还是要拿走的呀。"

看来这些学生还并不明白这个要求里面有什么含义。张校长决定做些什么，让他们亲身感受一下这个"物归原处"的意义。

一天早上，张校长带领着小学生们来到了一个很大的书店。这个书店经常有一些附近学校的学生来光顾。张校长让学生每人手里拿着一张"购书单"，但实际上并不是要求他们买书，而是让他们根据"购书单"上列的图书名称把这些书都找出来，看谁花的时间最少。

当学生进入书店时，里面早已有很多人，都是来这里买书的中小学生。书架上的新书也是琳琅满目、品种繁多。在书架的上方都挂着相应类别名称的牌子，但是书架上的书却并不是按顺序、按门类整齐地放好的，原因便是一些学生看完书后不知道放回原处，而是随手放进距离自己较近的书架，这便给西善桥小学的学生完成任务带来了很大难度。实际上，他们的"购书单"上的书目都是同一类别或是相近类别的书，按道理都应该在同一个架子上，但现在却已经被其他人不知道放到什么地方去了。

因此，学生们花了很长时间去找书，有的花了半个小时，有的花了一个小时，有的甚至用了两个小时。当学生们拿着找到的书向张校长交差时，张校长却又要求他们把书放回原来的位置，也就是书应该在的那一类书架上。如此一来，又花去学生不少时间，直到中午他们才忙完。他们完成后，张校长便带着学生们离开了书店。

在回来的路上，张校长问了学生们几个问题：书店的图书摆放得怎么样？把不买的书放回原处的人有多少？图书不放回原处将给其他人带来什么样的麻烦？

由于刚刚经历过，学生纷纷抢着回答。有的学生说："书店的图书没有按照类别摆放，看上去杂乱无章。有时会发现二层的书跑到三层，一层的书可以在四层找到。这是因为人们选完书后决定不买就随手乱放，这种现象并不少见。"有的学生说："80%～90%的人没有把挑选后剩下的书放回原书架。也有学生知道把不买的书放回去，但只是放到大体位置，找到原来位置放回去的占少数。"还有的学生说："这样给书店的管理工作带来很多的麻烦，书店工作人员要不停地把图书重新放回该放的位置，这要花大量的时间。同时也给其他买书的人在寻找图书时造成不便，他们在写着类别标签的书架上却怎么也找不到相应的图书。而且，图书乱放还很容易造成图书的损坏。"

对于学生的回答，张校长听后很是满意地点点头，他知道，通过这次对书店的"实地访问"，学生们已经意识到"物归原处"的重要性。

为了让学生更好地认识到这一点，张校长决定带学生去参观更大的图书馆——南京市图书馆。

当学生悄声进入图书馆后，发现这里"物归原处"的提醒标志更加多了。市图书馆是爱书人常去的地方，按要求来这里借阅书的人都在18岁以上。在二层社会科学期刊阅览室，小学生们看到有很多人在这里看期刊，其中不乏一些大学生。他们发现，多数读者都知道看过期刊后应该放回原位，但有90％以上的读者离开时并没将椅子推到桌子下面。15分钟前图书管理员刚排好的桌椅又被弄乱了，此时管理员只好重新整理，每次整理时，他的手里还会拿着一摞被少数读者丢放在桌上的杂志和一些废纸、杂物。但这里总的情况要比书店看起来好多了，因此图书馆的环境也相对显得宁静、舒适。

在从市图书馆回来的路上，张校长让学生谈一谈图书馆的情况，并让学生将图书馆和书店的情况作了一些比较。不一会儿，学生便总结了一大堆不同：图书馆看书的人很多，但是比书店安静；图书馆里"物归原处"的标志比书店多；在图书馆看书的人多数都能把书放回原来的位置；在图书馆看书的人不喜欢把椅子摆放好；图书馆管理人员只需要整理少数的图书，但是要整理很多的椅子，等等。

接着，还有几位学生对"物归原处"的问题发表了自己的感想。有的说："每次我都是和妈妈一起去买书，有时，不买的书她就几本放在一起，后来我也这样。因为我知道旁边的售货员阿姨会帮我放回去。但是现在我才知道，如果人人都这样会很麻烦售货员阿姨的。"有的说："有时候，翻完书以后我经常找不到原来的地方，或者离交费处太远，为了省事我只放在它原来的大概位置，或者顺手放在附近。现在，我知道这样做不好，这让其他买书的人会找不到自己想要的书。"

看到学生能够真正懂得了道理后，张校长总结说："同学们，大家说得都很好，认识也完全正确。对于我们来说，为方便大家找书，同时也减少图书管理员很大的工作量，必须知道看过后应该把书放回原处。我们还应该清楚地认识到，不仅仅没把书放回原处是对的，我们当中有些学生不知道把打开的窗户关上，借来的篮球不知道放回到篮球筐里，擦手毛巾用完后就找不到，这些都是不文明现象，极有可能造成物品的损坏或丢失。今天之后，大家必须明白，用完的公共物品应及时放回原位，这应该成为我们的自觉行为，就像排队买票、购物一样自然。方便别人也是方便自己，对公共财物的爱护是一种美德，更应该成为我们的习惯。"

图书馆、阅览室、学校、商场、快餐店等很多公共场合都会有这样的标语："请将看后的书放回原处""请将用后的雨伞带回来""请将用过的公共物品还回"。

这些标语的存在一方面提醒人们要注意自己的行为，另一方面也说明用完东西不能"归位"的不文明现象依然存在。

"物归原处"这本是很容易办到的小事，但要学生真正做到，却需要教师长期不懈地培养学生养成这种良好的习惯。

案例分析

中关村国际学校鄂学文校长回忆，在他上学时，班里的一个篮球全班同学都当宝贝似的，而如今，有的学生打完篮球就不管了，把球丢在操场上扬长而去；乒乓球练完了，球掉在地上没人捡，学生踩碎了也不知道赔偿。

鄂学文校长说："为什么现在的中小学生用了公物不知道归位？主要原因是他们对公共财物没有责任心。有的学生丢了几千元的手机都不在乎，因为在他们眼里这些东西来得很容易。对什么东西都无所谓，用过的东西不知道归还，损坏的东西不知道赔偿，造成了他们没有'归位''归还'的意识。"

案例中，张校长通过带领学生以"实地考察"的形式，让学生了解爱护公物的重要性，进而培养学生养成爱护公物的习惯。当学生身临其境时才能让他们有一种切身的感受，这是一种有效的方法。

"纸上得来终觉浅，须知此事要躬行"，说的就是这个道理。当然，方法并不是唯一的，有时幽默也能带来较好的教育效果。

例如，下午第二节课的上课铃响了，某老师情绪饱满地步入教室上课，却发现黑板未擦。追问值日生，对方怯怯地说："黑板擦被人弄散了架，没法擦。"

这位老师看看桌上那四分五裂的黑板擦，并没有责怪值日生，也没有立即追查弄坏黑板擦的"凶手"。她只是掏出自己的手绢，转身用它擦出正中央一小块黑板，用红粉笔端正地写上"特别追悼会"，便放低音调讲起话来："同学们，我们最最要好的朋友，朝夕相处的一位好伙伴，今天不幸与世长辞了。本节数学课，我们借用一点时间，为它举行一个简短的追悼会，以寄托我们的哀思。"

待学生好奇地环顾教室，未发现座位空缺，正大惑不解之际，老师这才指了指讲桌，切入正题："该伙伴的'尸体'已经停放在桌上，它的名字叫'黑板擦'。下面请全体同学讨论，为黑板擦起草一篇悼词。"

后经老师与学生的相互合作，互为补充，写成了这样一篇趣味盎然的短文："黑板擦，性别不详，生于今年 3 月 1 日，同年 6 月 30 日不幸遇难，享年 0.33 岁。黑板擦生前一贯忠心耿耿、兢兢业业。上课时，它不动声色地待在讲桌上；当我们走出教室，它又跳上黑板，把黑板打扫得干干净净。它如此默默无闻，我们几乎忘记了它的存在。它待我们如朋友。而今，我们失去了它，我们多么悲痛。我们将化悲痛为力量，好好学习，好好爱护接替工作的新黑板擦，做一个热爱集体、爱护公物的好学生。尊敬的黑板擦，安息吧！"

这样，一次庄严、肃穆的特别追悼会结束了，一次教育学生爱护公物的活动完成了。那位损坏黑板擦的学生会不会"投案自首"也显得不那么重要了。关键是由此可以培养学生爱护公物的习惯。

学生只有在和谐、整洁、完整的环境中，才会安心地、认真地学习。学生只有懂得爱护公物是一种美德，才能成为一个合格的社会人。

很多时候，这些在人们眼中微不足道的小毛病、不好的习惯，日积月累会让学生变得自私自利，甚至发展成品格问题。

因此，作为教师，在管理班级的时候，一定要把培养学生爱护公物的习惯放在重要位置。坚持使用以下几种方法，并常抓不懈，持之以恒。

1. 抓住机会，进行思想教育

要想学生真正去爱护公物，单靠教师强迫命令是不行的。空洞的说教只会使学生产生逆反心理。因此，教师必须找准一切机会，让学生知道为什么要爱护公物，破坏公物会产生什么样的后果。

比如，有些学校发现有学生用了东西不知道归位，学校图书馆里的书被乱放，有的书被人为地损坏，好看的图片被学生用刀片挖掉，便组织学生把这些不文明的现象用DV（数码摄像机）拍下来，放给学生看，让大家点评自己身边发生的不文明行为。

2. 教师以身作则，并教育学生爱护"己物"

试想，如果一个人连自己的东西都想不到去保护，哪还会想到爱护公物呢？所以教师要先引导学生爱护、珍惜自己的物品。

例如，某教师把自己所有的东西都保存完好，把教科书都包起来。同时，每当学生发到新书后，都组织举行一次包书比赛，看谁的书包得最好，评出若干名优秀者，给予一定奖励。

而且，这比赛要坚持半个学期。期中抽测过后，再举行一次"书皮保存比赛"，看谁的书保存得最好，封面最整洁，然后综合包书比赛的结果，评出爱书标兵。到学期结束时，再进行书包和学习用品的检查。

因为活动时间长，贯穿整个学期，所以不但使每一位学生知道了要爱护自己的东西，而且无形中也使每一位学生养成了爱惜"己物"的习惯，由此引申到爱护一切财物，包括公物。

3. "包干到人"，定期检查验收

教师可采用"包干到人"政策，并成立监督机构，定期进行检查。

教师先清点班里所有的公物，然后再把这些公物分配给个人保管，如果有损坏，就找负责的同学，由其负责赔偿或修复。

比如，玻璃一人两块；课桌椅自己保管自己的；扫把包给值日生；直尺、黑板擦包给数学课代表……其中玻璃、桌椅还需常擦，生活委员和劳动委员每天要检查。

4. 全体学生对公物的呵护和对不文明行为的监督

在日常学习生活中，教师除了要加强对公物的管理、看护、修缮之外，每一名学生也都要勇敢地站出来，谴责、制止破坏公物的行为，以形成爱护公物的良好氛围。

例如，某学校食堂过去有乱放餐盘、毁坏餐具的现象，学校就让学生轮流值班，监督大家用餐后自觉清洗餐盘并摆放整齐。

教师在思想上进行教育，在方法上进行指导，从行为上进行规范，最终会从本质上培养学生爱护公物的习惯，同时也会为培养合格的公民打下良好基础。

著名教育家陶行知在《尊重公有财产》一文中写道："我们应当爱护公物如己物。"因为公物和己物一样，都是辛勤劳动的成果，是为包括你我在内的公众服务的。

爱护公物，表面上看体现的是人与物之间的关系，实际上体现的是人与人之间的关系，是对劳动者辛勤劳动的尊重。因此，每个教师都要在学生的心目中树立以爱护公物为荣、以破坏公物为耻的观念，在现实生活中培养其随时随地注意爱护公物的习惯。

好习惯造就好品质——品质习惯培养

习惯培养高效细节之诚实待人

诚实，从勇于承认错误开始

> 诚实是一个人得以保持的最高尚的东西。
> ——〔英〕乔叟

有一句古老的英国谚语："诚实是上策。"

其实，诚实何止是一种上乘的策略？它更是一种荣誉。

对个人来说，诚实，是一种道德品质，是一种道德责任，更是一种崇高的人格力量。

对团体来说，诚实，是一种形象，一种品牌，一种信誉，一个使之兴旺发达的基础。

对国家来说，诚实，是一种国格的体现，是得到人民拥护、支持、赞同的一个重要支撑；是显示国家地位和国家尊严的象征，是国家自立自强于世界民族之林的重要力量，是良好国际形象和国际信誉的标志。

个人可以因诚实的品质而得到成功的发展，而社会则因诚实的风气而得以健康和谐。

然而，这个道理虽然浅显，但是对于小孩子和成长中的学生来说，却未必能够深刻领悟，更难以经常做到。

因为诚实的好处，并非一次行为就可以显现，它的巨大力量也要日积月累才能发挥。短时期内或偶尔的一次事故中，诚实也许不能带来好处，相反还可能给人带来麻烦。

这个时候，当谎言带来的短暂的好处，让人们，尤其是孩子们，清楚而真实地感觉到时,诚实的敌人——谎言,就会慢慢地在行为习惯中占据上风。

很多人撒谎的习惯就是这样养成的。人们之所以撒谎,还有一个重要原因,就是他们在撒谎之后只尝到了甜头,而没受到合适的批评和指正。

这其实正是教育的不到位和部分教师的一种失职。作为教师,绝对不能姑息和纵容学生撒谎的行为!

也许学生撒谎并不是有意要隐瞒什么,也许学生撒谎并非想去伤害谁,可这些都不能成为让谎言存在的理由,更不该因此而被原谅。

当撒谎成为学生的一种习惯时,他失去的将不仅仅是诚实的品质,还有其他的一切——信誉、人格、良知和做人之道!

"千教万教,教人求真;千学万学,学做真人。"这就是教育的目的。因此,教师要寻求一切方法和手段,让学生理解诚实的含义,并恪守诚实的原则,使诚实成为其一生的良好习惯!

经典案例

夏丽丽是山东省青州市第八中学的优秀教师。在培养学生的诚实习惯时,夏老师采取的是冷处理的方式,让学生主动承认错误。

那是星期一下午上班的时候,刚一进校门,班里的几位学生便将夏老师围住,七嘴八舌地开始告状。原来是有人故意使坏,将两位学生的书包扔在地上,还在上面踩了两脚,更可气的是还将班长的书包扔在了垃圾桶上。

得知这件事后,夏老师有点生气,决定要严肃处理。本想立即去教室查个水落石出,可是第一节还要听课,夏老师只好让班长先去调查一下,看到底是谁干的。结果班长也没有查出来,因为这种事一般是不会有人主动承认的。

恰好第二节课是班会课,夏老师原打算就此事在班里进行调查,好好地教育一下"肇事者",也给其他学生以警示。可是又担心如此大张旗鼓地调查,万一查不出来反而会适得其反。于是,夏老师决定采取"冷处理"的方式,先对上周的情况进行了小结,指出班里的一些不良现象,并提出了具体的要求。

接着，夏老师话题一转，谈到了扔书包的事情上。但是，夏老师并没有过分地指责该生行为的恶劣，只是说："我们班有一位长不大的同学，做了一件非常幼稚的事，将别人的书包扔在地上，这是幼儿园小朋友才会搞的恶作剧。"

这时全班学生都笑了，夏老师接着说："从中可以看出这位同学对老师和其他同学有不满情绪。老师并不想过多地批评他，但老师相信这位同学已经能够意识到自己的错误。如果你愿意主动承认错误，可以在课下单独找老师谈谈，也可以给老师写个小纸条，署不署名都可以，老师只想让你自己主动承认错误，意识到诚实的重要性。老师还特别希望在座的每位学生都能做一个诚实的孩子。"

会有人主动承认吗？万一没人承认怎么办？夏老师心里也没有底，心里也在犯嘀咕。

下课后，夏老师正往办公室走，这时班里的一名男生追了上来，塞给夏老师一张小纸条就跑了，上面写着："老师，这件事是我干的，我知道自己做了一件蠢事，请你原谅我。"后面还署了名。

夏老师看过后笑了笑，庆幸自己当时没在班里公开调查，如果当时不采取"冷处理"，而是在班里大规模地调查，在"高压"之下，这位学生肯定会因为害怕老师的批评而隐瞒事情的真相，绝不会主动承认错误的。那么这件事情将永远得不到较好的解决，同时也会断了学生改错的后路，让他失去一次改过自新的机会。

第二天，夏老师把这位学生单独叫到了办公室，首先表扬了他昨天主动承认错误的行为，称赞他是一个诚实的好学生。接着便和这位学生像唠家常一样地谈了谈他最近的表现，并让他谈一谈对班里其他同学的看法。在交谈中，夏老师了解到，这位学生对班干部的某些做法不大认同，所以才采取了这样偏激的做法。对此，夏老师也委婉地指出了他的错误，让他心悦诚服地接受了自己的建议。

还有一次在课堂教学过程中，夏老师像往常一样根据自己预先准备好的教案，有板有眼地进行着讲解，学生坐在座位上认真地聆听着。突然，学生小强站起来说："老师，我铅笔盒里的20元钱不见了。"

听到有人的钱被偷了，学生们一片哗然，纷纷表示自己没有偷，也没有拿。邻近的几位学生也趁机提高嗓门说："刚才下课的时候我们还看见过他的钱呢。"顿时，教室里已看不到上课时的情景了，取而代之的是一片交头接耳、唧唧喳喳的议论声。

看到此番情景，夏老师准备好好教育教育学生。了解到不久前，学生已经在思想品德课上学习了《诚实是金》，夏老师便决定抓住这个教学契机，运用思想品德学科上的知识实施一次现身教育。

夏老师说："小强同学的钱被一个不知名的同学拿走了，大家说说那个同学在学了《诚实是金》一文后，现在应该怎么做呢？"

顿时学生七嘴八舌地说开了，有的说："应该主动站出来，承认错误，把钱还给小强。"有的说："不是自己的东西，不能随便要、随便拿。那位拿钱的同学应及时把钱交给老师。"还有的说："如果现在不敢当着大家的面把钱交还给老师或小强，可以趁没人注意的时候偷偷地把钱放回去。这也算是一种诚实的表现呀。"

学生们你一言我一语地议论不休，此时夏老师感到火候已到，便总结道："我们知道，不仅诚实守信是一种美德，而且敢于承认错误同样是诚实的一种美德的表现。现在，坐在我们中间的那位同学，如果你已经回心转意，认识到自己的错误了，而且想改正的话，不管你用什么方式把钱交还给老师或小强，我们都会原谅你的，大家说是吗？"

学生异口同声地说："是！"

夏老师欣慰地望着学生，又继续开始上课了，她还不时地让学生开展小组讨论。没过几分钟，夏老师突然发现在小强后面的课桌下露出了一只小手，并迅速朝桌前扔下一张揉皱了的20元钱。看到这样的行为，夏老师心里暗暗高兴，于是她趁其他学生不注意的时候，快速捡起了那张揉皱了的20元钱。等学生讨论完毕，夏老师便扬起手中的那张揉皱了的20元钱对大家说："同学们，钱已经回来了，但我还是要感谢这位同学，他把最珍贵的东西——诚实，还给了老师和同学……"

顿时，教室里掌声四起。夏老师也瞟了那位拿了小强钱的学生一眼，他也拍着小手，脸红红的，但是脸上却满足感激。

良药苦口，忠言逆耳。真理尽管正确又有作用，却往往总是难以让人接受；优秀的品质和习惯，也绝不会仅仅因为有良好的愿望就一朝形成。

诚实，固然是教师的期望、学生的目标，但在现实生活中，很多时候却很难坚持到底。

所以，学生在达到目标的路上，一定需要教师的帮助；而教师在帮助学生的同时，也一定要注意方式方法，当然，最重要的还是要有坚定的决心。

案例分析

人们都喜欢诚实的人，讨厌表里不一的人。可是，现在有一些学生却总是表现得言行不一致，甚至当面一套、背后一套。

教师对学生的两面行为既生气又着急，于是加大训斥和管教力度，而结果非但没有使学生改正，反而使学生因对批评的反感或叛逆心理，伪装得更加"巧妙"、更加"高级"了。

教师到底应该怎样认识这种行为，并真正解决这种问题，从而使学生变得诚实起来呢？

首先，教师要认识到，学生的不诚实行为不是天生的，而是由后天的某种需要引起的。

比如，小时候某次孩子肠胃不舒服，父母知道了，就给买来好吃又好消化的蛋糕、巧克力等。孩子觉得蛋糕、巧克力很好吃，而平常又不总能得到，那么，他为了吃到蛋糕、巧克力，就可能在胃没毛病时，而撒谎说胃疼、胃难受等。

在上学以后，学生出现不诚实的行为，常常是为了满足受表扬、受奖励，逃避训斥打骂、不受惩罚的需要，具体表现则多反映在学习、花钱、玩耍上。

比如在学习上，教师留了作业，他说没有留作业；作业没做完，他说做完了；考试成绩不好，他说卷子没发；考试分数低，他给改成高分数……

不难看出，学生凡是对教师撒谎，都是在可能受批评、训斥甚至惩罚的时候。因此，教师们也应该反思一下，学生撒谎习惯的形成跟教育的方式方法不当之间是否存在着一定的联系。

我们教师应该循序渐进地对学生提出要求:

第一,要求学生"不说谎话""借东西要还""不私自拿别人的东西"。

教师应经常分析学生的精神需要、物质需要和玩耍的需要,尽量满足其合理的部分;应该听听学生的心里话,不要完全以成人的想法去套学生。

当学生讲出来之后,教师可以跟学生一起分析哪些是合理的,哪些是不合理的;哪些是现在可以满足的,哪些是以后可以满足的,并按照商定的内容去做。这样学生无须说谎、造假,言行自然会是诚实的。

第二,要求学生"不隐瞒错误,不要不懂装懂"。

教师应学会肯定、鼓励学生,不要主观、武断地滥施批评、训斥和惩罚。许多教师的做法不是让学生心悦诚服,而是感到害怕和恐惧,从而被逼出不诚实的行为来。因此,教师应该认真反思,是否需要调整自己的施教言行。

第三,要求学生"诚实做人,为人处世讲信用"。

教师可以用举实例、讲故事的方法给学生讲诚实的品质对人的发展多么重要,做人不诚实会带来什么恶果。

教师对社会上那种"诚实吃亏"的错误论调要态度鲜明地进行批判,要让学生坚信,弄虚作假、坑蒙拐骗的人是社会的蛀虫,必将受到惩罚。

第四,对错误行为采取适度、合理的惩罚。

在教师认真耐心的教育之后,如果学生出现说谎等行为,可以采取一定的惩罚措施。如著名作家冰心曾用肥皂洗嘴的办法惩罚学生说谎。

我们也可以创造一些有效的措施,如朗诵一个讲诚实的故事,抄写一段论诚实的名人名言,写一篇讨论诚实问题的日记或文章等,这样既不会伤害学生的身心,又同时起到了深刻的教育作用。

另外,教师要给学生做诚实的榜样。诚实,是每个人都应具备的品质,教师更要以身作则。如果教师能用自己的诚实来培养学生的诚实,那有些道理则会不言自明。

撒谎绝对是个不良行为,然而生活中有很多学生似乎已经把撒谎当做一种习惯,不论有没有必要,谎话是随口就来,不需要思考,更不需要打草

好习惯造就好品质——品质习惯培养

稿,也不在乎被别人戳穿,似乎会撒谎也是一种卓越的能力。

他们撒谎的目的可能是为了虚荣,或者想隐瞒自己的一些行为,或者为达到某些不可告人的目的,甚至有时候什么目的也没有,就是一种随口而来的习惯。

有意撒谎固然可恶,而无意的撒谎却更加可怕,因为这意味着这个人已经彻底地抛弃了诚实!

所谓"江山易改、本性难移",只要为人师长者在这个问题上稍微地忽略和放松,学生就很容易从此滑入罪恶的深渊。

只有从小就做一个诚实的人,有缺点、有错误勇敢承认,接受批评并自我批评,绝不隐瞒、造假,长大了才能坦坦荡荡、光明磊落地做人。因此,教师一定不能忽视对学生诚实品质的培养。

在学习生活中,教师应由易到难、由浅入深,从细节处、近处、实处入手,逐步养成学生诚实守信的品格,进而让学生养成诚实的习惯。

习惯培养高效细节之爱国教育

尊重国旗、国歌，爱国从点滴做起

> 人民不仅有权爱国，而且爱国是个义务，是一种光荣。
> ——徐特立

爱国情怀，是"千百年来巩固起来的对自己祖国最深厚的感情"，是一个古老而又常青的永恒主题。在不同的时代，爱国情怀的时代特性虽然不尽相同，但作为一种正义的、极具凝聚力的力量，它却是古今一脉相承、亘古不变的。

在历史长河中，面对异族的入侵，中华民族进行了英勇的反抗和斗争，涌现出无数像岳飞、文天祥、郑成功可敬可爱的民族英雄，留下无数可歌可泣的爱国主义事迹。

近代中国，"救亡图存"之声成为时代的最强音，无论是郑观应等提倡的"实业救国"，蔡元培等倡导的"教育救国""科学救国"，还是邹容等追随的"革命救国"，都是爱国情怀的生动体现。

从林则徐"苟利国家生死以，岂因祸福避趋之"，到秋瑾的"拼将十万头颅血，敢把乾坤力挽回"，皆是爱国情怀的最佳写照。

新中国建立后，"两弹元勋"邓稼先，冲破帝国主义重重阻挠，在身患晚期癌症的情况下，仍然坚持为祖国进行核弹的研制工作，谱写了卓越不朽的爱国篇章。

中国第一位奥运冠军许海峰，在经历了无数的艰辛和大量付出之后，终于代表中国站在了世界冠军的领奖台上，他用发自内心的爱国热情为中国体育事业实现了"零的突破"。

"非典"时期的功臣钟南山，面对肆虐的病魔，始终战斗在防治疫病第一线，他恪尽职守，舍生忘死，用实际行动诠释了新时期的爱国情怀。

……

从古至今，中国经历了无数自然的和人为的艰难险阻，但却一直朝着创新、进步、团结、统一的目标前进，中国之所以能保持旺盛的生机和活力，其根本原因在于我们的国家和民族具有悠久的爱国主义传统和高昂的爱国主义精神，它具有伟大的凝聚力与生命力。

青少年是祖国的未来，民族的希望，他们知国、爱国，才能报效祖国。如果一个人学富五车、满腹经纶，却不爱国，那他的学问便一文不值。因此，我们中华民族要想继续屹立于世界民族之林，青少年就必须继承和发扬中华民族的爱国主义情怀。

爱国情怀是一种道德素质，由此衍生的各种爱国行为则是一种公德习惯，它需要培养，特别是需要从少年儿童起就要加强培养。因此，爱国主义教育一直是学校教育的基本内容之一，也是教师在进行德育教育时首先需要面对的教学内容。

所有教师都有义务培养学生成为爱国主义者，这是身为教师的责任，更是教师本身爱国主义精神的体现！

作为一名教师，怎样才能使学生的爱国主义教育科学化、艺术化、具体化？怎样才能使爱国主义教育富有青春、富有魅力，不流于形式、不走过场呢？

 经典案例

张万祥，全国德育特级教师，从事中学教育30余年，担任班主任达26年。他始终把爱国主义教育作为一条红线贯穿于自己的工作中，注重持续培养学生们的爱国主义情怀。

当第十一届亚运会在北京举办时，张万祥老师借助这一契机，精心策划了环环相扣的"爱我国旗"主题系列活动。为了克服蜻蜓点水、一阵风等弊病，他还特地把时间设定在第十一届亚运会前后的三个月，活动共分五步进行，一步步走向高潮。

第一步：绣国旗。

张老师组织学生们自筹资金、自购材料，然后以8人组成的绣旗小组为主力，利用周日轮流绣国旗。他同时利用下午放学后的时间，让绣旗小组成员做教练，指导全班同学一起绣。

绣旗时，扣子也未钉过的学生拿起了绣花针，拙手笨脚的大小伙子也小心翼翼地绣上几针……学生们那聚精会神的神态、高昂亢奋的情绪、热火朝天的气氛，让所有人都为之感动和振奋。

第二步：讲国旗。

为了加深对国旗的了解，张老师又组织开展了国旗知识竞赛活动。

在不甘示弱的激烈角逐中，学生们清楚地掌握了国旗在天安门广场每天升起的时间，知道了红色旗面、黄色五角星、五颗星的象征意义，以及每颗小星各有一个角尖正对大星中心点的含义……

第三步：颂国旗。

张老师先是布置学生们搜集歌颂国旗的各类诗词歌曲，然后再进行文艺演出，他让学生们纷纷上台，高唱《国歌》《我的祖国》等歌曲，朗诵《国旗颂》等诗歌。在欢快轻松的文艺活动中，全班学生都受到了爱国主义的熏陶。

第四步："我为国旗添光彩"演讲比赛。

国旗绣好后，张老师接着主持进行了"我为国旗添光彩"演讲比赛，教室前方悬挂着全班学生用3个月的时间精心绣成的国旗，7个小组的演讲选手则以强烈的感情、铿锵的语言、高亢的声调热情洋溢地歌颂了国旗、歌颂了祖国、歌颂了党和社会主义，表达了"迎亚运长志气奋力拼搏，为国旗增光彩勇攀高峰"的雄心壮志。

第五步：献国旗。

在张老师组织的讨论中，全班学生一致同意把这面国旗献给夺得团体金牌、为祖国争光的中国代表队，并请亚运会组委会转送。

张老师随即发动全班学生给中国运动队和亚运会组委会写信，表达了自己要与运动员一起在不同的岗位上为国争光的情感，使爱国主义教育又一次得到了升华。

历时3个月的"爱我国旗"主题系列活动最后圆满结束,当地几家报刊都连续报道了这个非同寻常的活动。

世界冠军许海峰说:"什么叫爱国主义?当你站在冠军领奖台上,听国歌奏响,让全场观众向你的国旗行注目礼,这就是最好的爱国主义教育。"

很多时候,国旗和国歌就是我们国家的一种具象化的表征,对国旗和国歌的尊重程度,会从正面反映出"祖国"这个词汇在一个人心中的实际分量,真实体现出一个人的文明素养和精神风貌。

因此,教师在培养学生的爱国情怀时,从宣传讲解国旗、国歌入手,这是最基本的德育教育内容,也会取得最佳效果。

案例分析

张万祥老师潜心设计的"爱我国旗"系列活动克服了成人化、口号化、报告式、运动式的弊病,利用形象化、具体化的国旗教育培养学生们的爱国情怀,一改那种因教育者居高临下、耳提面命的权威态度所形成的对立紧张的气氛,所以取得了成功。

我们可以相信,这面由全班学生亲手绣出的国旗将一生一世飘荡在他们的心头!这次形象而持久的爱国主义教育将在学生们的心中永远树立起"祖国利益高于一切"的观念!

其实,从理论上讲,大家都知道国旗和国歌的尊严是神圣而不可侵犯的。但在实际生活中,如何正确地对国旗和国歌表达出应有的尊重,对很多学生而言却是个模糊的概念。

于是,我们经常可以在学校里看到一些让人失望的画面:在升国旗、奏国歌的庄严时刻,有的学生东张西望,有的学生嘻嘻哈哈,甚至有学生在漫不经心地聊天开玩笑……这种种不良的公德习惯,其实是一种习惯性爱国情怀的缺失。

对此情况,教师绝不能熟视无睹,更不能麻木不仁、放任自流,而应该借此狠敲锣、重击鼓，从根本上培养学生们的爱国情怀。张万祥老师正是基于这样的教育心理，在学生中间开展了默写国歌的活动。

一天，张老师利用早自习的时间布置全班同学默写国歌，但收上来阅后的统计结果却让他大吃一惊：全班46人，完全写正确的仅4人，占8.7%；不超出三处小错的有17人，占36.9%；漏一句或有三处以上错误的22人，占47.8%；根本不会默写的有3人，占6.5%。

而有的默写错误更是让人哭笑不得，比如：

开头的"起来"后面加了个"吧"字；

"把我们的血肉筑成我们新的长城！"中将"把"误作"让"，把第一个"我们"误作"你们"，"新"误作"心"；

"中华民族到了最危险的时候"中将"危险"误作"危急"，"时候"误作"时刻"；

"每个人被迫着发出最后的吼声"误写作"每个人们都爆发出最后的号声"……

拿着统计结果，张老师感慨万千，他给同学们讲了国歌诞生的背景、沿革历史及其重大意义。

最后，他无比激动地说："我们的国歌，字字千钧，它应该镌刻在我们每个炎黄子孙的心上。国歌，字字是利剑、字字是火炬、字字是号角、字字是雷霆、字字是风暴，它一字千金，字字不能改。国歌，不仅要用嘴唱，更应该用心去唱。不能准确无误地默写出国歌是我们的耻辱；国歌唱乱了、唱错了，我们的脚步就不稳。谁是热血青年，谁心中有祖国，谁就应该从今天起把国歌的每个字、每个标点都准确无误地镌刻在心中！"

默写国歌的结果以及张老师的一席话深深地震撼了在场的每一个学生，全班学生当天就都正确地背下了国歌。几天后，团支部又一次组织国歌默写检查，结果正确率达到100%。

在大多数人看来，让一个中学生准确无误地默写出国歌，应该是不成问题的，可事实却是令人震惊的！

默写国歌尚且如此，在有关爱国主义的其他方面，青少年又掌握得如何呢？这值得我们每一位教师深思！

其实，爱国主义教育的素材极其广泛丰富，上下几千年，纵横数万里，好习惯造就好品质——品质习惯培养

从历史到现在，从自然风光到物产资源，从物质文明到精神文明以及社会生活各个领域，到处都蕴藏着极为丰富的爱国主义瑰宝，这是我们培养学生的爱国情怀时取之不尽、用之不竭的素材源泉。

教师要善于运用这些国情资料，注意挖掘利用宝贵的教育资源，从而根本地、持久地对学生们进行爱国主义教育。

1. 热爱祖国的壮丽河山和丰富资源。

要让学生懂得，祖国疆域辽阔，江河浩荡，山峰俊秀，自然景观极为壮丽。祖国有富饶的宝藏、珍贵的动物、繁茂的植物。

在这方面，《中国地理》的介绍颇为详尽；教师还可让学生阅读《旅行家》《观察家》《旅游》等杂志；或帮助他们搜集一些介绍祖国矿产资源等的资料；或者组织学生出外郊游、踏青，亲身感受祖国美丽的山河。

2. 热爱中华民族的悠久历史。

教师要通过中国历史，特别是通过近代史和现代史对学生进行教育，使学生了解中华民族自强不息、百折不挠的发展历程，从而激发学生的民族自豪感，增强民族凝聚力。

教师可以组织学生参观抗日战争遗址、抗战展览馆，通过观看《南京大屠杀》等影片、请见证人作报告等方式，使学生真正懂得祖国的生存和发展是个人生存和发展的基础。

3. 热爱优秀的中华传统文化。

中华民族在创造灿烂的中华文明的过程中，形成了具有强大生命力的优秀传统文化，它对中国乃至整个人类文明进步，作出过巨大的贡献。教师应教育学生了解并热爱中华传统文化，从而增强其民族自尊心和自信心，让学生为创造更加光辉灿烂的民族文化而尽心竭力。

4. 热爱英雄模范人物。

在我国，各类英雄模范人物层出不穷、数不胜数，教师应让学生多多了解，认真学习，用英雄模范人物的事迹，激励学生的爱国热情。

教师可组织学生召开"寻伟人足迹，学爱国精神"的主题班会或"爱国、立志、成才"演讲比赛等，让学生讲英雄故事，找自身差距，以"知"导"行"，达到爱国主义教育的目的。

5. 了解我国国情。

教师要帮助学生系统地了解我国政治、经济、军事、外交以及社会、文化、人口、资源等各方面的历史和现状，并从我国与世界其他不同类型国家的对比中，看到我国的优越之处与差距所在，从而增强学生的紧迫感、使命感和社会责任感。

6. 根据不同情况的学生，提出不同的内容和要求。

爱国主义教育内容的确立和要求的提出，必须根据教育对象的年龄层次、心理特点、知识水平和接受能力，作出科学的安排，切不可采用"一刀切""齐步走"的简单做法。

"知之愈深，爱之愈切"，只有让学生们切实了解爱国主义知识，真正懂得爱国主义的重要性，才会有效地养成学生们的爱国情怀，从而形成他们的公德意识。

"国家兴亡，匹夫有责"。要想振兴中华，首先应该爱中华、尊重国旗、国歌！

在培养青少年的爱国情怀上，学校和教师的任务是艰巨而伟大的！

我们应该开动脑筋，让爱国主义教育真正入青少年之耳、动青少年之心，让爱国情怀永远深深扎根于他们的心中！

好习惯造就好品质——品质习惯培养

习惯培养高效细节之助人为乐

助人为乐，学生的爱心之始

> 你一天的爱心可能带来别人一生的感谢。
> ——谚　语

爱是一座无形的桥梁，它能够沟通师生的心灵，没有爱就没有心灵相通，就没有情感融洽。

爱是一种发自内心的自然情感流露，是一种生生不息的高尚道德情感的体现。

爱是一台万能的打字机，它会在学生白纸般稚嫩的心灵中写出真、善、美。

爱是一条宽阔的光明大道，可以通向未来无限美好的理想。

学生是祖国的希望，是民族的未来，教师作为学生生命成长中的重要支柱和学校教育的主导者，不仅要给学生传播知识和能力，更重要的是要以助人为乐的方式来培养学生的爱心。

助人为乐，一直是中华民族优良的传统美德，它以互敬互爱为根本出发点，倡导以和为贵；它是中国传统的道德观念，它有力地维护着中华民族数千年的和谐统一。

助人为乐是一个人从小就应养成的习惯，尤其是在受教育阶段，教师更应该注重培养学生们助人为乐的行为，要让他们认识到有人需要自己的帮助和关爱。

经典案例

王力中学是一所为纪念我国伟大的语言学家、教育家、北大著名教授王力先生而命名成立的全日制高级中学。

自1993年成立以来,王力中学的教师和学生们就高举王力先生的旗帜,走"特色办学""科研兴校""文化强校"之路,将自身独特的教育资源与现代素质教育进行整合,从而创造出既符合本校实际,又有利于取得最佳成绩的育人模式——王力精神+现代素质教育。

王力中学十二年来的改革创新,是对"王力精神"的实质及其教育功能不断深入理解的过程,也是王力中学的师生们在各种办学条件都十分薄弱的情况下特色办学、科研兴校的过程。

学校为了培养学生具有王力般"助人为乐、奉献爱心"的精神,在校内开展了两个"希望工程":一个是"社会希望工程";一个是"身边希望工程"。

希望工程部在每个教室开设了一个"希望工程箱",校长号召全体学生将平时买零食的钱,节省下来投到希望工程箱里,为那些需要帮助的人献上自己的一份爱心。

学生们不仅积极踊跃地响应学校的号召,并且还将这种助人为乐的精神带到校外,帮助那些遇到困难的人。他们的这些行为受到了社会上很多人的赞赏——

一位年过半百的老大爷向学校的老师反映:"你们学校有个孩子在下雨天帮我推车,我很感谢他,但是他没有留下姓名,只是说是王力中学的,我就找来了!"

有的人说:"我眼神不好,有一次过马路是你们学校的学生扶我过去的!"

还有的人写来表扬信说:"我是一位贫困山区的小学生,是你们学校的大哥哥经常给我寄来学费,我才能再次踏进学校的大门,在这里我给他鞠躬了!"

近几年来,王力中学的师生们为贫困学生捐款4万多元,为希望工程捐款近1万元,为灾区捐款5000多元,这其中包括衣物、食品、学习用品等等。

虽然他们为灾区所捐的款项并不能在实质上减轻灾区人民的痛苦,但是,王力中学的师生们正在用助人为乐的精神架起一座爱心的桥梁,它将学校的全体师生和贫困地区的人们紧紧地联系在了一起,也让学生们学到了情系灾区!

2005年元月,由地震引起的印度洋海啸不仅震惊了东南亚各受灾国家,更震动了全球。

校长又一次发表讲话:"助人为乐一直是我们中华民族的传统美德,中国政府已经多次向受灾国家提供援助,中国政府正在尽自己的义务和责任献出一份爱心。同时中国红十字会也向全国发出了帮助灾区人民早日度过难关的倡议,我们是否也应该献出自己的爱心呢?"

校长同时提出倡议:"让我们人人献出一份爱心,给灾区人民送去一份温暖,让他们早日重建美丽的家园。"

校长的动员再次得到了全校师生的积极响应。2005年2月,王力中学的师生们纷纷慷慨解囊,共同为灾区捐款4万多元。

多少年来,王力中学的师生们所募捐的钱一直分为两部分:一部分支援定点对象和灾区,以及其他需要帮助的人;一部分支援身边生活困难的同学。

迄今为止,得到王力中学"希望工程部"帮助的定点有学校1所、灾区5个、校内外个人100多人;还有很多帮助对象是无法统计的,如很多同学经常以自己的名义与校内外的困难者进行"一帮一""手拉手"活动。

在向灾区和帮助贫困学生捐款的活动中,学生们学到的不仅仅是助人为乐的品质,更重要的是,他们从中学到了以什么样的方式来奉献自己的爱心,并且始终亲身实践着!

假如没有爱,世界将是一片黑暗。正如有些人所说:"学生就像花草树木朝向阳光一样地朝向教师。"作为一名教师要深刻地认识到爱心的重要性,要通过助人为乐的行为来培养学生的爱心,要让爱洒满人间。

学生如果有了爱心，就会无时无刻地帮助别人，让那些受到帮助的人脱离困境，从而使他们拥有了重新战胜困难的勇气。

案例分析

王力中学之所以是我国众多名校中的一面教育旗帜，原因是多方面的。其中，通过助人为乐来培养学生的爱心就是重要原因之一。

事实上，学生在校长的带领下向灾区人民奉献爱心的做法，在学校中都是不多见的；而建立专门的"希望工程箱"，相信在其他学校更是少之又少的。

受到这种方式的影响，使得王力中学学生和工作的教师，无论做什么事情，首先想到的就是怎样去帮助别人，如何去奉献爱心，在他们看来，"只要人人都献出一点爱，世界才有美好的明天！"

助人为乐，虽然只是一种行为，但是如果教师能够通过以助人为乐的方法来培养学生的爱心，使学生从助人为乐中学到如何奉献自己的爱心，那么将会使他们受益终生！

提起抚顺一中，相信很少有人知道，但是提起雷锋这个名字几乎无人不知——很少有一个人的名字，能够与一座城市息息相关，然而抚顺是一个例外。在40多年前，抚顺曾经因为雷锋这个名字响彻中国大地。

在那个年代，毛泽东主席题词，号召全民族向雷锋学习；在那时，不知有多少颗心为雷锋而悸动，又有多少人把他的日记作为座右铭，恪守一生。

43年前的一天，雷锋走了，但是雷锋的精神却没有一天离开过抚顺。雷锋用他短暂的一生照亮了一个时代，同时他也赋予了所有人一个永不磨灭的精神之火——助人为乐、勇于奉献！

多年来，抚顺一中坚持开展学雷锋活动，学校与雷锋生前所在的部队建立了固定的联系。学生们学习雷锋的助人为乐精神，在校内外做了大量好事，受到了很多人的赞誉。

在教师的带领下，学生们多次把自己的压岁钱和零花钱积攒起来，寄给部分贫困地区的"希望工程"；学生们多次开展"助人为乐、献爱心"的大型讨论会，通过这种讨论方式使学生们加深对奉献爱心的认识。

抚顺一中先后召开了13次全校大会，表彰了600多个学习雷锋的先进小组和上千名学雷锋先进个人，这些人已经成为了全校师生学习的典范。

2003年8月15日，抚顺一中的全体师生们再次来到抚顺雷锋纪念馆扫墓，他们沉痛地悼念雷锋同志，使雷锋精神又一次感染了抚顺一中的师生们。

回到学校后，老师让学生们每人写了一篇日记，取名为《雷锋精神》。

当老师收上日记后，不禁大吃一惊——每个人所写日记的精神几乎如出一辙；老师甚感欣慰——每位同学都不由自主地提到了"助人为乐"：

"雷锋把平时积存的200元钱无私地奉献给了抚顺市的人民公社建设和疗养的灾区人民；他用自己的津贴给丢了火车票的大嫂补票；主动帮助外出老人……"

在课堂上，老师又作了重要的补充："雷锋把别人的困难，当成自己的困难；把别人的愉快，看成是自己的愉快；他对别人十分慷慨，自己却非常节俭，你们想一想这是一种什么精神？"

学生们齐声回答道："是一种助人为乐的精神！"

"那么，这种精神最终体现的是什么？是关心，是善良，还是爱心？"

洪亮的声音再一次响起："是爱心！"

抚顺一中的教师们将"助人为乐"作为培养学生奉献爱心的重要教育手段之一，教师们从一点一滴开始，让学生们认识到奉献爱心的重要性，并且教育他们对身边的每一个人都要付出爱心。

正确地培养学生的爱心，让学生懂得用自己的爱心去为祖国作贡献，温暖他人，是教师在教育工作中一项必不可少的重要内容。

当然，培养学生的爱心还有很多的方法：

1. 组织一个爱心行动小组。将整个班级分成几个小组，让他们每个周末休息日、节假日到养老院为孤寡老人表演节目。

2. 通过选举"爱心"大使的方法，来培养学生的爱心。

作为一名教师，要培养学生的爱心，进而将他们的这种情感延伸到爱祖国、爱人民、爱劳动、爱科学、爱社会主义……这样做，不仅有利于培养学生良好的思想道德素质，还有利于学生自身的发展和成长，从而使爱心变为他们的一种自然形成的行为和习惯。

一个人拥有爱心，是需要通过长时间的培养才能够逐步形成的。

作为一名教育工作者，应该注意从点滴培养学生的爱心——师生之爱、同学之爱！

而且，这种爱绝不应该仅仅限于班级内部，而应该得到扩展和升华——这种爱的扩展，不仅包括学生周围的人，更包括素不相识但需要帮助的所有的人，他们都需要付出丰沛的爱心；这种爱心的升华，是对我们祖国的浓厚爱意！

好习惯造就好品质——品质习惯培养

习惯培养高效细节之遵守规则

营造氛围，培养学生遵守规则的习惯

> 真正的法律不是用墨水写在纸上的，而是用道德写在人们心中的。
>
> ——〔法〕迈斯特

古语云：没有规矩，不成方圆。现实生活中，规则无处不在，比如经商规则、竞赛规则，就连做游戏也要遵守游戏规则。

什么是规则？规则，其实就是制定供人们遵守的制度或章程，或者说是制定让人们遵守的做事规程和行动准则。

规则意识，即是人们在遵守这些制度或章程时所具备的良好态度和习惯，或者说是人们对于社会行为准则的自我认识和体验。

东西方文化习惯的不同，就涉及对规则的认识问题。西方文化中的契约精神和规则意识已经深深融入到人们的生活中，去过西方国家的人们都会对西方人其良好的社会秩序、不打折扣的遵守规则的良好习惯留下深刻的印象。

中国入世谈判首席代表龙永图曾对记者讲述过这样一个故事：

有一次在瑞士，龙永图和几个朋友去公园散步，在上厕所时，他听到隔壁的卫生间传来"砰砰"的声音，他有点纳闷。从厕所走出来后，一位女士很着急地问他有没有看到她的孩子，她的小孩已经进厕所十多分钟了，还没有出来。

这时，龙永图想起了隔壁厕所的响声，走进去打开厕所门，果然看到一个七八岁的男孩，他竟然正在修抽水马桶。原来他小便后要冲水时，却发现水箱坏了,无法冲厕所,使他急得满头大汗。他始终没有放弃冲水。因为在他看来,上厕所不冲水是违背了规则的。

上厕所要冲水,这是一种最基本的社会规则。但在国内,几乎没有一个厕所不是醒目地张贴告示"请便后冲厕",却也几乎没有一个厕所完全实现了这一点。

而那个男孩能够自觉按照这个基本规则去做,说明西方人的规则意识之高,也说明这个孩子本身存在着一种鲜明的社会责任感,一种遵守规则的良好习惯,这样的品质无疑是非常可贵的。

社会是一个整体,规则意识决定着一个人适应社会的程度,关系到一个民族的形象,甚至影响着一个国家未来的命运。树立规则意识,是个人、企业和国家发展的需要,它应该成为人们一种自然而然的行为习惯!

因此,龙永图在谈到中国人如何迎接入世时曾经指出:"中国人最迫切的任务之一,就是培养遵守规则的意识。这种良好习惯的养成,已经是刻不容缓了!"

一国有法一国兴旺,一校有规一校兴旺,一家有规一家兴旺。没有规则意识的人将无法在社会立足。因此,从小就对学生进行规则意识及执行规则能力的培养,已成势在必行之举了。

不过,对于活泼好动的学生们来说,"规则"的确是一个枯燥而又乏味的话题,他们很少能够主动意识到规则的重要性和必要性。

因此,如何让学生了解规则,并且自觉地遵守规则,从有意识地"要我遵守规则"转变为"我要遵守规则",从外在的道德教育内化为自觉的行为,这就是学校和教师所要担负的重责大任了。

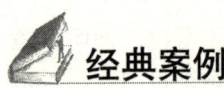 **经典案例**

北京市东城区史家胡同小学始建于1939年,经过一代又一代校长和教师的卓越努力,它由一所普通的学校,渐渐跻身于北京及至全国的名校行列,甚至成为联合国教科文俱乐部组织成员。

在校长的带领下,学校近几年更是耕耘出了丰硕的教学成果,获得了数不清的荣誉,学校先后被评为北京市教育科学研究先进学校、东城区小学素质教育窗口、德育工作成绩全优学校等三十多个市区级先进称号,还被教育部命名为现代教育技术实验学校。

在正确的教育观和教学观的指导下,学校一直致力于促进学生多方面素质和谐发展,学校认为要教导学生尊重社会,首先应从培养学生们的规则意识做起。所以,学校通过制定班规、开展活动等种种方式着重培养学生的规则意识,而这其中,营造氛围起到了举足轻重的作用。

首先,学校设立了德育语音电铃,将平时的铃声变成了悦耳的音乐声,音乐过后,学生们便会听到一句有教育意义的话,这些话每天学校都会选择不同的内容播出,让学生们不会有厌烦的感觉。

比如,上课铃响过后,就会有这样的话:"铃声响,进教室!有纪律才是学校,有规矩才成方圆。""坐如钟,站如松,有规矩,人尊重。"下课铃响后,有这样一句话:"谁在游戏中越懂得谦让,谁的朋友就越多。"……

学校还在厕所里装了小吊灯、妆容镜;小门上也贴上了卡通画;墙上挂上了小花篮;厕所装修得很有情趣,连手纸和洗手液都为学生准备好了。在这样的环境里,学生们能够充分享受到在规则中生活的幸福,当然也就比较容易养成遵守规则的习惯。

学校从学生入学的第一天起,就十分注意灌输规则意识,特别是当老师带着他们参观校园的时候,更是成了学校进行规则教育的良机。比如:

参观到饮水机前时,老师会说:"同学们下课可以到这里打水,要注意节约用水。"

参观到小景区时,老师会说:"小景区里有树、有花、有金鱼,多美呀!我们要爱护学校的一草一木。"

每遇见一位学校老师,老师都会带领学生们问好:"这是我们学校的王老师,大家一起说王老师好!以后见到每一位老师都要问好。"

学校在营造校园的规则氛围时,对学生始终坚持"正强化"的原则,这也是学校运用心理学实施和谐教育的理论基础——对儿童的优良行为要强化,对他们的不良行为要淡化,这样才容易形成儿童的优良行为。

因此,学校会提醒各位班主任,在引导学生制定班规时尽量少说"不"和"不许",多说"应该",要以正面教育为主,比如,"不许抢行"改为

"学会让路",把"不许骂人"改为"说话文明"等。

学校在撰写"提示语"时,也是以正面教育为主,比如"礼貌使你变得高雅""助人使你得到快乐""谦让使你增添美德";在柿子树旁的提示语是"你要对我好,我就冲你笑",而绝不写"不许采摘柿子!"

对于遵守规则做得好的学生们,学校更是注重大力表彰、鼓励和宣传,以便让学生们感受到遵守规则的幸福感和自豪感。

在争做合格小公民评选的"五小标兵"活动中,对于做得好的班级和个人,学校大张旗鼓地表扬,让学生们在欢乐的乐曲声中一排排走上主席台,接受学校领导的颁奖。学校还为获得"五小标兵"称号的学生组织了一天的夏令营。

一位摄影师在学校礼堂展览他的摄影作品《黄河万里行》,礼堂周围摆满了他的作品,学生们参观时,他就在旁边看着。

参观之后,这位摄影师非常激动地说:"我去过很多学校办展览,别的学校的学生老摸我的展品,我急得嗓子都喊哑了,可还是有同学摸。而在史家胡同小学,我什么都没说,同学们却没有一个动这些照片的,而且他们都在安安静静认真地看,你们的学生素质真高!"

听到这样的评价,学校立刻在全校大会上表扬了全体学生,让学生们感受到了遵守规则的愉悦感。

还有一次,有200多名外地校长到学校参观。一位校长在二楼摸着已经成熟的柿子,问史家胡同小学的一位老师:"这柿子是真的吗?"

那位老师很纳闷,问她:"您什么意思?"

她说:"这是不是能吃的柿子?"

老师说:"对,这就是能吃的柿子。"

这位校长笑着说:"我还以为是观赏品呢!"而后,她又非常感慨地说道:"你们学校的学生素质真高!"

后来,史家胡同小学把这些事情登在了校刊上,同时在升旗仪式上讲,在给低年级同学分柿子的大会上也讲,这让每一位学生都充满了自豪感。

学校要盖新校舍,请投资商参观校园,这走到柿子树前,看到柿子压弯了树枝,学生们伸手就可以摘到,但是谁都没有去摘柿子。他说:"能把学生管理得这么有规矩,为这样的学校投资,值!"

学校在培养学生遵守规则时,不仅有正面教育,也做到了"违规受罚",就是要让违规者承担责任。因为学校知道,对学生违犯规则的行为如果不制止,就是对这种行为的纵容和助长。

在学校里,哪个学生违犯了校规,被学校的值日生看到,如劝告不听,他和他的班会被发一张违规通知单,接到违规通知单多的班级期末将评不上"文明杯"。

如果有哪个学生忘记了做值日,对他的处罚也不是只停留在做口头检讨上,他会被要求第二天和下一个组一起补做。

在这种"奖优惩错"的正面教育下,史家胡同小学成功地把规则意识渗透到了学校生活的方方面面,在潜移默化中树立起了学生的规则意识,养成了他们遵守规则的好习惯。

作为道德意识的启蒙者,学校和教师必须意识到,规则意识的养成不是一朝一夕的事情,更无整齐划一的手段,关键要在生活中帮助学生逐步树立规则意识,使学生的个性和社会性相得益彰、和谐发展,使他们长大以后能够真正成为合格的守法公民。

案例分析

规则是形成秩序的保障。对规则的崇尚与坚守,就一个人而言,是一种良好的习惯;就一个班级而言,是一种良好的班风;就一个学校而言,是一种良好的氛围。

在一个大家都遵守规则的环境中,学生比较容易养成遵守规则的习惯。因此,营造一个秩序井然的校园环境,是培养学生遵守规则的最好条件。

正如史家胡同小学一样,一直力求为学生创造出一个遵守规则的环境,营造出一个重视规则、尊重规则、崇尚规则,处处有规则、事事按规则、人人守规则的有秩序的校园氛围,从而为树立学生的规则意识、培养学生遵守规则的习惯奠定了坚实的基础。

由此可见,遵守规则的习惯,是要在长期的训练和实践中慢慢养成的。

因此，学校和教师绝不能操之过急，而应该循序渐进、有条不紊地对学生进行培养和教育，让他们在日积月累中逐渐养成遵规守法的良好习惯。

1. 制定班规。

为使学生从思想上重视规则，为发挥学生在规则教育中的主体作用，教师可以让学生自己制定班规，使其由被动地接受变成主动地自我教育，由他律变成自律。这样做，是对学生的尊重，也是对学生权利的尊重。

2. 行为跟进。

遵规习惯的养成不能仅仅停留在说教上，对年幼的孩子尤其应注意方法。教师应通过形象化的方法和手段，如环境渲染、榜样激励、适当惩罚、语言暗示等，把规则要求具体化，使其具有可操作性，让学生能够切实落实到行为上。

教师可以用简洁明了的语言向学生提出行动的规则，并说明原因，如"随便拿别人的东西，别人会不高兴的。"还可以就事论事、客观评价，帮助学生建立规则意识，如"你能把垃圾扔到垃圾筒里，我真高兴！"

3. 开展相关活动。

培养学生的规则意识，必须尊重学生的认知规律，符合学生的年龄特点，变生硬的说教为学生喜闻乐见的形式，多开展一些学生感兴趣的活动。只有这种教育，才是扎扎实实、深入人心的。

4. 从游戏入手。

"你玩赖，我们不带你玩了！"这句经常被孩子们挂在嘴边的话，其实体现的正是一种处于萌芽状态的规则意识。

对于少年儿童来说，游戏往往是他们认识世界、理解社会、关注人生的开始。在游戏中，他们会以他们自己的方式逐渐认识到：只要是几个人在一起玩，就一定要有固定的游戏规则，没有规则，游戏就难以进行。如果有谁违犯规则，他就必须被劝阻，否则，就要出局。

而学校和教师所要做的，就是从这个"萌芽"开始，从游戏入手，从游戏规则推及生活中的规则，使学生们在充分理解游戏规则的基础上，认识到生活中规则的普遍存在性，从而真正懂得人们的生活离不开规则，也必须养成遵守规则的习惯。

规则不仅是制度和章程，更是权利、责任和义务，是享受权利的保证。每个人只有用规则约束自己的行为，才能从中获得了最大的自由和安全。

谁不愿意生活秩序井然、人与人之间和谐相处、社会稳定、国家安宁呢？这就需要我们从小事开始，认真做到时时刻刻遵规守纪；从孩子开始，培养他们成为自觉遵守规则的好学生。

记住，一个孩子的行为习惯，是最能反映一个国家的规则意识水平的。而这需要每一位老师和每一个学校的切实行动！

习惯培养高效细节之相信自己

通过激励和赞扬培养学生的自信

> 相信自己,相信你的能力。提醒自己,幸运之神与你同在,你将所向披靡。
>
> ——〔美〕诺曼·文森特·皮尔

自信是一种正确的、积极的自我理念和自我评价。"自信是一个人对自己的积极感受"。其中"积极"意味着一种对自己的认可、肯定、接受和支持的态度。"感受"则包含着自己对自己情绪的感觉认识和评价。也就是说:"自信"是一个感受自己的方式,包括了自己对自己接受的程度。

美国大作家爱默生说:"自信是成功的第一秘诀。"可以说,拥有自信就拥有无限的生机。

自信是我们每个人"人格结构"中的本质因素,是成功的关键。自信的人相信自己,相信自己的能力,相信自己的价值,因而凡事都能尽力争取。

著名的音乐家贝多芬能在失聪的情况下谱写出光辉的乐章《命运交响曲》《欢乐颂》等,靠的就是他内心深处的自信。

张海迪是一位高位截瘫的人,她不但掌握了四门外语、精通针灸,还成为了著名作家。是什么让她取得了成功?也是自信。

跳水健将伏明霞在高手林立的奥运场上镇定自若、屡屡击败对手,靠的也是自信。

……

自信能让人充分肯定自己的实力,会在强手面前镇定自若,会在困难面前不屈不挠、勇往直前。

对学生而言，拥有一种自信的人生态度的人，要比那些缺乏自信心、自卑沮丧的人具有更大的潜在发展能量。

而学生的这种自信心的形成，更多的是需要教师的精心呵护和培养，就像植物需要阳光才能生存一样，学生需要来自教师的激励和赞扬，才能树立起强大的自信心。

当学生做一件事而没有成功时，作为一名教师应该用激励的语言告诉他们，失败并不能证明你没有能力，这只是一次小小的经验，你以后会成功的。

当学生取得良好的成绩时，教师应该给予及时表扬，使学生觉得受到了教师的重视，并对自己的能力拥有充分的自信，从而信心十足更加努力。

教师在培养学生的自信心时，一定要注意从"大处着眼，小处着手"，自信在学生的一举一动、一言一行中逐渐养成。而学生一旦将自信变成他面对人生的习惯性态度时，他将终生受用！

经典案例

高考原始分562分，加上区优秀学生干部的20分加分，上海闸北区彭浦中学的杨慧敏以582分的高考总分震惊母校。要知道，这样的高分在这所闸北区重点高中里排名相对落后的高中历史上，是前所未有的。而杨慧敏能取得这样的成绩除了和她自身的努力，也和学校积极开展的自信教育有着不可分割的关系。

虽然从高一开始，杨慧敏就担任校学生会主席，但一名区重点的学生能够在高考中取得582分的成绩，在很多人的眼中仍然是一个奇迹。因为一直以来，在区重点念书的学生都有一种潜意识的不自信感。

刚升入高中时，这种感觉在杨慧敏身上也有明显痕迹。由于未能通过市北中学的直升考试，杨慧敏退而求其次直升进入彭浦中学读高中。在心理上，似乎总觉得自己比那些进入市北中学的同学矮上一截。

而类似于杨慧敏这样的不自信感不仅在学生中大量存在，甚至一些老师也有这样的不自信感。

这一现状深深刺痛了当时来彭浦中学任校长的王曙。回忆起当初的一幕，王校长仍然记忆犹新。

成绩提不上去，教师总说是学生不好，基础太差，底子薄，学习方法不当，缺乏主动性等。一位、两位，好几位老师都这么向他反映，这让他心里非常不是滋味。凭借他多年在市重点高中执教的经验，王校长认为彭浦中学的孩子都很不错。如果硬要区分他们和市重点学生的区别，那也只是他们学习习惯的一些问题，而最重要的，却是他们还没能从本质上认清自己的潜力，还不相信自己的爆发力。

因此，改变学生、老师的不自信状况便成了王校长到彭浦中学之后第一件大力解决的事情。

首先，要改变老师的观念问题。王校长通过各种可能的途径让彭浦中学的老师认识到学生们都是各有各的闪光点的，目前最缺乏的只是善于发掘的眼光和行之有效的激励机制。

其次，他和学生处的老师以及学生会的成员一起，在学校推广督励团，通过各种激励手段，让学生们自主管理学校事务。

通过这样一个平台让更多的学生培养自信，也通过这种方式让老师对学生充满信心。这样几个良性循环下来，不仅学生对自己、对老师充满信心，老师对自己、对学生也充满了信心。

同时，王校长还分析出，学生不自信的最大的根源是学生考试不及格，为此，他大力从制度上改革，不让老师在考试时出难题、偏题、怪题。他要求老师在每次命题前，都要充分遵循命题和实际学习要求契合的原则，让学生们充分享受到学习的快乐，为学生创造自信的学习氛围。最后，通过学生之间自学、互学、帮学的多种形式，最大限度地提高学生的学习兴趣。

在各种激励、赞扬下，学生们的自信心空前高涨。在自信的基础上，产生杨慧敏这样的奇迹也就不足为奇了。

有人说，学生的心田是一块神奇的土地——
播种了自信，便会有行为的收获；
播种了行为，便会有习惯的收获；
播种了习惯，便会有品德的收获；

播种了品德，便会有命运的收获。

也有人说，自信养成习惯，习惯造就性格，性格决定命运。这些话虽然有些绝对，但良好的习惯对学生的确具有重大的意义，特别是自信的行为和习惯更是对学生的人生有着不容忽视的作用。

因此，学校要善于通过激励和赞扬来培养学生的自信，从而使学生们扬起自信的风帆，在知识的海洋里自由翱翔！

案例分析

杨慧敏所取得的成绩，从某种意义上说正是彭浦中学通过培养她的自信而取得的。假如彭浦中学没有通过各种渠道培养她的自信，那么一个奇迹很有可能就此夭折了。

正是由于彭浦中学的校长和老师给予的激励和赞扬，使杨慧敏意识到了建立自信的重要性，并且逐渐通过建立自信心，她才有了今天的成绩的。

学生是学习的主体，一切外因都要通过内因起作用。我们很难想象，一个缺乏自信的学生，一个整日自卑的学生，在学业上会有什么建树！

当然，学生的自信需要作为教师的我们去耐心地引导、培养，需要所有教师以宽容和理解的心态对待学生，用激励和赞扬来培养学生的自信。

这种自信的培养，无形中会增加学生克服困难的信心和勇气，他们一旦被关怀、被接纳，那种温馨就会使他们更加努力地学习、不断发挥自己的潜能，从而做一个自信的人。

梁湖根是广东省博罗县实验小学的少先大队辅导员兼音乐老师，曾获得过"全国优秀少先队辅导员"的光荣称号。梁湖根在平时的工作中非常注意观察学生的心理状况，总是针对不同的学生进行不同的心理素质培养。

2000年，梁老师发现当时一名叫振华的学生成绩不好，振华特别顽皮，但是唱歌却特别好听。于是，梁老师在课余时间经常找他谈心，每次上音乐课总是创造机会让他在同学们的面前放声歌唱，为的就是培养他的自信心。

有时候，梁老师还没有教学生们唱新的歌曲，而振华出于对音乐特有的兴趣，却能够将新歌唱得优美动听。

每当这时，梁老师经常会对他大力赞扬："振华真是天生唱歌的材料，长大后肯定是一位著名的歌唱家！"

听了老师的表扬，振华每每都会露出纯真的笑容，那是一个发自内心深处的微笑，是一个自信的微笑。

梁老师为了培养振华的自信心，有时候在课堂上会唱着唱着就故意停下来，对学生说："今天老师的嗓子不好，让振华给我们领唱吧！"

振华当然是自愿代劳，他悠扬的歌声、自信的神态，常常使梁老师和同学们都为之陶醉。

有一回，县里举行全县中小学生歌唱比赛，梁老师又特意把振华编进合唱队，并且安排他担任领唱。

起初，振华总是推辞说："梁老师，我一登台表演就紧张，您还是换别人吧！"

梁老师听后不禁微笑地说道："振华，你要对自己有信心，相信自己的实力，他们未必唱得比你好！"

振华得到老师的充分肯定后，自信心大增，每次练习都是最积极的，他已经把自己完全融入合唱队的大家庭中了。

在全县的歌唱比赛中，振华所领唱的合唱队夺得了第一名。从此以后，振华把老师当成了知心朋友，学习成绩也逐渐地提高了，最重要的是建立了一种自信的人生态度，后来他还被评为县里的优秀少先队员。

学生对自己缺乏自信，有的时候往往是教师造成的。

有些教师遇到学生回答不出问题，或是作业做错的情况时，往往随口就会说："真笨！这么简单的问题都不会！"

长此以往，学生就是有自信心，也会被教师的讽刺、挖苦打击得无影无踪了。

学生喜欢的是一个能够激励自己的教师，而不是一个整日叉腰骂人的教师。这就要求教师在面对学生时，应通过激励和赞扬的方法来培养学生的自信，而不是一味地讽刺他们。

假如教师多给学生一些激励和赞扬，少一点责骂，那一个个爱迪生还会在我们教师的批评声中消失吗？

教师的赞扬是拉近师生间距离的纽带；激励则是教师能给予每个学生的

最廉价、最真挚、最有意义的礼物。只有清楚这一点，教师才能够有效地帮助学生培养自信的习惯。

作为一名教师，不仅要学会通过激励和赞扬来培养学生的自信，还应通过其他的方法来培养学生的自信：

1. 开展自我竞赛。教师可以要求学生把自己现在的成绩与过去的成绩比较，从而看到自己的进步。这样更有助于学习困难的学生获得成功的喜悦，从而产生自信。

2. 培养学生个人的爱好与特长。教师不应用统一的标准要求学生，应该让学生在个人的爱好和特长中看到自己比别人优越的地方，由此产生自信，消除自卑心理。

3. 利用集体的力量培养学生的自信。每个学生都渴望得到他人的高度评价，教师应该经常在班集体中赞扬学生，让学生在同学间树立被尊重的地位，这样，自然就会激发学生产生更多的自信心。

4. 鼓励学生注重仪表美。学生自我观念的发展，首先表现在希望自己的仪表受到他人直接的称赞或间接的认可上，这些都会使注重仪表的学生养成自信心。

要想培养学生自信自强的行为和习惯，教师首先就要有高超的教学艺术——只有让学生得到教师一次次的赞扬和激励，学生才能够逐步地养成建立自信的观念，才能勇往直前，去攀登科学文化的高峰。

教师们，为了培养学生的自信，请多给他们一些激励和赞扬吧！

要知道，学生的自信不是天生的，它源于教师一次次小小的激励，源于教师一次次微笑的赞扬！

习惯培养高效细节之珍爱生命

亲近动物，懂得珍爱生命的意义

> 人生最宝贵的是生命，人生最需要的是学习，人生最愉快的是工作，人生最重要的是友谊。
>
> ——〔苏联〕斯大林

人最基本的财富是生命，生命犹如一艘飘荡在社会海洋上的船，这艘船上承载着现实和希望，现在与将来。因为有了生命，我们才可以读书、立世、孝亲、爱国，我们才能体会到人生的可爱与灵动。当我们放弃生命时，船翻物尽，一切化为乌有。

生命之于任何物种个体只有一次，如此珍贵之物，却在我国的一些学生眼里变成了可有可无的"垃圾"。

2002年2月，出现了清华学生刘海洋用硫酸伤熊的事件。

同年12月，浙江教育学院发生了学生周英民为了面子而杀死同学的事件。

而最令人震惊的莫过于2004年发生的马加爵事件了。

作为一名学子，如此轻视、践踏其他物种和其他人的生命，不但是犯罪，是恶劣行为，而且也是对大自然的一种亵渎。

作为一名学生，既不能对他人的生死无动于衷，也不能把自己的生命视为云烟。

乌鲁木齐市熙康心理咨询服务部的心理咨询师高明学介绍说：据不完全统计，2004年前9个月，全区发生中小学生自杀和自残未遂事件十多起。

2005年6月份，北京某大学一位大三女生因学习压力大而自杀，幸运的是发现得早,捡回一条命。

生命是大自然最瑰丽的一道风景线,如果人们自行轻贱生命,那么世界的美好将从何谈起?如果学生如此自残生命,那未来又将如何继续?

一件件触目惊心的事件,其冲击力已不仅仅是惊醒教育者,更多的是在撞击着教育者的灵魂。我们从前总是在教学生爱祖国、爱人民。可是,到头来他们连最基本的生命都如此轻视,他们到底还能爱什么?作为老师是否该考虑一下"爱"也是一个循序渐进的过程?正如中国人民大学新闻学院院长高钢所说:"我把人对自我生命的珍爱及对动物的珍视,看做是一个人最起码的素质和道德,否则将一切无从谈起。"

因此,作为一名老师,不仅要知道如何去教学生热爱祖国,热爱人民,还要教学生什么是"爱"?怎样去"热爱生命"?"热爱生命"的意义到底何在?

经典案例

美国是信奉基督教的国度,在这个国家中,"爱"被提升到了至高无上的地位。同时,美国也是一个比较重视生命的国家。然而,即便是这样,他们对学生"爱"的教育、"珍视生命"的教育,最初也不是通过宣讲《圣经》开始的。如在美国的亚利桑那州的一所小学里,"热爱生命"的教育就是从老师组织学生去观察蜂鸟开始的。

弗丝小姐首先告诉学生们,蜂鸟是世界上最小的鸟,而且它还有许多奇异之处——

它的卵的重量只有两克左右,相当于一粒花生米。

它的翅膀每秒钟可以扇动50~75次。

它为了能生存下去,在一天内必须设法找到1000朵花,而且要将2倍于自己体重的花蜜吮吸到体内。

它从头到脚都长着闪烁着异彩的羽毛,头部有细如发丝、闪烁着金属光泽的丝状发羽,颈部有七彩鳞羽,腿上有闪光的旗羽,尾部有曲线优美的尾羽……

在它的羽毛上有一层角质物质,这种物质在空中受阳光照射,能折射出五颜六色的金属光泽。因此,蜂鸟有"飞舞的宝石"的美名。

厄瓜多尔人很喜欢蜂鸟,认为谁能看到蜂鸟,谁就会交好运,蜂鸟被看做是吉祥的象征。许多人在自己的院子里挂上白糖或蜂蜜,希望以此吸引蜂鸟飞来。

正当学生们通过望远镜和图片资料对蜂鸟产生了极大兴趣的时候,弗丝小姐却告诉学生们,这样小小的生命是多么脆弱!

蜂鸟每窝只能孵化两个蛋,蛋的直径为5毫米。孵化期也不像其他鸟类那样固定,一般为14～25天。刚出壳的蜂鸟还没有蜜蜂大,但食量很大,每15～20分钟就得喂食一次。

为了让它们和我们人类一样有食物、有住处,人们需要爱护它们。于是,弗丝小姐告诉学生们应该爱护野外的花草树木,因为野外的每一朵花都可能是蜂鸟的粮仓。

弗丝小姐还告诉学生们,蜂鸟主要生活在热带地区,其320个品种中有一半左右生活在赤道附近。蜂鸟总在寻找新的栖息地,因为舒适的栖息场所总是很快被别人侵占,人类活动已经对蜂鸟造成了威胁。

在这样的情形下,弗丝小姐带着学生们在校园附近的树上安放喂养蜂鸟的一种专用的喂食器。几天后,当看到向喂食器聚集飞来的蜂鸟时,学生们都欢呼雀跃起来。

这时,弗丝小姐会不失时机地告诉学生们,就是因为你们放置的这些喂食器,让蜂鸟有了食物,它们才可以更好地生存,才可以繁衍后代,炎热的亚利桑那沙漠间也就会有更多美丽的蜂鸟了。

学生们幼小的心灵就这样被故事感动了,他们不仅去听、去看,而且还参与其中——学生最初的爱心,也就是在这个时候萌发的。

学生们对生命开始有所认知,知道生命的产生和维持是一个艰辛的过程,同时,他们也看到了一个个鲜活的生命是那么的可爱,因为有了这些灵动的生命,大自然才会绚烂多姿。因此,孩子们开始珍视生命、热爱生命、理解生命之于世界的本质意义了。

求生是人之天性,中国有句古语:"蝼蚁尚且偷生,何况人乎?"当看到自然界许多的小生命为自身和种族的延续而忙忙碌碌的时候,作为万物之灵的人类，如果轻易言死，如果肆无忌惮地践踏生命，是不是灵魂的缺陷呢？

对作为人类灵魂工程师的教师来说，应该告诉自己的学生，就像自然界的小动物会遇到风霜雨雪一样，我们人类的生命伤程也会遇到许多的困难和挫折。

莫泊桑曾说过："人生并不如想象的那么美丽，亦不如想象的那么丑恶。"生命是人生的载体，亦如人生一样，它虽然不完美，但是它拥有希望。因此，老师教会学生的不是怎样拥有完美的人生，而是怎样让生命充满希望，让所有的生命都得到足够的重视。

案例分析

美国人认为，人不是天生就具有什么高尚的情操的，高尚的情操需要培养教育，甚至需要长时间的培养教育、陶冶和训练。学生对生命的理解也要从老师"循循善诱"的指导下得来。

同时，美国也是一个讲究创造性的国家，学生在教师的引导下，知道昨天的生命所承载的一切已无法改变，但明天的生命是属于自己的，是可以创造的，当生命有了新的希望，谁还能轻易舍弃它呢？

首先，珍视生命应该从感受生命的美好开始。弗丝小姐让她的学生直观地看到了蜂鸟的美丽，感受到了这"飞舞的宝石"给人们带来的快乐。

爱美之心，人皆有之。生命之美，在于它的鲜活性，当一个花一般的生命猝然而逝时，即便是绝美的，也会变为冬日里的灰烬，悲凉、凄惨。

而我们的教育重在说教，空洞的大道理会使低年级的学生在课堂上一脸茫然。当学生们还没有意识到生命是来自大自然的恩赐，是各种各样的生命体创造了这个世界，而自己也是一个鲜活的生命体。当自己的生命将要创造未来的世界时，他们又怎么能做到珍爱生命呢？

而高年级的一部分学生，由于最初对生命的认知是空洞的，之后，"生命"这个词也只是生物书里枯燥的定义罢了。一个学生不能感受到生命的美好，生命之于他的重要性也就大大地降低了。

所以，当老师传授"热爱生命"时，与其在课堂上照本宣科，还不如在假期带领学生们走入大自然，让他们感受身边生命体的生存状态，了解大自然是如何孕育这些生命的。当学生们看到，感受到了身边的这些具体的对象时，他们也就开始理解生命了，也就学会为身边的亲人朋友珍爱自己和他人的生命了。

其次，应该让学生感受到生命是脆弱的。

弗丝小姐让学生感受到蜂鸟如此美丽之后，并不是像我国一些教师那样，让学生回去写一篇颂扬的文章，而是告诉他们蜂鸟虽然美丽，但是它们的生命却十分的脆弱。

法国有一所在海上开办的特殊学校，叫"鲸鱼学校"。这里的学生们在海上生活，与鲸鱼为伍，体验着生存的艰辛与生命的脆弱。一个曾在那里上学的学生这样写道："鲸鱼是如此安详，并让我接近它。它们的身体徐徐摆动。我靠近了一头在母鲸上面游动的小鲸鱼。它蓝色的眼睛在距我仅20公分处不安地望着我，不知我将怎么对待它。这太诱人！我忍不住去抚摸它，它身上有很多小裂口，我看到我的手指在它光滑的皮上留下长长的痕迹。这是多么美妙啊。"

鲸鱼在我们的意识里是一种多么顽强的物种，但是它们的生命体并不是坚如磐石的。同样会有伤痕，同样面临着生存的危机。

现在，在我国许多小学的教室里都有"生物角"，种植着几盆室内的盆花，教师们不仅要教会学生生物方面的知识，还应该在施肥浇水时，告诉学生花虽然美丽，但是它的生命是脆弱的，需要每个人精心呵护。

再次，生命如此脆弱，我们应该精心呵护。

弗丝小姐在带领学生们感受了生命的美好，体验了生命的脆弱之后，是如何引导学生呵护这脆弱的生命的？

我曾在五一假期到北京植物园游玩，看见许多家长带领孩子在溪水中捉小蝌蚪，黑黑的蝌蚪挤在窄小的矿泉水瓶中。这样把蝌蚪带回家，基本上没有养活的。

不管这些家长中有没有从事教育工作的，但这个问题不能不引起我们教师的思考，面对一个鲜活的生命体时，我们的学生应该怎样对待它？

"恻隐之心，人皆有之。"学生理解生命的脆弱之后，教师应该培养学生的怜悯之心，生命既然脆弱，那我们就应该珍视它。

好习惯造就好品质——品质习惯培养

而生活中，支配我们生命的是我们的心灵，物理生命体的脆弱可以求助于当今先进的医学，可是精神的脆弱只能求助于对心灵的呵护。

而在我国对于"珍爱生命"的教育中，许多学校和老师更注重是对物理生命体的珍视。譬如，小学开展的"珍爱生命，注意交通安全"，中学开展的"珍爱生命，远离毒品"。这恰恰忽视了珍爱心灵生命体的教育。

值得欣喜的是，在这方面，已经开始有学校重视起来，武汉的重点中学——东湖中学，在其校园网上开辟了"成长论坛"和"花季之思"，来关注心灵生命，为心灵生命驱走阴暗，注入阳光。

在我国大多数的地方还没有这样便利的条件，但是可以根据自身条件，组织一些呵护心灵生命的活动。比如借春游之机，老师引导学生畅所欲言。同时应在学校里设立心理学老师，采用匿名投信的方式，来解开学生的心理难题，从而为生命撑起一片蓝天。

最后，呵护生命是为了生命更加坚强，能够承受挫折。

呵护物理的生命体也罢，呵护心灵的生命体也罢，其实，都是老师带领学生重新认识生命，感受生命，在自己的生命历程中创造关爱，创造希望。因此，教师教导学生不仅仅是单纯的"爱护生命"，更多的是要让学生们懂得，如何才能使生命得到更好的锻炼，在创造未来的路上能承受更大的压力，使生命不再是易碎的纸花。

循序渐进的教导，可以使学生由被迫直接面对生命变为自觉关注生命，进而养成珍爱生命的好习惯。

生命既是一个实实在在的物理实体，又是一个看不见、摸不到，却能感受到的精神实体。教师在教学中，应该充分理解"只有学生感受到的，才是学生真正理解的。"与其教学生学会为"大爱"而去珍爱生命，不如去引导学生感受身边的生命，认识生命之于我们自身的重要性，之于身边亲人的重要性，之于这个世界的重要性。

当学生理解了生命在自然界与生活中所蕴涵的概念时，他们也就明白了生命的意义何在了。由此，他们不仅会珍爱自己的生命，珍视他人的生命，更会珍视大自然，热爱生活。

习惯培养高效细节之持之以恒

拥有耐心才能拥有恒心和毅力

> 有恒心，有毅力，方能成功。
> ——周恩来

美国心理学家戈尔曼教授曾经对 800 名学生进行 10 年的跟踪调查，其研究结果表明，学生之间最明显的差异并不在于智力水平的高低，而在于他们是否有进取心、恒心和毅力等良好的意志、性格和心理品质。

恒心和毅力的培养是建立在自觉性、自制力和习惯性的基础之上的。作为一名教师要学会通过锻炼学生的耐心来培养他们的恒心和毅力，并且使学生养成一种自觉的习惯。

大教育家孔子说过："少年居性，习惯之为常"。

而培根在《论人生》中更加明确地指出："习惯真是一种顽强而巨大的力量，它可以主宰人生。因此，人自幼年就应通过教育者建立一种良好的习惯。"

学生只有养成持之以恒的习惯之后，才会在学习过程中自己想办法克服困难，才能有意识地磨炼自己的意志。

当然，这也需要教师在适当时机鼓励学生不畏困难，用坚强的毅力和持之以恒的恒心去排除各种困难，从而提高自己的学习质量。

现代数学论的研究表明，学生的学习效果与学习活动中的情感、意志等非智力因素密切相关，学习效果在很大程度上取决于学生的努力态度、学习习惯等，尤其对学生的一生来说，坚持不懈的恒心和毅力是取得成就的重要条件之一。

经典案例

乔玉梅是北京市朝阳区示范学校——沙板庄小学的教师形象大使之一。作为一名优秀的数学教师,她的课堂教学形式新颖、内容生动、课堂气氛开放活跃、井然有序;作为一名班主任,她不仅注重培养学生的学习能力,更关注他们思想和心理的健康成长。

乔老师从来不要求学生成为冠军式的人物,但是,她要求每一个学生一定要有敢于尝试的勇气和坚持下去的耐心,有永不轻言放弃的恒心和坚韧不拔的毅力。

在与别人交流教学经验时,乔老师经常说:"数学教学不可能像语文、历史等学科那样,富有趣味性。数学比较抽象,公式多、定理多、计算多、证明多,这在一定程度上给学生带来了很大的困难。因此,作为数学老师,帮助学生克服困难、获得更多的知识的过程,其实就是培养学生恒心和毅力的过程。"

所以,在平时的教学中,乔老师经常教育学生,对自己应该做的事情一定要坚持不懈,学生要对失败挫折具有一定的承受力,教师应注意通过耐心训练学生克服困难的恒心和毅力,培养他们"胜不骄,败不馁"、顽强拼搏的学习态度。

乔老师在给学生上数学课时,总会对那些缺乏耐心的学生说:"耐心、恒心、毅力,是衡量一个人素质高低的问题,很难想象一个浮躁不安的人会准确地计算出一道数学题,假如你们安下心来耐心地计算,那么,再复杂的数学题你们也能够迎刃而解。"

乔老师还从学生们的兴趣入手,从培养学生们的耐心入手,向学生们提出建议,在班里成立养花、养鱼小组。学生们对于在紧张的学习之余能够养花草和金鱼的建议,当然是欣然接受。

最后,经过商议,学生们达成了共识:有的学生从家中拿来鱼缸;有的从家中拿来几尾小金鱼;有的学生则把省下来的零花钱买了花草搬到教室,成立了生物角;有的甚至找来了有关的科普读物,用这些书中的知识来养鱼和花，成立了科普园地……

　　学生的参与热情极端高涨，下课时，总有学生站在鱼缸或花草前愉快地欣赏；放学后，更有很多学生到科普园地找寻自己感兴趣的科普读物，抓紧学习，并边学边参与到其他的实践活动当中。

　　在学生们的悉心培育下，教室里形成了和谐的气氛——各色的金鱼自在地游动，令人赏心悦目；各式的花草散发芬芳，让人心旷神怡。

　　但时间一长，困难就出现了：双休日放假期间，花草没人浇水，金鱼没人喂食。等到周一上学时，花草就都蔫了，鱼儿饱饿不均，有的已经死了。

　　学生们为此沮丧不已，积极性大大降低，虽然还有些人会浇花、喂鱼，但大多意兴阑珊，提不起精神，感觉就像在勉强完成任务，基本失去了坚持下去的信心和毅力。

　　乔老师立刻抓住这一时机，告诉学生们：做什么事都不会一帆风顺，如果我们连这一点小事都干不成，将来怎么做这个世界的主人，去和美国、日本竞争呢？

　　学生们在乔老师的启发下，对于养花、养鱼有了更深一层的认识，也坚定了养好花草和金鱼的信心，增强了不怕挫折、勇于坚持的毅力。

　　为了亲手收获成功的果实，他们到处查资料、想办法：

　　养花组的学生会在周末给花浇足水，把花盆从窗台上搬下来，以免阳光照射使水分蒸发过快；

　　养鱼组的学生则在鱼缸中放上温度计，由专人负责喂食、换水；

　　为保持水温，甚至每天还有学生自觉地灌满几瓶水放到窗台上晒，以备浇水、换水时用……

　　众所周知，养花、养鱼本身就是一种讲求耐性、追求持久性的活动，学生们在这次亲身参与的过程中，在乔老师的适时指导下，逐渐懂得了什么叫坚持不懈和持之以恒，不怕挫折、克服困难的意志品格也得到了有效的锻炼和提高。

　　除此以外，乔老师还利用学校为学生们开辟的劳动场所——素质教育劳动基地，让学生们在接触自然、融于自然的活动中，让学生们在亲身体验劳动的乐趣中，培养耐心和恒心，毅力和意志。

　　春天来临时，乔老师会带领学生们到劳动基地进行植树活动，学生们个个拿着铁锹挖树坑，在田间播种，定期来除草。

到了秋天，学生们凭着坚忍的毅力、顽强的意志、持之以恒的精神，享受到劳动的快乐，品尝到丰收的喜悦，从而忘却了劳动中的苦与累，激发出他们积极的学习动机和欲望，使他们能够在各个领域中都拥有毅力和热情。

每当这时，乔老师总是会说："培养学生的毅力是需要很长时间的，并不是几分钟，十几分钟就能够完成的，它需要一天、两天甚至是更长的时间，因此，作为老师的我，有责任培养学生的耐心、恒心和毅力，培养他们的吃苦精神，让他们养成一种良好的习惯。"

一个人只要有了恒心，能持之以恒，才能够成功。教育教学也是这样，它不仅要求教师有恒心，而且也要求学生要有恒心。只有这样学生在学习中才能持之以恒，坚持到底，这时，学生的恒心才能真正地变成一种习惯，从而达到滋养心灵的目的。

坚忍的毅力是一个学生学好知识必须具备的良好品质。学生在学习中单凭兴趣是不够的，必须要具有遇到困难、挫折不灰心，一旦确立目标，就能够坚持不懈地做下去的毅力。

反之，学生在学习中有始无终、半途而废、知难而退就表现出学生缺乏毅力的品质。"学贵有恒"，因此，教师在教育学生的过程中，要时刻提醒学生，学习一定要有恒心和毅力。

案例分析

乔老师无疑是一个拥有多年教学经验的好教师，她通过锻炼学生的耐心，来培养他们的恒心和毅力，并且使学生自觉将恒心和毅力变成一种促进学习的习惯，从而勇敢地去面对挑战和困难。

毅力是在明确学习目的的情况下，克服和排除学习中的困难和干扰，以顽强的意志完成学习任务的品质。当一个人具备了这种品质以后，他们就不会因一时的困难而气馁，也不会因困难、干扰而分心、分神。

爱因斯坦曾经说过："优秀的性格和钢铁般的意志比智慧和博学更为

重要。"

因此,作为一名优秀的教师,在实际教学中,要加强培养学生坚强的毅力;加强培养学生学习的耐力和恒心;加强培养学生认真、自觉、踏实的科学态度和持之以恒的探索精神,使学生把这些当成是一种习惯,自觉自愿地坚持下去是教师的重任。

如今的学生大多是独生子,从小以自我为中心,做事情没有耐心,缺乏毅力是很明显的,他们常常只考虑索取与成功,经不起失败与挫折的打击。

而事实是,任何事情都不可能一下子就成功,正如其他的科研一样需要多次的失败与打击,这就要求教师培养与锻炼学生接受挫折的能力,从而不为失败而气馁,这样不仅锻炼了学生的耐力,而且还增加了学生的学习动力,为学生以后的学习成才与成功创业打下了坚实的基础。

一个人的成功在于恒心和毅力。众所周知,不论是学习、工作、生活、人生都不可能是一帆风顺的,都会遇到这样或是那样的困难。人们只有不断克服这样那样的困难,才有希望到达成功的彼岸。

那么,到底依靠什么去克服种种的困难呢?其中很重要的一条就是依靠着恒心和毅力。

纵观古今中外,凡是有所建树的人,都是具有坚强毅力和恒心的人。作为一名知识的传播者,如何培养学生的毅力,尽可能使学生成长为一个坚强的人,是教师的一项神圣的使命。

而培养学生恒心和毅力的方法是多种多样的,通过耐心的方法来培养学生的毅力只是其中之一,它还包括:

1. 野外生存训练。

教师应该在放长假期间,多组织学生参加一些野外生存训练,使学生学会面对困难时能够自我解决,从而凭着坚强的毅力获得最后的成功。

2. 让学生明确自己的学习目标。

一个人知道自己要干什么,这是发展坚韧毅力的第一步,也是克服重重困难的最大力量之一。教师应该指导学生树立远大的理想,培养学生勤奋刻苦、持之以恒的精神。因为长远的目标能极大地促成毅力的爆发。

3. 指导学生制订正确的计划。

一个正确的计划能够帮助学生认真地分析自己的成功与失败,而一个计划混乱、不认真、不切合实际，往往会影响学生的毅力和恒心。

因此，作为一名教师，要帮助学生制定一个周详、正确的计划，要知道，正确的计划不仅可以鼓舞学生的斗志，还可以培养学生坚韧的毅力，让学生按照计划，循序渐进地去逐步实施。

4. 挖掘培养兴趣。

不论是差生还是优等生，只要他对某事有兴趣，他就会有毅力克服重重困难，专心于自己的学习。所以，作为教师要学会通过从挖掘学生的兴趣着手，来培养学生的毅力和恒心。

当然，学生毅力的培养不是一朝一夕就能够实现的，它需要老师、家长和学生本人通过耐心、持之以恒地努力才能达到。

只要学生具备了坚强的毅力和恒心，他就掌握了攻无不克、战无不胜的利剑，就能一路披荆斩棘，最终走向成功。

当学生把毅力与恒心变成一种习惯时，那么摆在他们面前的就再也不是什么艰难险阻，而是一种挑战自我、战胜自我的衡量标准，他们会因此迎难而上，挣脱那些脚下的绊脚石，从而获得更大的成功！

那么，作为教师，为了祖国的未来，为了学生能够获得更大的进步，就要学会通过各种方法来培养学生的毅力与恒心，只有这样，学生才能够在无际的学海中自由地游弋！

习惯培养高效细节之尊重隐私

培养学生尊重他人隐私的习惯

> 与其放任政府扮演窃听电话侵害隐私权的角色,不如放任犯人逃脱,其危害反来得少。
>
> ——〔美〕布兰代斯

隐私,不仅仅是常见于媒体的王室秘闻、明星绯闻、政客丑闻,每个普通人的私人的信息、活动和空间也都是隐私,都不可以被他人利用、控制和支配,除非隐私与公共利益有关。

西方国家的很多人都非常尊重别人的隐私,并且很重视保护自己的隐私,即使是一个平民百姓,也可以把收入、年龄看成隐私而加以保护。

作为"文明之邦"的中国有着源远流长的文明历史。

人们知礼、讲礼、守礼,不仅对自己的亲人、邻里、同事、朋友讲究礼仪礼貌,就是对素昧平生的陌生人,他们也谦谦有礼。

但同样是礼仪的问题,在尊重隐私的方面,我们却一直做得不够好。

生活中,很多人都有过这样的遭遇:手机不断收到各种垃圾短信、电子邮箱充斥着各种垃圾邮件、家中经常接到推销电话……

越来越多的个人信息被泄露,不仅让人们不胜其烦,而且引发了人们对个人信息随时都有可能被盗走与滥用的现象的担忧。人们对隐私的问题也开始重新认识、反思,并引起重视。

曾经、我们的某些生活习惯都是亲热有余,而尊重不足。

比如,我们的上几代人在见面打招呼时,都喜欢问:"吃了吗?""干吗

去?"听上去,这似乎是一种亲切热情的寒暄,而实不知,如果是在西方,就犯了对方的大忌,因为这些问题的答案都属于对方的个人隐私。

而如今,尽管很多人都意识到这样的问候是不够礼貌、侵犯别人隐私的行为,却无法更改,依然如故地在问候着。

因为人们已经习惯了,知道却也无法改变,这就是习惯的力量。这种力量不仅使大人无法改变,而且也在驱使着未成年的学生们在这条路上不可逆转地继续走下去。

要想克服这种尴尬,抛弃掉这种不尊重别人隐私的习惯,就要求我们的教师在每位学生成长的期间,给予其关于隐私的教育,并培养其尊重别人隐私的习惯。

 经典案例

黑龙江省大庆市东新一小优秀教师王秀云的班上发生了这样一件事——

一天,崔哲同学上学的时候带了一支多功能笔,这让班里的很多同学非常羡慕,尤其是他的同桌童皓,对那支奇妙的笔简直爱不释手。

崔哲告诉同学们说,那支笔是他爸爸从国外带回来的。

放学的时候,一位老师让崔哲到她办公室去一趟。这时,童皓想起了崔哲的那支笔,又想起自己爸爸最近也要出国的事,他想让爸爸看到这支笔的样子,然后也从国外给自己带回来一支,那该多好啊!

经过这样一想,于是,童皓就把崔哲的笔拿走了。

当崔哲回到教室时,发现自己心爱的笔不见了,他马上就告诉了李老师。

第二天早上一上课,王老师就说了这件事。

王老师说得很委婉,她说可能是某位同学太喜欢崔哲的笔没有玩够忘记还给崔哲了,请下课的时候还给他。

童皓本想举手解释一下,但是不巧的是,那天因为上学走得匆忙,他又忘记把笔带回来。他怕解释不清楚,于是什么都没说。

等到又过了一天,童皓把那支笔带来了,马上还给了崔哲,崔哲也没说什么，可是童皓觉得他的眼神不太对劲，好像自己真是个小偷。

童皓觉得这件事很不好，让他心里很烦躁，于是，他找到班主任王老师，对老师解释了一切，并说自己真的不是小偷，就是想让爸爸看一下，然后就还给崔哲，可是第二天忘带了。

王老师说："老师相信你，知道你不会做小偷，只是你不该随便拿同学的东西。虽然你觉得好朋友的东西就像自己的一样，可以不经过朋友的允许就可以随便动。其实再要好的朋友，你们也是两个人，每个人都有自己的权利，不能混为一体。"

这件事过后，王老师觉得有必要让这些学生明白什么是隐私，怎样做才是尊重别人的隐私。于是，在一次的班会课上，王老师讲了这样一个故事：

有一些年轻人到一家企业去应聘，过五关斩六将，到了最后一关：总经理面试。这些年轻人想，这很简单，只不过是走走过场罢了，准十拿九稳了。

没想到，这一面试出问题了。

一见面，总经理说："很抱歉，各位，我有点急事，要出去10分钟，你们能不能等我？"年轻人说："没问题，您去吧，我们等您。"

老板走了，年轻人一个个踌躇满志、得意非凡，他们围着老板的大写字台看，只见上面一摞文件，一摞信，一摞资料。

年轻人你看这一摞，我看那一摞，看完了还互相交换：看这个，这个好看。

10分钟后，总经理回来了，说："面试已经结束。"

"没有啊？我们还在等您啊。"

老板说："我不在的这一段时间，你们的表现就是面试。很遗憾，你们没有一个人被录取。因为，本公司从来不录取那些乱翻别人东西、不懂得尊重别人隐私的人。"

学生们听了这个故事后，马上有人问："老师，什么叫隐私？"

"隐私就是属于个人的，与公共利益无关，不希望别人知道的情况。比如你们的个人资料、个人物品等，都是你的隐私的一部分。"

可是，王老师的解释还是让一些学生摸不着头脑，她又说道："比如有的同学总喜欢翻爸爸妈妈的包。其实爸爸妈妈的包就是他们的隐私，我们如果随便翻看，就是不尊重爸爸妈妈，侵犯了他们的隐私。如果你想看的时候，你就应该取得爸爸妈妈的允许。"

学生们恍然大悟，原来这也属于侵犯别人的行为呢！

王老师紧接着又让同学们说一说怎样是不侵犯别人的隐私，怎样是保护自己的隐私。

学生们经过热烈的讨论，总结出以下的内容：

在学校：

1. 不乱拿同学的东西（学习用具、生活用品等），即使是好朋友的物品也要先经过本人允许。

2. 同学的书包、抽屉不随便乱翻。

3. 到老师办公室要先敲门，说一声"老师，我可以进吗?"经过老师同意方能进入。

4. 去老师的办公室不乱动老师办公桌上的东西。

5. 同学的日记未经允许不要看，若知道了同学的小秘密要给同学保密，不乱传。

6. 不打扰他人的学习、休息、工作和生活，一旦妨碍了他人要及时道歉。

在家里：

1. 未经允许不进入他人房间，即使进父母的房间也要敲门。

2. 去别人家玩，不乱翻别人家里的东西。

3. 休息或工作时，不去打扰，一旦妨碍了父母要及时道歉。

4. 爸爸妈妈下班了，不乱翻爸爸妈妈的包。

5. 父母不在家，不乱翻父母用的抽屉或柜子。

6. 学会保护自己的隐私，自己家的电话号码、父母的工作单位、姓名、家里的收入情况等不要随便和别人说。

最后，王老师很高兴地说："我希望同学们无论是在学校，还是在家里，都能做到尊重别人的隐私，给别人留更多的空间！"

我"私"故我在。每个人都有一些纯属于我们自己的东西，不愿随便受到来自他人的，甚至来自公共权力机关的侵入和干扰。

标志一个人人格的要素有很多，但"隐私"绝对是其中很重要的一个方面，它是人格尊严的体现。

尊重隐私，可以使我们每个人实实在在地感觉到，作为一个人，我们是因为有自己的独立的人格而存在的。

案例分析

人是一种社会的动物，关注别人的言行举止是人的一种本能。而且当有下面几种情况发生时，这种对别人关注的本能还会增强。

比如当一个人爱上另一个人的时候，他会不由自主地关注对方的一举一动；

当对方和自己有一定的利害关系时，也会让自己去关注，这个时候，人们对别人的关注其实也是对自己的关心；

还有就是对方是一位名人，受到的关注也会比较多。因为人有向上意志，总想出人头地。要想出人头地，就要向成功人士看齐，因此，人们会加倍地关注名人。

这些都是比较正常的现象，但是，无论对谁的关注，都应该在不损害别人的利益，不侵犯别人的隐私的情况下进行。

但是，很多人往往掌握不好这个分寸，而大大影响了别人的生活，比如一些疯狂的追求者；还有的人看到由于客观条件的限制，平民百姓了解不到名人的生活，这种关注难以得到满足时，便开动脑筋，想方设法探得名人的私生活，并把其抖出来以吸引人们的目光，从中渔利。比如一些娱乐新闻的记者就喜欢干这种勾当。

还有些人除了受经济利益的驱使以外，可能还有不同程度的窥视癖，他们通过窥探别人的隐私而得到快感。

正是由于这些人的存在，人们的隐私才受到了侵犯。生活变得赤裸裸，没有自己的空间，一举一动都被暴露在光天化日之下。对于任何人来说，这样的生活都是很可怕的。

这种情况严重时，不仅损害个人的身心健康，而且还会引起社会的骚动。因此，尊重隐私的教育，培养尊重隐私的习惯，不仅关系学生的成长，也关系到全社会的精神文明。

学生和已经进入社会的成年人之间存在着一定的不同，教师在培养其尊重别人隐私的习惯时，也要采取适合学生的方法：

1. 培养学生尊重他人隐私的习惯应首先从教师自身做起。

教育学生尊重别人隐私，其积极意义自不待言。然而生活中，经常有老师或家长翻看学生的日记或信件，引起很多学生的反感。

某些教师总把学生当成小孩子，而不能像对待成人一样郑重其事地对待。其实不管是多小的孩子，都有自尊心，都有自己的"隐私"。

和成年人们相比，孩子们的自尊心可能更强，也更脆弱，他们宁愿小朋友知道自己的"小秘密"，也不愿意大人们去谈论自己的"小秘密"。

保护和尊重孩子们的隐私，给他们一片快乐纯净的心灵空间，是为人师表者应该具有的道德风范。这也属于师德范畴，是每一位教师都应当认真遵守的。

要想让学生养成尊重他人隐私的习惯，首先需要老师们尊重和保护学生的隐私。

如某市一小学二年级学生小明，在做课间操时尿急憋不住，尿湿了裤子。正当他不知所措时，细心的班主任张老师发现了这个"小秘密"，张老师没有声张，而是赶紧打电话请人送来一套孩子的冬裤。

在校长办公室里，张老师把窗帘拉上，帮小明换上了干净的衣服，又不声不响地送他回班上课。

这位冯老师是很了解孩子的"小心思"的，所以她充分尊重并保护了孩子的隐私，给了小强"悄悄式"的关爱。

2. 培养学生尊重他人隐私的习惯应从小事做起。

侵犯别人隐私的行为是各式各样的，性质的恶劣程度和行为发生的人群也有很大的不同。诸如跟踪明星、偷拍名人的生活这样的事情就不太可能在学生中发生。

因为学生的生活相对是比较单纯的。但这并不表示他们的生活中不存在侵犯别人隐私的行为。有很多学生平时不注意的小事其实都侵犯了别人的隐私。

诸如进别人的房间不敲门、询问同学家里的情况、随便拿别人的东西不打招呼、翻看同学的日记和家长的信件等。

教师应在这些小事上教育学生，使之明白这些都是不尊重别人的隐私的行为，同时也是不文明的行为。

如北京市海淀区第4次少先队代表大会上，12万多名少先队员首次被要求养成10个这样新颖而容易做到的好习惯，其中之一便是"保护隐私，别人的东西不乱动"。

代表大会上的老师说："'保护隐私'的好习惯具有广泛意义，对每个阶段的人来说都代表着不同的意义。而对于小学生来说，保护隐私的具体要求就是诸如不乱动别人的东西之类的小事。"

3. 培养学生尊重他人隐私的习惯应先教育学生懂得保护自己的隐私。

从心理学上讲，人兼有表现和隐藏两种心理需要。表现是为了引起别人的注意，隐藏是为了避免受伤害。

在一个群体中，强者喜欢引人注目而不怕受伤害，弱者害怕受伤害而竭力隐藏自己。

从某种意义上讲，显示就是威慑，暴露就是进攻。暴露自己等于向别人发起进攻，暴露别人是为了更好地发起进攻。

但是，自我暴露会使自己受到伤害。因此，适度的自我隐藏总是必要的。教师应该教学生学会如何保护自己的隐私，怎样适度地自我隐藏。

当学生懂得为什么应该自己保护，什么情况下是属于别人对自己的侵犯时，推己及人，也就自然能明白怎样做才是尊重他人的隐私了。

目前，在网络上，"偷窥"成为一种时尚消遣，给成千上万的人带来了某种"愉悦"；在电器行，可以看到形形色色的微型摄像探头在柜台上一字排开……

难道是高科技让我们暴露在空气中的吗？

当然不！

这是因为很多人忘记了道德，尊重他人隐私的习惯已经被他们抛弃。

在人际交往中，人们普遍讲究尊重个人隐私，并把尊重隐私看成一个人在待人接物方面有没有教养、能不能尊重交往对象的重要标志。

为了学生人格的健全，教师应该从自身做起，从小事做起，从不乱动别人的东西做起，提出对学生来说切合实际的要求，培养学生保护自己的能力和尊重他人隐私的习惯！

习惯培养高效细节之学会分享

通过情境教学培养学生分享的习惯

> 快乐有人分享，也就分外快乐；一个人再怎么幸福，没有外人知道，心里也不满足。
>
> ——〔法〕莫里哀

从幼儿园到小学、中学，甚至是走入大学，走上社会，我们经常会看到类似的情景：

幼儿园里的孩子为了争玩具、抢东西而产生诸多小摩擦，有时还会动手打人；

为了获得优秀的成绩，一些小学生、中学生置同学学习上的困难于不顾，只管自己埋头学习，有时还会嘲笑他们；

因为争名夺利，有一些大学生往往独占研究成果，拒绝同学的参与和分享；

充满竞争的社会中，更多的人为了自身的利益，陷别人于困境之中，只顾自己的安逸享受；

……

为什么会出现这么多这样的事情呢？

原因就在于，这些人从小就没有树立起分享的意识，没有培养出分享的习惯，所以，他们习惯了掠夺，习惯了侵占，却恰恰忘记了分享的快乐和满足！

现在的学生大都是独生子女，是家庭中众多成员关怀、照顾的唯一对象，他们早已习惯了家长的呵护和关爱，所以往往以自我为中心：自己的东西谁也不能动,别人的东西却乐于接受,更不知道如何去关心别人,互相帮助的观念非常淡薄……

这对学生的健康成长显然是十分不利的。

一个人生活在社会里,如果没有别人的帮助与合作,将寸步难行、一事无成。而一个在物质上和精神上能够同别人分享的人,才真正是一个心理健康、人格健全,为社会所需要的人,才会很好地与他人相处,很好地适应社会环境。

据资料记载,在1991年联合国教科文组织召开的国际会议中,就曾提出了关于学会分享的主题。而"地球村""地球公民"的称呼,更是反映了现代人类相依、相存、相互联系的状况。

分享,也是我们中华民族的优良传统。"有福同享,有难同当",这句家喻户晓的俗语便是最好的例证。因此,在新《纲要》中,国家就把让学生学会分享明确列入了社会领域的教育内容中。

面对全球发展的总体趋势,面对社会进步的相容规则,面对传统美德的必然诉求,面对学生目前存在的种种"独占""霸占"的行为,我们这些教育工作者有必要进一步地认识到——必须重视培养学生的分享习惯!

经典案例

宋静是温州市龙湾区实验小学的一名十分出色的教师。她所负责的班级有很多学生都是独生子女,他们都或多或少地存在着自私的毛病。为了改掉这些学生身上的坏毛病,宋老师绞尽脑汁,安排了一堂别开生面的德育课。

上课之初,宋老师先把拿着东西的那只手背在身后,说:"同学们,今天老师带来了一样吃的东西,猜一猜,会是什么呢?"

学生们猜来猜去,都没有猜出正确的答案。

这时,宋老师把东西拿到了学生们的面前:"瞧,老师带来了六个苹果。"

说着,宋老师就咬了一口苹果:"哇,甜甜的,真好吃!"

然后,宋老师指着六个苹果问道:"同学们,当你一个人拥有这六个苹果的时候，你会怎么办？"

学生们立刻"踊跃"地回答：

"我会全部吃掉！"

"我会每天吃一个，直到吃完为止。"

"我首先要给老师一个，剩下的自己吃！"

宋老师没有对学生们的这些回答立刻作出评论，她只是突然走下讲台，把一个苹果拿给一名学生吃，并问他："吃在嘴里，是不是甜在心里？开心吗？"

学生回答："开心！"

宋老师问："为什么这么开心？"

学生回答："因为这是老师给我吃的。"

宋老师说："瞧，一份快乐，两个苹果，两个人分享，就成了两个人的快乐。那么，如果是六个苹果，六人分享，那不就是六个人的快乐了吗？所以，你们不应该一个人就把这六个苹果全部吃掉。

"你一个人把这六个苹果吃掉，你吃到的也只是一种苹果，只是吃到了一种味道。但假如你把六个苹果中的五个拿出来给别人吃，尽管表面上你少吃了五个苹果，但是实际上你却得到了其他五个人的友情和好感，以后你还能得到更多。

"当别人有了别的水果的时候，他也一定会和你一起分享。你会从这个人的手里得到一个橘子，从那个人手里得到一个梨，最后你可能得到了六种不同的水果，六种不同的味道，六种不同的颜色，六个人的友谊。

"同学们，学会与人分享，这个收获远远超过了你一个人把六个苹果吃掉的收获，因为你与别人分享了五个苹果而获得的，绝不是水果本身。"

听了宋老师的话，学生们似乎都有所触动，一个学生突然站起来说道："老师，我懂了，我应该把我所有的东西与大家一起分享，如果我有六个苹果，就应该尽可能地同更多的人分享。"

看着这个勇敢的学生，宋老师说："你是一个非常懂事的孩子，希望你以后也要保持与别人分享的习惯。"

宋老师接着说："我相信同学们都是非常懂事的孩子，相信你们都懂得与人分享的道理。"

然后，宋老师像变魔术似的拿出了一篮子的水果，什么橘子、香蕉、葡萄……宋老师微笑着说："你们也想吃了吧，别急，老师这就让大家一起分享这些水果。"当然，这一次学生们个个吃得都很开心。

宋老师说："同学们吃得多高兴呀，平时一个人吃东西有今天这么开心吗？"

学生齐声回答："没有！"

宋老师问："今天为什么这么开心呢？"

学生纷纷抢着回答：

"因为今天是大家一起吃。"

"因为今天的水果是老师给我们的，所以很开心。"

"因为今天我们是和老师一起吃的。"

……

宋老师总结道："瞧，一份快乐，大家分享，就成了大家的快乐。今天我们不仅要分享吃的快乐，还要分享更多其他的快乐。同学们，把你们带来的东西都拿出来吧。"

学生们把老师前一天要求带的物品都拿了出来，真是非常丰富，有各种玩具，有各类童话书、漫画书等。

宋老师高兴地说："很多同学都带来了玩具，谁愿意把你的玩具介绍介绍？"

三名学生自告奋勇地走上讲台，把他们的玩具介绍给全班同学。

宋老师问他们："你们愿意把自己的玩具给全班同学玩吗？"

学生爽快地回答道："愿意。"

宋老师立刻夸奖道："真是大方的孩子！"

宋老师接着又转向其他学生："同学们，你们想玩吗？"

一些学生立即大声地回答道："想！"

接下来，学生们非常有礼貌地互相交换玩具，或者借别人的玩具玩，整个课堂都洋溢着一种欢乐的气氛。

玩玩具的活动告一段落后，宋老师说："我看到还有几位同学把书都带来了，谁愿意介绍介绍你的书？"

拿来书的那几名学生陆续走上讲台，讲述了书的内容和自己喜欢的理由，台上的学生讲得兴高采烈，台下的学生听得兴趣盎然，大家都沉浸在分享知识的喜悦之中。

宋老师对台上的几位学生说："谢谢你们让我们长了见识！那么，其他同学又有哪些知识也是从课外书中得到的，说出来，让大家也长长见识。"

又有一些学生走上讲台，讲述了自己所知道的知识和所获得的经验，每个人的脸上都洋溢着幸福的光彩。

宋老师总结说："一本好书能给我们带来很多知识，把这些知识跟小朋友分享，也是很快乐的。其实，快乐的事就像天上的星星一样，多得数也数不清。我们大家不妨把它们都说出来，跟大家一起分享，好吗？"

讲到快乐的事，学生们都抑制不住自己激动的心情，抢着将生活中或学习上自己认为最快乐的事说出来，与大家共同感受快乐，课堂上时不时爆发出欢快的笑声。

宋老师最后总结道："同学们，当你有了快乐，可别忘了，一份快乐，大家分享，便成了大家的快乐！老师祝愿大家永远是快乐的小天使！"

分享，意味着学生必须走出以自我为中心的世界；

分享，意味着学生必须懂得走进他人世界的重要性；

分享，意味着学生必须重视平等地给予，而不是对他人有所求。

教师应该通过从小培养学生的分享观念来健全其人格，让他们懂得与别人分享是一件快乐的事情。只有这样，学生才能够改变以自我为中心的心态，提高自身素质的发展。

当学生养成了与人分享的习惯时，他就会认识到，分享是社会的需要，是道德的追求，更是一种精神上的食粮！

案例分析

分享，是指学生将自己拥有的物质或所支配的物质或者事件、欢乐、幸福、好处、机会等与别人一起使用、体验的行为，如图书、玩具、食品、一件好事等。

好习惯造就好品质——品质习惯培养

分享行为既是一种综合性行为，也是社会性行为的一个重要方面。教师应该通过有目的的情境教育和日常生活，来培养学生自发的分享行为，让学生充分体验给予及被给予带来的快乐和满足，以及人与人之间的温暖和爱。

宋老师显然是个中高手，她充分利用现实情境，让课程源于生活——从吃入手，一开始便和学生共同分享水果，通过给一个学生尝，两个学生尝，全班学生尝，让学生切身体会到了"一份快乐，大家分享，便成了大家的快乐"的道理。

事实上，学生们的年龄决定了他们听不进去太多的大道理，反而是经常在日常生活中发生的小事会对他们产生潜移默化的影响，会让他们在不知不觉中懂得道理，养成习惯。

所以，教师一定要注意自己的教育方式，不要强行灌输他们分享的观念，应该寓道理于情境之中，让他们自然而然地养成分享的习惯。

1. 营造亲密、信赖的和谐氛围。

要形成分享意识，首先便应使学生有信任对方、关爱对方的心理，所以，教师必须在师生之间、学生之间建立信赖和亲密的感情，这是基础。

教师可以通过多种游戏培养这种氛围，如"猜猜我是谁""扫落叶""占圈"等，学生们在游戏中会从陌生到熟悉，直到互相合作，亲密无间。

2. 树立分享的榜样。

教师在学生心目中有很高的威信，教师与教师之间的关系会对学生产生直接的影响。如两位教师制作教具时共用一把剪刀，两人使用同一份教材时亲密、信任的表现，会在无形中为学生提供积极的行为榜样。相反，教师间的某些独占、独享行为也会对学生产生消极影响。因此，教师应注意自身的行为，为学生树立正面的榜样。

当然，同学也是学生观察、学习的榜样，教师对有分享行为的学生的积极评价和鼓励，会激发其他学生向他们学习。所以，引导那些分享意识能力强的学生与能力弱的学生一起学习或游戏，也不失为一种树立榜样的好方法。

3. 创造分享的机会。

教师既不要放过每一次让学生合作的机会，同时还要有意识地为学生创造、提供分享的机会，让学生在实践中学会分享。比如，体育活动中的各种竞赛，就可以为学生提供大量的学习与实践合作的机会。

4. 适用符合年龄的分享方法。

学生可能不会在需要分享的情境中自发地表现出分享行为，也可能不知如何选择恰当的分享方法，这就需要我们教给学生分享的方法，指导学生怎样进行分享。

比如，当一个学生拥有一本漂亮的书时，教师可以让学生们展开讨论：想借阅这本书吗？如果想，该怎么办？经过讨论，学生们就会了解到，应该有礼貌地向同学借，并且阅读时应爱惜书本，及时归还；对那些不守信用、不爱惜物品的学生可以拒绝分享。

当学生们都想玩对方的玩具时，教师要针对不同的情况，给予不同的建议。如："你们商量着玩，好吗？""你应有礼貌地说'我们一起玩吧'。"这样一来，学生们就会逐渐掌握正确而恰当的分享方法。

与物质分享相对应的还有精神分享。教师应该经常用欣喜的口吻赞扬学生的进步；请学生们讲述自己的快乐、悲伤与愤怒，使学生们初步了解、感受分享快乐与悲伤等精神及情感的重要意义。

一个哲人曾经说过："你若有一个苹果，给了朋友，你便没有苹果了；你若有一份快乐，告诉朋友，你便拥有了两份快乐；你若有一份悲伤，告诉朋友，你的悲伤很快便会消逝。"

分享是学生获取快乐的一种较高层次的行为，教师应该帮助学生逐渐学会分享，懂得将自己喜欢的东西与别人一起分享，从而培养学生良好的行为习惯与健康人格。

习惯培养高效细节之鼓励竞争

鼓励是竞争意识萌发的催化剂

> 人生的每一天都在胜负中度过,一切都以竞争的形式出现。
>
> ——〔日〕大松博文

现代社会是一个竞争的社会,人们的竞争意识也越来越强,竞争甚至已成为现代人一种极为重要、普遍存在的习惯。

竞争意识,是人们在长期的社会实践活动中形成和发展起来的,具有高度的社会性。它有着非比寻常的重要意义:有了竞争意识,整个社会才有活力;有了竞争意识,一个人才有奋斗的动力。

如果一个人没有竞争意识,必将一事无成;如果整个社会没有竞争意识,将不能前进、发展。

新世纪的竞争将是人才的竞争,人才的竞争实质上是教育的竞争,因此我国的教育必须面向现代化,面向世界,面向未来。

教育的根本目的在于培养人,使受教育者在受教育过程中不断提高,健康成长。显然,从现代社会发展的要求来看,实现这一目标最重要的一项任务就是培养学生的竞争意识。

培养学生的竞争意识,能够激发学生强烈的求知欲,让学生的才能在激烈的竞争中得到充分展示,使学生的自尊心、自信心不断得到加强。

学校和教师把竞争意识引入教育教学中,是提高教育教学水平、实施素质教育的一个重要途径。同时,也是严格培养学生竞争意识的行之有效的方法。

经典案例

李金池,1982年大学毕业,是我国恢复高考制度后的第一届大学毕业生。

当时,国家人才奇缺,大学毕业生可谓凤毛麟角,李金池可以选择的职位有很多,如到市委当干事,到大企业做管理等,但他却毅然决然地选择了成为一名人民教师,他说:"这个职业最适合我。"

1992年,李金池被提升为衡水中学校长。在培养学生养成良好习惯的同时,李金池一直提倡培养学生的竞争意识。到过衡水中学的人几乎都听到过这样一句口头禅:"两眼一睁,开始竞争!"

每天早晨在15分钟内,学生穿衣、洗漱、整理卫生,然后到操场列队出操,学校的检查人员则在此时开始察看卫生情况。

在这短短15分钟里,学生们养成了:很好的习惯,他们争起床的速度,争宿舍的卫生质量,争到操场列队是否整齐,争口号是否喊得响亮……

在这里,既有速度的竞争又有质量的竞争,学生们就是在这种竞争的环境中开始每一天的学习与生活的。

校长李金池经常说:"一日之计在于晨,每个学生都应该以竞争的意识开始自己新的一天!"

早操之后,又是一系列的"争":

学生们跑着进教室,争着当第一,上自习时争的是学习的效率;

学生与学生之间,宿舍与宿舍之间,小组与小组之间,班与班之间,凡是学校所提倡的,事事、处处、时时都会充满竞争。

每周一的早会上,李校长会宣布上一周争得第一的班级,并且鼓励他们再接再厉。久而久之,学生在竞争中展现出来的"今天你超我,明天我超你"的精神仿佛已经成为了衡水中学的校训。

衡水中学还会时常举行隆重的运动会,这不仅是衡水中学体育运动水平及全体师生精神风貌和道德素养的一次检阅,也是对运动员的身体素质、竞技才能、心理承受能力等综合素质的考验,更是各个比赛队群体意识、竞争意识、团队精神、顽强拼搏精神的综合展现。

运动场上，运动员们朝气蓬勃、意气风发，他们正在为集体的荣誉而努力地拼搏着；运动场外，拉拉队的队员们齐声加油呐喊着，每一份激励运动员的稿件，都记载着所有同学对运动员的关心和鼓舞。

而教师、裁判员和其他同学们更是不怕辛劳，兢兢业业地为运动员们服务。

在比赛中，学生们不仅培养出了一种竞争的意识，而且还从中体验到了"重在参与"的精神，使整个运动会场都充满了竞争、团结、活跃的气氛。

除此以外，李校长和学校老师还经常鼓励学生们去参加校内外各种有益身心健康发展的比赛，借此培养他们的竞争意识。

2001年12月，全国"礼仪大赛"开始报名，黄晓丹等许多学生听说后，纷纷想去参加比赛，但是她们怕学校不同意，受老师的批评，所以就打消了这个念头。

李校长知道后，对她们说："你们为什么不去？这是一件好事，老师不仅不会批评你们，并且还要表扬你们这种展现自我的竞争意识，我相信你们的实力，去报名吧！"

在校长的鼓励下，黄晓丹等人经过数轮艰苦的竞争，终于获得了中国礼仪大赛衡水赛区冠军、河北赛区"最佳形体"奖杯。

满载而归的黄晓丹等人回来后，李校长专门为她们召开了表彰大会。黄晓丹面对全体师生兴奋地说道："我感谢我们的李校长，是校长给了我参与竞争的勇气。通过这次竞争，我实现了自我超越，从中获得了自信，品尝到了成功的喜悦。"

李校长所说的"竞争"，更是被学校的老师们运用得淋漓尽致，教学中，他们总结出了很多行之有效的培养学生竞争意识的方法，不仅唤起了学生们的自信心，而且也使他们产生了"他行，我也行"的竞争意识。

一批批的学生从衡水中学毕业了，他们不仅掌握了牢固的基础知识，而且还懂得了什么是竞争，学会了在竞争中享受快乐，在竞争中提高成绩的方法，使竞争成为他们的一种人生习惯。

竞争，是时代的要求，是社会发展的必然趋势。

竞争，是群体中的个体努力使自身胜过对方而表现出来的一种对抗性行为。

竞争意识，是指对外界活动所作出的一切积极、奋发、不甘落后的心理反应。

作为一名教师，要不断地向学生灌输竞争的思想，经常为他们设置竞争的环境，竞争的氛围；要学会通过鼓励的方法来培养学生的竞争意识，让学生从小就认识到社会竞争的必然性。

案例分析

我们说："一位好校长就是一所好学校。"的确，衡水中学之所以存在这样一种竞争的精神，一种竞争的氛围，应该说与校长李金池有着必然的联系。

那么，作为衡水中学校长，李金池是如何营造出这样一种竞争精神和氛围的呢？

毋庸置疑，正是李校长那殷切的鼓励，才使得几千人的学校始终处于一种长期的竞争状态，学生才会有意识地参与竞争，从而提高学校的整体教育水平的。

作为一名教师，你要知道，虽然学生的性格不同，家庭环境不同，但求学的最终目标是一样的，即学习更多的知识，寻求更大的发展，为祖国贡献出更多、更大的力量。

当学生们经过了十几年的寒窗苦读，而终于有了出头之日，可以为祖国贡献一己之力时，面对纷繁复杂的社会，有些人却被压力征服了，放弃了自己的理想；而有些人则迎难而上，充分发挥自己的潜力，不放过任何一个机会。

这其实体现出的就是一种深刻的竞争意识，而这也就要求教师必须学会对学生进行挫折教育，使学生能够正确对待竞争，从而提高自己对竞争的认知能力。

教师必须懂得鼓励学生，要告诉他们：

好习惯造就好品质——品质习惯培养

"真正的勇士不但不惧怕竞争,而且更希望竞争来临,因为只有竞争,才能显示出他们的实力;只有竞争,才能让他们脱颖而出。

"失败也是我需要的,它和成功一样有价值;失败是一种教训,它是情况好转的第一步;失败是成功之母,失败与挫折未必总是不好的,它们与成功有着内在、必然的联系。

"胜利了不要骄傲自满,要知道:一山还比一山高;失败了也不要放弃,要知道失败乃是兵家常事,只要找出失败的根本原因,就会有反败为胜的机会。"

教师给予的鼓励,对学生来说是一种学习的动力,他们会有意识地参与竞争,即使失败了也不会放弃,反而能够逐渐找到自己与别人的差距,并且转变自己的思维方式,再次振奋精神,直到获得成功为止。

作为一个知识的传承者,教师一定要学会通过鼓励来培养学生的竞争意识,让每个学生意识到自身存在的潜能是巨大的,要时刻鼓励他们,要让他们觉得"我是最棒的",从而使他们逐步参与到竞争中来。

在实际教学中,教师要想培养学生的竞争意识,可以从以下几方面来入手:

1. 在活动中争一争

教师可以把一个班级分为若干个小组,让每个小组成员在每个月轮流出一期黑板报。每期黑板报出完后,请美术老师和班干部给各小组打分。

相信为了取得好成绩,每一组的同学都会拿出自己的看家本领,并且显示出一种众志成城的决心。

这样一来,不仅黑板报的质量提高了,学生们的竞争意识也增强了,而且还能够让他们懂得团结同学和分工合作的重要性。

2. 在作业中争一争

教师可以根据学生学习成绩的好坏和思想的进退表现把学生分成好、中、差三个等级,然后将学生们分为几个小组,使各组成员的情况基本相同,然后推选出一名组长。

最后,教师再制定一个作业竞赛制度:作业分成优秀、良好、合格、不合格四个等级,优秀得3分,良好得2分,合格得1分。

同时,在教室里设立"竞争栏",把评分结果公布在竞争栏上,让学生们每天都能够看到自己的成绩，认识到自己的不足，从而激励他们自主学习。

3. 在生活中争一争

教师可以在学生的日常生活中，如礼仪、纪律、卫生等方面组织各个组交叉检查评比，互相监督，互相促进。可以给先进组分别挂上一面小红旗，美称"礼仪星星组""卫生小天使队"，等等。

当然，有些学生在参与竞争时也会流露出一些错误的倾向，甚至会在竞争中走极端。这就要求教师还要定时与学生谈心，引导他们正确地认识竞争的胜利与失败，引导他们要化竞争为动力，化竞争为一种上进心，不要进行不正当竞争。

竞争，是学生在现代社会生存的必备素质，没有竞争，无以求生存；没有竞争，无以求发展。

竞争，也是落实在学生日常行为习惯上的一种意识反应，是需要一点一滴积累而成的。

作为教师，必须善于通过各种方法来培养学生的竞争意识，使学生认识到自己的不足，并且逐步改善，从而在走入竞争激烈的社会后能够迅速融入其中。

记住，只要让你的学生拥有坚强的自信心和良好的竞争意识，他就一定能够获得成功！

习惯培养高效细节之除旧创新

勇于创新才能不断尝试新项目

> 如果没有独创精神,不去探索更新的道路,只是跟着别人的脚印走路,就总会落后别人一步;要想赶过别人,非有独创精神不可。
>
> ——华罗庚

创新,是一种意识,是一种能力。

创新是淘汰旧的东西,创造新的东西,它是一切事物向前发展的根本动力,是事物内部新的进步因素通过矛盾斗争战胜旧的落后因素,最终发展成为新事物的过程。

时代是不断飞速发展的,作为一名教育工作者,要为民族的振兴而重视学生的潜能开发,重视学生创新意识的培养,这是历史赋予我们教师的神圣使命。

培养学生的创新意识在于不断地推陈出新。没有推陈出新,世界就不会日新月异。学生只有生活在充满新意的环境中,才能有所发明,有所创造,有所作为。

这就要求我们教师,要通过创新意识来培养学生树立不断尝试创造新项目的习惯。教师要精心设计每一次新项目,精心组织每次活动,使班级各项活动呈螺旋上升趋势,永远给学生以启迪、希望,使学生永不满足,勇创佳绩。这样学生们才能够健康地成长。

美国著名学者乔治·奥威尔指出:一个新项目的产生,是经过无数次创新试验的结果,它不只是发生在实验室中,不只是一种知识体系,更重要的，它是人们在创新过程中养成的一种习惯。

假如教师在教育过程中只重视知识传授，而忽视对学生进行创新的思想、创新的精神以及科学方法的培养，将会使学生在处理问题方面缺乏创新的精神和科学的方法，那么他们就很难拥有创新的意识。

因此，作为一名教师，应该十分重视对学生进行新项目的启蒙教育，培养学生的创新意识，最终使学生将创新意识变成一种习惯，从而加强学生对创新意识的认知度。

我国著名教育家陶行知先生曾经说过："天天是创造之时，处处是创造之地，人人是创造之人。"

这句话充分说明了只要通过适当的教育培养，人的创造潜能就可以得到充分的发挥，创造发明是人人可为的事情。

作为教师要在学校中经常开展创新活动，要给学生制造更多的机会与条件，使学生的全面发展得到保障，从而培养学生的创新意识。

经典案例

1999年10月13日到16日，由中国机器人足球学会主办的首届全国仿真机器人足球赛在重庆举行。

中国科技大学首次组织机器人集训队参加了这一赛事，并夺得了冠军和亚军，为中国科技大学赢得了荣誉，并为推动机器人足球研究和教学在国内的普及和发展作出了贡献。

机器人比赛是具有很强观赏性和趣味性的高技术对抗赛，涉及人工智能、机器人学、传感、精密机构和仿生材料等领域的前沿研究和技术集成。

中国科技大学副校长程艺教授说："我们重视和支持开展机器人研究和各项竞赛活动，因为这对推动大学生课外科技活动与培养大学生科技创新能力、实践能力和合作能力，具有不可替代的作用。"

虽然这次比赛获得了良好的成绩，但是中国科技大学的学生并没有因这些荣誉而骄傲自满，他们从这次比赛中看到了自己的缺点，立志要吸收其他队的长处，来弥补自己的不足。

回到学校后，中国科技大学的学生们不断改进自己不完善的地方，他们坚信，通过自己的努力和不断的创新，还能够创造出更加惊人的成绩。

2000年6月，第二届中国机器人足球比赛由中国科技大学主办，在自己的地盘上，学生们为学校争得了荣誉，由他们带领的机器人足球队夺得了第二名的好成绩。

2000年9月，中国科技大学代表中国首次冲击世界机器人足球比赛。该校蓝鹰队参加了在澳大利亚举行的第四届机器人足球世界杯，在仿真组的比赛中，他们战胜了上届第五名的德国曼兹大学队等强手，表现不俗，获得第九名的成绩。

2001年8月，中国科技大学机器人足球队——"中国科大创新－蓝鹰队"启程征战美国西雅图，代表中国参加第五届机器人足球世界杯大赛。

中国科技大学蓝鹰队参加了仿真和四腿两大项目的比赛。在仿真组中，他们参加了踢球和现场教练员两个项目的比赛，分别获得第五名和第二名的好成绩。

2003年8月，在日本东京举行的首届亚广联大学生机器人大赛是举世瞩目的。当时，日本的机器人研究和制造水平世界领先，由兰长安教授带领的10名中国科技大学学生来到日本东京，这是他们第一次参加国际性的重大比赛。

第一次踏出国门的中国科技大学大学生们，面对强大的竞争对手，并没有被他们所吓倒，他们对答如流，经过层层地选拔，最终获得了第二名的好成绩。

2004年6月27日至7月3日，第七届机器人足球世界杯赛在葡萄牙里斯本隆重举行。中国科技大学蓝鹰队在本次大赛首次设立的3D仿真比赛中，经过紧张、激烈的角逐，在30多个参赛国家的球队中，取得了第五名的好成绩。

蓝鹰队本次参加3D仿真比赛是通过远程方式进行的，学生们克服了没到现场、看不到实战情况、无法及时对程序进行任何修改的困难，依然表现出色。这些获奖的"队员"，在8场比赛中能够保持不败，其成功的秘诀是引人深思的。他们的制造者都是一些普通学生，他们既有创新的奇思妙想，又有踏实苦干的精神。

赛场骁将——蓝鹰。蓝鹰在中国首届机器人足球比赛获得冠军；在第四届机器人足球世界杯赛中获得第九名的是四腿机器人蓝鹰。

蓝鹰的"父亲"，是一个叫杨斌的学生，看起来彬彬有礼，但是钻研起来却有一股狠劲。最初报名参与研制的有十几个人，因为是白手起家，困难太大，以至于其他人都陆续退出了。

但杨斌却仍然顽强地坚持着，他时常提醒自己："只有不断地创新，不断地改进，才能够取得最后的胜利。"

在陈教授的指导下，在新队友的帮助下，杨斌查阅了大量的国外资料，通宵达旦地做实验，经过无数次失败，终于使蓝鹰成为了赛场上强悍的杀手。

智能功勋——强强。强强是朱家翔和钟小强亲手打造出来的，他们的强强联手几乎是没有人能够抵挡的，因此他们被老师亲切地称为大强和小强，是他们给予了机器人强强生命。

在研制强强之前，朱家翔和钟小强只是在比赛时看到过类似的产品，但是其他人研制成功的机器人并没能取得什么卓越的成绩。因此，他们下定决心，一定要不断改进原有的机器人，创造出自己独特的新型机器人。

功夫不负有心人，经过朱家翔和钟小强的不断研究，终于创造出了具有现代智能的机器人。

指导老师兰长安说："正是因为他们能不断创新而且聪明能干，我才挑选了他们。"

当中国科技大学的学生们载誉归来的时候，学校的老师们并没有像其他学校那样给予学生奖励，而是不断地提醒学生："现代社会是一个推陈出新的社会，只有不断创新，才能够站在世界的前列！"

在老师的支持下，中国科技大学的学生们不仅研制出了可以进行足球表演的仿真机器人，而且还在此基础上，创造出机器狗表演、机器人舞蹈赛等。这些机器人、机器狗等全部是由中国科技大学12个院系的35支学生代表队参加研制的。

中国科技大学的副校长程艺教授说："中科大的机器人的确在国内外赛事中获得了很多的奖项，但是，从我们老师来说，最看重的不是夺冠、争荣誉，而是给学生提供一个机会，培养和激发学生的创新意识，这才是我们真正的目的。"

一个具有创新意识的人,会时时创新,处处创新,事事想创新。作为一名教师,要想培养学生的创新意识,就要让他们不断地尝试新项目的创新,只有这样才能激发学生的创新思维,从而使他们将不断创新变成一种习惯,主动地推陈出新。

培养学生的创新意识不是一朝一夕就可以取得明显成效的,它是一个系统的过程。这就要求教师在实际教学中必须有一个循序渐进,长期坚持的责任心,使学生拥有一个更加广阔的发展空间。

案例分析

在中国科技大学的校园内,不论有没有国际、国内的赛事,学校都会召开一年一度的机器人比赛活动,其场面总是如火如荼。

在中国科技大学读书的学生们,都普遍养成了一种创新的意识,而且有的学生还创造了不止一种科学产品。面对荣誉,他们说:"创新不仅仅是为了比赛争名次,而是为了实现自我存在的价值!"

一句多么简单的话语,但它所表现出来的却是影响一个人一生的习惯。只有创新社会才会进步;只有创新,才能有超越自我的能力。

在医院的手术台前,机器人在为病人做开颅手术;

在远离地球的月球表面,机器人在代替人类采集月球的标本;

在未来的战场上,可能有一种体积宛如昆虫的武器,竟能使一座城市的电力全部陷入瘫痪……

这些并不都是科学幻想,有些人类在不断创新的基础上已经成为现实,有些在不久的将来即将变成现实。

作为一名人类灵魂的工程师,就要在平时的工作中注重培养学生的创新能力,使学生在创新中掌握更多的知识,使他们成为国家的栋梁之材。

身为一名教师,要知道,一个好的提问往往比一个好的回答更有价值。学生时代是人的一生中最具创新潜能的时期,教师应该学会保护学生的好奇心，鼓励他们多问"为什么"，给他们播下创新的火种，让他们擦出创新的火花。

学生的本性是活跃的，他们的思维无论在课内还是在课外，都处于一种被激活的状态，他们无时无刻不想去探索、去开发新的领域。而在这关键的时刻，就要看教师如何培养学生的创新意识了。现提供几项方法，供教师参考：

1. 在学科教学中渗透创新意识

教师要在学科教学中吃透教材，要经常对学生提出问题，并且时刻注意提问的方式方法，这样会在不知不觉中向学生渗透创新意识，这种方法不仅能够让学生更好地掌握知识，而且还能够活跃课堂气氛。

2. 在实际生活中发挥创新意识

现实生活是丰富多彩的，也是千奇百怪的。有许多现实生活中的知识是学校的书本上学不到的，这就需要教师带领学生走出课本，与实际生活联系在一起，充分调动学生的创新意识，让他们的创新有一个更加广阔的用武之地。

3. 通过学生自主地提问来培养学生的创新意识

对于一个成长中的学生来说，他也许会经常提出一些稀奇古怪的问题：

为什么人感觉不到地球的转动？

为什么向日葵向着太阳转？

牵牛花的茎旋转有规律吗？

为什么变色龙会变色？

宇宙太空有外星人吗？

……

作为教师，要对学生的提问给予正确的回答，只有这样才能激发学生的求知欲望，从而提高学生的创新能力。

学生在面对形形色色的问题时，我们教师不仅要鼓励学生的新发现，更有职责告诉他们"是因为什么"，但最重要的是要引导他们去自行探索获取答案。

西方哲人劳厄说："重要的不是获取知识，而是发展思维能力。"只有当学生的创新思维能力提高了，学习成绩才会有明显的上升。

在这个世界上不会有两片完全相同的叶子,同样,在这个世界上也没有两个完全相同的人。面对个性各异的学生,我们教师要通过创新的意识去培养学生不断尝试新项目。

陶行知先生说:"让我们解放眼睛,扔掉有色眼镜,要看事实,看未来;解放头脑,撕掉精神的裹头巾,要想得通,想得远;要解放双手,甩去无形的手枷,大胆创新,向前开辟;要解放空间,把学生从文化的鸟笼里解放出来,飞向大自然,让学生们在大社会中去寻觅,去捕捉新的知识。"

教师们,让我们勇于发掘学生们的创新潜能,促进学生个性和谐的发展,努力培养创新型人才吧!因为,只有不断创新,社会才会进步,国家才能发展!

习惯培养高效细节之保护环境

深化环境意识,培养学生文明的行为习惯

> 能够自由地形成习惯的人,在一生中能够做更多的事。习惯是技术性的,因此可以自由地形成。
>
> ——〔日〕三木清

我国著名教育家叶圣陶先生曾经在《习惯成自然》一书中说,要养成习惯,就要随时随地地加以注意,躬行自践,才能收到良好的效果。

孔子说:"少若成天性,习惯入自然。"

我们仅以随地吐痰为例。如果要问,在公共场合什么警示最多?

那无疑就是"禁止随地吐痰"。

它不仅在公园里被写上木牌,写上广场的铜牌,而且,在学校里还被做成警示性标语,张贴在各处。它们时刻提醒学生及社会上的每个公民,摒弃随地吐痰这种不文明的行为,做一个有良好生活习惯的人。

也就是说,不随地吐痰,既贵在自觉,也贵在要养成良好的文明习惯。

众所周知,习惯是行为的自动化的结果,即在什么情况下就会按什么规则去自动行动。而习惯一旦养成,就会成为支配一个人一生的一种巨大力量。

当然,习惯有好坏的分别,好的习惯应该保持,应该发扬光大;坏的习惯则会误导人形成错误的观点和行为,乃至会影响到人们对人、对事的不良态度和消极反应,必须坚决予以抛弃。

既然习惯能够决定一个人的成败,那么,教师应该从小就教育学生养成

良好的文明习惯,培养学生不随地吐痰的公德意识。

虽然就连图书馆阅览室的墙上《读者须知》里也总是有"勿大声喧哗,勿随地吐痰"的警示,但社会上的"大多数人"直到步入社会,在"不随地吐痰"这一条上却还是连小学都毕不了业。

由此可见,不随地吐痰绝不是文化水平高低的问题,而纯粹是一个习惯问题。

随地吐痰虽然不是最坏的习惯,但我们也应该承认,大到社会上的公民,小到学校里的学生,做得并不尽如人意,以致它还是一种随处可见的"自然现象",还不是一种人人鄙视的不良行为。

而随地吐痰这种不良行为之所以根深蒂固、"如影随形",关键在于它是中国几千年来形成的不良习惯。而除掉这种不道德、不讲卫生的恶习,形成一种良好的文明风尚,一是有赖于学生从小就养成自觉的习惯,二是教师的培养在其中起着不可忽视的作用。

从社会公德、文明、环保和卫生等方面讲,任何学生都不应该随地吐痰,这个警钟应该时刻在学生耳边敲响,并身体力行。

但要确实做到这点,教师就要教育学生从小事着手,从自身的控制和对其他人的不文明抵制做起,使学生们逐渐养成行为文明习惯。

经典案例

陆元华是江苏省淮阴市金湖中学的一名教师,也是学校的先进工作者之一。

一段时间内,陆老师的班里卫生状况非常不好,尤其是室内地面的卫生状况:刚刚扫过、拖过的地面,不一会儿就又零星飘下一些纸屑,而随地吐痰、随手乱扔杂物、纸屑的现象更是屡禁不止。

常规检查时,教室卫生多次被扣分。这不仅反映出同学们对环境卫生的爱护意识很差,更从一个侧面反映了有些同学对日常生活中的一些不文明行为的忽视。

为此,陆老师曾经找个别同学谈话,甚至在班会上点名批评,但收效

甚微。

为了根除乱抛乱扔现象，培养学生的卫生文明习惯，陆老师主持召开了一次关于教室卫生方面的主题班会。

陆老师在会上分析了教室卫生状况差对班集体造成的危害，以及作为一个学生应如何爱护环境，讲究公共卫生，注意自己的文明行为和社会公德，并让学生们自行讨论如何防止随地吐痰，随意乱抛杂物、纸屑的现象的发生。

就在学生们热烈讨论之际，陆老师从包中拿出一叠塑料袋，说："我们班将开展一次'争创无纸屑、杂物教室'的活动。认为自己有能力、有毅力做到不随手乱抛乱扔的同学可以到我这里来领一个塑料袋，认为自己还一时做不到的同学可以先不领，等到认为自己能够做到后再到我这儿领取。同学们赞成不赞成？"

同学们立刻唧唧喳喳地议论开了。有学生问："万一有人以后还是不把废纸、杂物放进袋中而随意乱扔该怎么办？"

"这个问题问得好，同学们认为对于违反这个规定的同学又应该如何处置呢？"陆老师反问道。

于是同学们又议论开了，有的说"让他为班级扫地一天"，有的说"让他在全班做检查"……"这时班长曾璇说："不如让他为班上的同学义务清理一星期塑料袋吧！"

这个主意蛮好的，同学们纷纷表示赞同。

一些学生迫不及待地从陆老师手中领来了塑料袋，也有一部分同学犹豫不决，似乎在考虑到底是拿还是不拿，最后还是咬咬牙从陆老师那儿领了塑料袋。

同学们将塑料袋挂在自己桌子旁的钩子上，纷纷表示一定要使教室变成一个无纸屑、无杂物、无痰迹的干净整洁的教室。

每位同学都将废纸、杂物放入塑料袋中，值日生也按时将袋中的杂物清理干净，并重新放回到原来的位置。

连续几个星期过去了，班级再也没有发生随地吐痰、乱抛果皮、乱扔纸屑等现象，教室里显得特别干净整洁。

教室内的卫生情况有了很大的改善，同学们正在逐步养成废物入袋的习惯。

然而,问题突然出现了,一名原来经常喜欢在班上吃零食,乱抛果壳、包装袋的学生,因为一时疏忽,把放在自己口袋中的一些瓜子洒落到自己的座位旁边,等到值日班长发现时,已经被检查常规的同学扣了分。

全班的同学都很气愤,纷纷要求对他进行惩罚;他自己也显得十分懊恼,并主动向值周班长要求为班级清理塑料袋一星期。

为此,陆老师又召开了一次关于"环境教育"的主题班会,充分地肯定了近几个星期来同学们的努力。

同学们都已经能够在思想上认识到保持教室整洁干净的必要性,现在最关键的一步同学们已经做到了,重要的是大家要能够坚持并保持下去,要能够养成习惯。

不仅在教室内要自觉遵守,同时在教室外、公共场所、家中也要养成习惯,给自己、给大家一个干净整洁的环境。

一个学期又要结束了,全班同学再也没有出现一次乱抛、乱扔的事情,教室里显得更加干净整洁。

同时,通过这次活动,我们发现,教育是一门艺术,教师的职责不是按照自己的思想去改造学生,而是去唤醒他们,让他们去积极参与班级的管理,并在参与管理的过程中进行自我教育。

随地吐痰的习惯真的很令人讨厌吗?难道它不仅仅是一种个人行为吗?

发生在罗马酒店的一幕,应该对我们的教师和学生在培养什么样的习惯上有一个更深刻的触动和警醒!

2003年7月,在意大利罗马,我国一名记者在其下榻的一间叫MER-CURS ORBLS的酒店的电梯门上,看到了用钢笔书写的,并且是描粗了笔画的四个中文大字"请勿吐痰"。这四个字在这美丽的整洁的酒店里简直是太刺目了!

更让人脸红的是,酒店里使用的是意大利语言,而酒店服务单上有三种文字,意大利文、英文、日文。中文在这些冠冕堂皇的地方都排不上号,却在电梯门口以警告的形式出现!

可见,中国人吐痰的习惯是多么的令人厌恶。其实,意大利,尤其是罗马，是一个很能包容人的地方，悠久的文化和地中海的浩瀚塑造了它的热情与宽广，所以，发生了这样的事情，要怪恐怕就只能怪我们中国人没有养成这个文明的好习惯。

所有这些，都不容置疑地要求我们，养成好的文明的习惯，要从小抓起，从学生时期开始教育，而这正是教师义不容辞的责任！

案例分析

环境卫生的好坏和文明道德水平的高低程度是分不开的，因此，这就形成了一种特别的行为准则——环境道德。

环境道德是指人们为维护人类生存和持续发展所必须正确处理的人与环境关系的行为准则，它是全人类的社会公德，是思想品德中的重要内容。

环境道德水平的高低，不仅关系到一个学生的文明成长，更关系到人类能否可持续发展，甚至制约着每一个国家的生存与发展。

环境道德涉及人们生活的各个方面，平常看起来似乎是日常小事，实际上却极为重要。

比如随地吐痰，这被认为是最不道德、最不讲卫生的行为习惯之一。

医学专家曾指出：某个人患了肺炎，他吐出的痰中的唾沫蒸发到空气中，就会污染空气、传播肺炎，使更多的人染上疾病。

为此，香港特区政府还专门定了一条法规："凡是随地吐痰者，都要罚6000元。"香港特区政府想通过经济上的惩罚，使大家形成自觉的习惯。

一个坏的习惯就像一种慢性病，一开始可能还不能引起你的注意，但是当你发现和重视它时，就意味着它的存在已造成了极大的危害。这个坏习惯你发现得越晚，你就越难改掉它。

而学生的好习惯的养成，一方面要靠学生自己的自觉性，另一方面也要靠学校、教师、家庭和整个社会的教育和督导。

上例中，陆老师之所以能教育学生不要养成随地吐痰、乱抛纸屑、果皮的坏习惯，正是因为他懂得这样做的危害性。

陆老师通过讲述这种危害性，来促使学生从身边小事做起，从小培养自觉的文明习惯，让他们懂得自觉性所能带来的无形的和有形的影响——它不仅关系到自身利益，也关系到国家和整个民族的形象，从而使学生的社会公德意识有所提高。

而教师在教育学生培养良好的卫生文明习惯时，用发生在我们身边的事实最见效，特别是"非典"的肆虐，那无疑是一个好的"教材"。

那么，教师在培养学生良好的文明习惯时，还应该采用什么样的途径和方法呢？

教师要以身作则。

在学生心目中，教师是良好行为的化身。教师的一言一行、一举一动都会被学生看在眼里，记在脑中。所以教师要以身作则，言传身教，为人师表。譬如，当你想吐痰的时候，就应该拿来一张卫生纸把它包起来，然后再扔进垃圾箱中。

第二，把具有良好习惯的学生树立成全体学生的榜样。

榜样的力量是无穷的。教师要在班级中找出具有良好习惯的学生，让他们成为学生们效仿的榜样。而这些学生就会对身边的同学产生强大的带动力，使他们懂得文明行为如何从自身做起。在这样的"传帮带"之下，一个班级很快就会形成一种良好的文明风气。

第三，要循序渐进，持之以恒。

习惯是在不断重复和练习中逐步形成的，要培养学生养成良好的卫生文明习惯不能贪快求速效，而应该让他们循序渐进地去自觉形成。

这就需要教师要时刻地提醒学生，不但要自己亲身去做，更要在看到其他学生有不讲卫生、不文明的现象时及时制止。

当每个学生都养成文明习惯时，一个班级才会有文明的结果；当每个公民都养成文明习惯时，一个国家才有文明的气象和形象。

因此，让学生了解、认识环境卫生和环境道德，掌握一定的卫生知识、道德常识，产生热爱环境、遵守文明公约的情感；学会保护环境卫生的技能，恪守环境卫生的规则、准则，这是教育工作者的职责。

一个习惯的养成绝不是一朝一夕的事，因此，身为教师，我们应该对学生持续培养，并使之终身受益。

我们应一方面利用每年的环保日进行宣传，宣讲环境保护的意义，另一方面我们也要从身边的小事做起，让同学们养成爱护环境、举止文明的良好习惯。

一个处于现代社会的人，总是要受到一系列来自义务和责任的约束，不能随地吐痰就是一种来自社会公德的约束。而摆脱这种约束的最好方法就是让自身具有良好的文明习惯。而学生要养成良好的文明习惯，就绝对离不开教师的教育和培养。

正所谓"一屋不扫何以扫天下"，做任何事情都应该从小事做起。我们在教育学生时，也要从小培养，从小处培养。只有这样，他们长大后才能真正成为有素养、举止文明的人！

好习惯造就好品质——品质习惯培养

习惯培养高效细节之学会倾听

通过互动培养学生善于倾听的习惯

> 上天赐人以两耳两目，但只有一口，欲使其多闻多见而少言。
> ——〔古希腊〕苏格拉底

在实际教学中，我们常常看到这样的镜头：

当老师说："请同学们讨论一下，有什么好办法……"未等老师说完，学生们早已迫不及待地展开了讨论，老师的后半句话就此淹没在了学生们的讨论声浪中……

当老师指名让一位学生作答时，其余举手的学生都异口同声地叹起气来，垂头丧气的唧唧喳喳声四起，根本顾不得听讲。

当一位学生的回答稍有迟疑，马上就有其他学生迫不及待地打断他的话，把答案高声地说了出来。

当一位学生的发言还没完，旁边的学生却高高地举起了手，大声嚷道："老师，我来，我来……"

当发言的学生讲得绘声绘色时，有的学生却旁若无人地干着自己的事，轮到他发言时，却又重复了上一位学生的答案……

应该说，营造一种轻松愉悦的氛围，让学生们大胆地发表自己的见解、展现自我，使学生的学习活动成为一个生动活泼、主动和富有个性的过程，这正是我们一直追求和倡导的课堂教学效果。

而上面所描述的课堂景象，从表面上看，似乎很符合我们的要求——教室里小手林立，学生们踊跃发言，课堂上气氛活跃。但实际上，这些学生并没有真正达到教师的要求，他们只顾着自己表达，根本没有注意倾听别人的表达。

显然，这样的学习方式存在着极大的问题。缺乏倾听，不仅会严重影响到学生综合能力的提高，使他们不能正确理解教师的意图和同学的想法，甚至还会对学生的思维发展造成非常不利的影响。

自古以来，培养学生倾听的能力和品质一直是我国教育的精粹。古今教育家无不强调"听"在学习中的重要性，学校和教师无不在课堂上要求学生用心听讲。

可惜的是，在近年来反对传授式教学的背景下，人们都尽量回避了"用心听讲"的字眼。对学生倾听习惯的培养没有引起教师足够的重视，甚至有人认为"听"可以无师自通，不需训练，结果导致现在的学生大都养成了拒绝倾听的坏习惯。

古人素有"听君一席话，胜读十年书"之说，可见，良好的倾听习惯是人们获取知识的主要途径之一，更是学生发展倾听能力的前提和必备条件。所以，如果教师也沉浸于课堂"活跃"的情境中，而忘记引领学生学会倾听别人的意见，那课堂的"高效"将无从谈起。

当然，"认真倾听"这个习惯并不是与生俱来的，而是需要经过长时间、多渠道地培养和训练的。那么，作为基础教育课程改革实践者的学校和教师，该如何培养学生的倾听习惯呢？

经典案例

周洁是广州市东山实验小学的一名优秀教师。在平时的教学过程中，她就十分注重培养学生们形成良好的学习习惯，所以，她所教导的学生学习效率一向很高，学习成绩也非常突出。

自从新课程实施以后，周老师逐渐发现，虽然学生们的学习积极性有所提高，但学生们听课的质量却有所下降，以致影响了整个班的学习进度。

发现了这一点后，周老师开始留心观察学生们的学习情况，渐渐找出了问题的症结——很多学生既不注意听老师讲课，也不注意听同学发言，只顾着表现自己，这样怎么能有效地吸收知识呢？

这一天,周老师领着学生们做课后练习,以引导学生总结他们所学习的内容以及自身的学习体会。

课堂上,学生们的学习热情十分饱满,一个个都高举着小手,争相抢着发言,急着发表自己的想法和看法,却一点儿都不想听别人的发言和老师的评点。

看到这一情况,周老师心里很着急,不知该怎么办好。自己既不能打消学生们的积极性,又要想办法让他们认真听取别人的发言;再说,学生的发言并不是十分正确的,有时需要老师的适当引导,如果不听的话,就可能犯重复的错误。

周老师突然急中生智,想到了一个好办法,她设计了这样一个环节,让学生把自己的想法说给同桌听。学生当然说得都很积极,一会儿都说完了。

然后,周老师请一名学生站起来,他张嘴就想阐述自己的观点,但周老师却突然笑眯眯地抢先说道:"请你把刚才你同桌告诉你的内容重复一遍!"

这名学生一下子愣在了那里,张口结舌,一个字也说不出来。这时,全班学生的注意力也都不由自主地被吸引了,没有人敢再走神了。

周老师认真地看着学生们:"你们看,没有倾听的好习惯,就会连最简单的问题也回答不了。下面,再给大家一个机会,同桌之间再说一遍,好吗?"

这一回,学生说和听的时候都比刚才认真多了,再请人回答时,也没有再出现发窘、无言以对的现象。

这次教学给了周老师很大的启示,她知道,"听"是人际交往中最重要的手段,所以,要培养学生良好的倾听习惯,就要形成人与人之间的互动,营造倾听的氛围。

首先,是老师与学生间的互动。

周老师经常有意识地在课堂上"设疑布阵":"刚才这位同学的发言你们听懂了吗?"经她这么一问,自然就会引来学生们的足够重视。

有一回,周老师把一名学生的精彩发言的一部分写在了黑板上,然后问学生:"这个同学有几点发现?"

一名没有注意听讲但却积极发言的学生立刻说道:"有三点发现。"这正是写在黑板上的点数。

周老师并没有对这名学生的回答立刻作出判断，而是把眼睛望向了其他认真倾听的学生。

一个小手举得高高的学生告诉大家："是五点发现。"的确，正是五点发现。

周老师立即表扬了这名学生，并告诉大家："这位同学能准确地回答老师的问题，是因为他认真倾听了别人说话。而回答不完整的同学，请你想一想，自己找找原因——是回答的同学声音太小，你没听清楚，还是你没有去认真聆听别人的话呢？"

刚才在开小差的学生马上低下了头……

其次，是学生之间的互动。

当学生已经掌握了教材中的某些知识时，周老师会大胆放手，找出班上最活跃的"因子"，让他们做"小老师"，给他们发言的机会。起初，感到新鲜的"听众"还都挺认真听的，可过不了多久，有些"听众"就不安分了，有交头接耳的，有左顾右盼的，有做小动作的。

这时，本来希望台下同学听得认真，更希望得到同学更为热烈的掌声的"小老师"，其神情往往由欣欣然变得讪讪然。周老师便趁此机会让他们谈谈感受，让他们明白自己的不安分曾给别人带来同样的尴尬，从而进行自我约束。

还有的"小老师"非常认真负责，经常会巡视下面坐着听的同学中有哪个人不认真，然后，可能会点名请他复述，也可能会直接指名道姓对其进行批评。

这样一来，那个不认真听的同学就显得很没面子——如果是教师的批评，可能有的学生还会不在乎，但来自同学的批评他们却很在意，就会更加重视自己的听课态度。

周老师还注意在合作中培养学生们的倾听习惯，因此成立了很多自由小组，让他们一同研究和讨论，有人认真讲，有人认真听，分工明确。

当自由小组研究好后，周老师会请一个小组的全部学生上台展示自己的研究成果。学生们都把汇报当做一件很神圣的事，四人小组一上台，有主动发言者，有补充说明者，总之，不把研究成果说清楚绝不罢休。

对于台下的听众，周老师则要求他们眼睛必须看着发言小组，认真听取汇报。当一个小组汇报完后，周老师就会请别的小组评价、质疑或补充，有的学生甚至还会翻看相关的常识图册或书本内容，以验证同学的发言是否正确。

而轮到新的小组上台汇报时，他们说的内容必须是有新意的、不重复的，否则，台下的同学会毫不犹豫地指出来："说过了！"

经过这样一段时间的培养，当有的学生在课堂上进行发言的时候，学生们都能够养成一个良好的习惯，自觉地停下手中的动作，认真听发言的学生讲了些什么。

现在，在周老师的教学课堂上，倾听已经成为学生们的文化素养。

倾听，能博采众长，弥补自身不足；

倾听，也能萌发灵感，触类旁通；

倾听，还能养成尊重他人的良好品质。

学生必须树立倾听的意识，养成倾听的习惯，掌握倾听的能力，学会倾听的艺术。因此，教师必须有意识地把训练"听"当做一项教学常规工作来抓，让学生真正学会倾听。

案例分析

"学习倾听—试着倾听—会倾听—善于倾听"，是培养学生倾听习惯的一个基本流程。而在人与人之间的互动中，在交流与反馈的环节中，运用的正好是这一基本流程。教师如果将学生放入与他人交流的活动中，那么学生此时的任务自然而然就是倾听了。

而且，倾听是一个学生思维敏捷的高度反映，所以，让学生在与他人思维的撞击中去促进倾听能力的培养，无疑是一个思维加工与再加工的过程，倾听能力自然会更上一层楼。

周老师显然是一位非常有智慧的老师，她在及时发现了学生们的倾听问题后，及时地采取了果断有力的互动手段，使每个学生都有机会发表自己的观点与建议，每个学生也都必须注意倾听他人的意见，从而使他们摆脱了以自我为中心的思维倾向。

在互动中学习倾听，在倾听中尝试互动；在与他人的交流中养成良好的倾听习惯和能力，良好的倾听习惯和能力更加有益于与他人的交流，这便是利用互动教学培养学生的倾听习惯的本意。

常言说："冰冻三尺，非一日之寒。"既然是在培养一种学习习惯，那么，我们教师除了把学生置于一个个互动的环节之中，还要有意识地去培养、去提醒、去督促学生树立倾听的意识。

1. 榜样示范

当学生发言的时候，教师首先应带头倾听，绝不在学生发言的时候做其他事；

在学生发言的过程中，要留给他思考的时间，不要轻易打断学生的回答；

对于学生的发言，要给予适当的评价。

2. 细化要求

到底怎样才算认真听？学生们一般都对此认识模糊。教师应该给学生一个具体的、有可操作性的、细化了的要求。比如：

听的时候，眼睛注视着教师或发言的同学；

要听清教师或发言的同学说的每一句话，脑子里不想其他事；

在听完别人的话后才能发表自己的意见，中间不能插嘴。

3. 留心训练

精心设计问题。教师应根据学生的年龄层次和认知水平选择相应的"听"的内容，并由浅入深地精心设计提问，让学生反复听，每听一遍都提出不同的要求，学生听后能释疑；在听的过程中有意识地提醒他们边听边想，听后相互提问、讨论、解答，从而提高听的水平。

复述故事。故事对于学生来说是最喜闻乐见的，教师可以给学生们讲一些情节简单、篇幅不长的故事，让他们在听过一两遍后能将故事的主要内容讲述出来。持续一段时间以后，再让学生完整地、基本正确地复述出整个故事内容。

勤听写。这里所说的听写，不是简单地听写词语，而是听写句子和段落。教师可以从课外读物上摘录一些适合学生的谚语、格言及精彩段落，让他们听写，开始一小句一小句地听写，慢慢地就是听写一整句、一小段。在这样的训练中，学生听的能力就会有明显提高。

4. 表扬鼓励

无论是平时上课还是搞相关活动，教师都应采取各种奖励措施，调动学生倾听的积极性，形成一种向上、进取的氛围。比如设立"顺听星"奖励，一月一小结，达到15颗以上者，可以领取一张"倾听习惯卡"，到了学期末，则可凭"倾听习惯卡"竞争奖状和奖品。

在这样的培养中，学生会慢慢感受到倾听的魅力，感受到倾听带给自己的快乐；课堂上也就不仅有活跃热烈的争论场面，还会有静静地倾听和思考的情形，如此，学生们的学习生活才会更生动、有趣和精彩。

学会倾听有两层意思：

一是要"会听"，要边听边想，思考别人说的话的意思，能够记住别人讲话的要点；

二是要求听别人讲话要用心、要细心，这是一种礼貌，表示对说话者的尊重。

这也就是说，认真倾听，不仅是一种习惯、一种本领、一种能力，更是一种修养、一种素质、一种道德！

"水尝无华，相荡乃成涟漪；石本无光，相击而发火花。"尊敬的教师们，让我们努力成为"荡水、击石"的高手，共同去关注、培养学生的倾听习惯和倾听素质吧！

第三篇

好习惯打造好人生
——生活习惯培养

新闻报刊经常报导一些社会精英的人生故事,我们会发现他们的身上存在着一些共同的优点:积极思考、高效工作、爱好锻炼、不断学习、谦虚谨慎、幽默开朗、敬业乐群等。如果我们细心观察综合素质优异的学生,也许会发现,那些具有积极思考、追求卓越、珍惜时间、礼貌待人等好习惯的学生,常常表现得比其他学生更为优异。本章对培养孩子良好的生活习惯例举了很多实践的案例,并对方法作出总结。

好习惯打造好人生——生活习惯培养

习惯培养高效细节之自动自发

从多角度出发，引导学生养成自觉的习惯

> 自觉心是进步之母，自贱心是堕落之源，故自觉心不可无，自贱心不可有。
>
> ——邹韬奋

一个富翁要救济数以万计的穷人，倘若他只是一味地施舍，即使是一座金山银山，也会把它掏空。而要让穷人富起来的最理想的办法便是变"输血"为"造血"，让他们掌握致富的方法。

我们老师的教育也是如此，仅仅教给学生知识是远远不够的，重要的是教给他们正确的学习方法，以及培养学生自觉的习惯。一旦学生养成了自觉的习惯，他们便会有所作为，并会终生坚持这一习惯。这样教师便节省了大量的时间，并大大提高了工作效率，也会使学生的成绩得到显著的提高。

魏书生说："教育归根结底是培养习惯。行为养成习惯，习惯形成品质，品质决定命运。"由此可见，习惯决定命运，学习习惯决定学习的成效，而且好习惯的养成的最佳时间便是学生时代。我们的教育是决定学生命运的教育，而教育的真谛就是要让学生养成良好的习惯，而学生自觉习惯的养成便是教育最理想的结果之一。

自觉，是指养成一个良好的生活习惯和学习习惯，更高一层的含义便是在自觉的基础上，主动地严格要求自己、主动地钻研、主动地学习、主动地帮助有需要的人……要想达到自觉的境界，需要一个复杂的过程，特别是学生，他们自控能力低，辨别是非的能力也低，往往不能很好地培养自觉的

意识。

古语云："玉不琢，不成器。"学生毕竟是学生，而不是面粉团，搓圆按扁，可以随心所欲。他们并不是任何时候都能接受老师的塑造，有时会坚硬得像一块合金，难以雕琢。这便需要我们老师通过各种有效手段去培养学生的自觉习惯，可以将《孙子兵法》中"攻城为下，攻人为上；攻人为下，攻心为上"的策略巧妙运用到班级管理中去。这样，老师便把握了学生的思想动态，并尽量避免采取简单而粗暴的方法对待学生，着重于培养学生自觉的习惯。

当老师唤醒了学生的自我教育意识，培养了学生的自觉习惯后，这才是真正落实了教育。因为家庭学习环境的不同以及家长的监护职责，还有学生自身的问题，所以培养学生自觉习惯的任务是十分艰巨的，那么，这就需要老师和家长长期联起手来，做一些积极有效的培养工作。

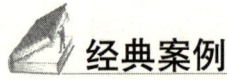
经典案例

在学校，学生不仅要学习科学文化知识，更为重要的是进行能力的培养，以及良好行为习惯的养成。而学生自觉习惯的培养便成为一个重点培养目标，成为教师不断努力的方向。

有许多学生，无论是什么事情，只有老师说了才肯做，只有老师讲了才肯听。这在一定程度上可以说是学生没有主动性，更没有自觉性。有些学生在学校里常常犯错，违反纪律，还有些学生没有良好的卫生习惯，随地乱扔垃圾等，如此种种现象在每个学校似乎都存在。而只有当老师提出来，并进行批评教育，他们才会有改正的意识；但是一转身，他们又都照旧。

北京市西城区自忠小学的特级语文教师许通儒认为，老师不能只怪学生，不能等到学生犯了错才去教育。但老师也不可能每天对着学生苦口婆心地教育，或者采用惩罚的手段，毕竟这是治标不治本的。对此，许老师不断思考这样的问题：如何才能让学生既能够意识到错误，又能够养成良好的习惯，同时还能够不需要老师教育就能自律呢？

在日常教育工作中，许老师发现，小学生主动性、自觉性较差。一开始,她也采用惩罚措施,如罚抄书、扫地、跑步等,但是效果总是不好,违反纪律的学生还是照样违反纪律;乱扔垃圾的学生还是乱扔垃圾。怎么办呢?难道我们的教育就只能靠老师来看管,靠班干部监督吗?那样我们的学生不是成了犯人吗?许老师后来想,素质教育要以人为本,应该多采用鼓励、肯定的方式来教育学生,逐步培养学生自觉的行为习惯。

根据小学生的特点,许老师尝试着用不同的方式去培养学生良好的自觉行为习惯。

1. 对于低年级学生,通过各种竞赛以及小奖励的方式使其初步养成自觉的习惯

低年级学生最缺乏自觉性,很多事情能不能做,他们都没有意识。作业时常不做或忘记带回家;废纸到处乱扔,自己的课桌下面就像垃圾堆,不管什么东西,没用就扔;在教室里追逐打闹,今天你头出血,明天他手擦破皮等时有发生。对此,班主任老师最头痛,不管怎么说都没用,上课讲了,下课学生又在教室里跑了起来。但是,这些学生也有其自身的特点,那就是有好胜心理,爱挑别人的毛病。许老师决定可以利用这些特点让他们形成自觉的习惯。

有一次,许老师买来一包小红旗,同时又在墙上最显眼的地方布置了一块"比比谁最棒"的荣誉角。课堂上,许老师把要求告诉学生:"小朋友们,你们都很棒!但老师不知道哪个小朋友是最棒的。不如我们来比比看,究竟是谁最棒。老师这里有一些小红旗,你们想要吗?但不是每个人都可以得到的,只有达到老师要求的小朋友才能得到小红旗。"

这样便充分调动了学生的积极性,然后许老师布置了任务和要求。许老师明白,在刚开始时要求不能过高,应该从浅入深,逐步提高;要让学生之间进行相互督促,这样既可以帮助别人改正,也可以提醒自己。

接着,许老师利用每次班会课,总结学生一周来的表现情况,指出缺点,对表现好的学生进行表扬,同时奖励小红旗。许老师并不吝啬自己的赞语,也不吝啬小红旗,只要有肯定之处,学生都可以得到他的赞扬和小红旗,这样更能提高学生的参与积极性。而小红旗让学生自己插到荣誉角上去,更有利于增强学生的荣誉感和自豪感。经过一段时间的尝试,许老师发现学生的行为都有了明显改善,很多事情也无须老师督促,他们之间便会相

互指出，然后加以改正了。

2. 对于中年级学生，利用"每天行为规范"来形成自觉

中年级学生渐渐有了自我意识，能够主动思考问题，判断是非对错，知道哪些事能做，哪些事不能做。他们的大脑也开始会比较，但是出发点大多是考虑到老师的批评，同学的指责。准确地说，他们所想到的还比较片面，有时还不够成熟，自觉能力还不够强。

此时许老师便加强对他们的行为规范的教育。根据学生自觉习惯养成的需要，许老师利用班会课，通过学生提议以及自己的完善，共同制定了二十条"每天行为规范"，同时开展"给自己打分"活动。

许老师给每一位学生都发了一张"规范"，并要求每位学生每天看一遍，每天督促自己按"每天行为规范"的要求努力做到。在教室的门上贴着"给自己打分"的表，许老师要求每位学生每天放学时根据"每天行为规范"，给自己打分（违反一条行为扣5分，做了一件好事可以另加10分）。到了每周的班会课时，许老师算出学生一周的得分情况，并进行个别表扬，同时告知学生，打分表将作为期末评"三好"生和各项先进的重要依据。

这样，学生每天都有了行为准则，他们的自觉性便得到了很大程度的提高。经过几个月的实践，大部分学生每天都能达到100分，而且有的还经常超过100分。学生们逐渐养成了自觉的习惯：看到水龙头没拧紧，他们便会主动上前拧紧；看到地面上有纸屑，他们能主动拾起来；看到其他同学摔倒了，他们便会主动上前将他扶起，等等。

3. 对于高年级学生，通过各种荣誉增强学生的使命感，形成自律

高年级学生基本上能够做到由他律转为自律。但是，老师会发现他们越来越难管，也越来越难以沟通。他们似乎已经习惯了学校的条条框框，习惯了老师的"唠叨不休"。对于行为习惯而言，他们很少违反，但也不会表现得主动，看到不好的现象时常常持"事不关己、高高挂起"的态度。

对于他们而言，一味地说教是不行的，采用比赛的方式也无法调动他们的积极性。针对这些特点，许老师则是采用多种方法相结合的方式：通过学校的竞赛，教育学生积极争先，做好榜样作用；在班级开展"班级荣誉，我的责任"活动，以增强每位学生的班级荣誉感，同时把责任具体落实到每位学生肩上，让学生明白"谁犯了错误，就要承担一切责任；班级得到了荣

誉，也是你的荣誉"的道理。当学生有了责任后，才会产生动力，才会严格要求自己，才能养成自觉的习惯。

在教学中，学生习惯的好坏，自觉习惯的养成，对于教师教育任务的完成以及学生的发展都具有重大的影响。因此，对于每位教育工作者来说，我们不能只注重学生的学业成绩，而忽视了学生自觉习惯的培养。当学生的自觉习惯成自然后，他们会受益一生，同时也能使我们老师的教育管理工作变得更加轻松、高效。

案例分析

许通儒老师在培养学生自觉习惯方面所取得的成功，从某种意义上说应该是她掌握了较好的教育方法，成功扮演了几个重要的角色。

第一，设计者。根据不同阶段学生的不同特点以及教育目标，许老师选择性地设计了教育教学过程，让学生在不同的设计中享受不同的教育，但总体目标是培养他们的自觉习惯。无论是竞赛、行为规范，还是荣誉、使命感，都积极有效地达到让学生养成自觉习惯的目的。

第二，促进者。许老师通过激发学生的动力，为学生提供支持，提供必要的辅导、支持和示范等方式来促进学生的自觉学习，使学生的自觉习惯得到更深入的践行。随着学生学习能力的提高、自觉习惯的养成，许老师的促进作用也就得到了充分的发挥。

第三，组织者和管理者。在培养学生自觉习惯的过程中，许老师一直进行教学环境的控制和管理，并积极组织课堂教学，让学生在特定的环境中享受老师的教育，并逐渐养成自觉的习惯。

无论是设计者还是促进者，抑或是组织者和管理者，这些角色都促成了学生自觉习惯的养成。

在六年级作文教学过程中，许通儒老师也注意培养学生的自觉习惯——自觉修改作文。自改作文，是指学生在写作完以后能根据习作的要求，自己对自己习作中的字、段等加以修改和补充，这样的自改既能培养学生的自觉习惯，又能提高学生的写作能力。在这个过程中，许老师是通过如下方式做到的：

首先，激发学生自觉修改的意识。

在实际教学过程中，许老师发现很多学生的修改作文的意识不强烈，有的学生是因为缺少方法而没有能力修改；有的学生是对于修改作文比写作文在某种意义上更为重要的观念没有树立，从而缺乏认真的态度；有的学生甚至都不知道写完作文以后还要自己修改……所以许老师在作文教学中不断地告诉学生，写完作文以后一定要注意修改，这样才能使作文变得更好。

在教授《菊花》前，许老师带领学生一起学习了例文，然后问他们："你们觉得这个片段写得怎么样？"学生都认为很好。

许老师接着说："其实这个学生刚刚写的时候也没有这么好。"此时，学生好奇地看着许老师。于是，许老师拿出一篇看似初稿的文章给他们看，上面有老师的批语以及学生自己加的一部分内容，学生看得津津有味。许老师又故作神秘地说："还想见见最原始的稿子吗？"学生的兴趣马上被调动起来了，许老师便拿出了一篇跟例文有点相似，但是质量明显不如例文的稿子给学生看。学生大叹："唉，他刚开始写的还不如我呀！"

许老师趁机告诉他们："是的，很多的优秀文章刚开始写出来的时候并不是很优秀的，好的文章是慢慢地改出来的。"

这样便在学生的心里逐步建立了文章要多次反复修改的意识，对学生自觉修改文章起到了非常关键的作用，同时对学生也是一个很好的鼓励，帮助他们树立了可以写好作文的信心。

在日常的教学中，许老师还利用一些机会，跟学生探讨关于文章的故事，如《推敲》等，学生也慢慢地懂得了修改文章的重要性，逐渐养成了自觉修改作文的习惯。

其次，帮助学生掌握自觉修改的方法。

对于不会修改作文但是又有一定修改意识的学生来说，要他们学会修改，学会评价，教给他们一定的方法是非常重要和必要的。

在教授《菊花》时，许老师首先让学生了解本次的习作重点要求学习什么方法；通过阅读，大家讨论本次训练的重点是什么；写出菊花的颜色、花形和花瓣，以及自己的联想，可以是由看到的、闻到的或由它的名字而展开的丰富而有趣的想象。这样每位学生都会比较明确地认识到，可以从这几个方面去写作文，同时也为评价、修改作文作了一个有效的铺垫，学生便可以依据这些标准来评价自己或者是其他同学的作文了。

在教学中，许老师还善于引导学生如何使用修改符号，把修改所需要的知识不失时机地告诉他们，教会他们，提高他们修改的兴趣和信心。这样，当拿到别人的作文或是自己的作文时，学生们都能自觉运用老师所教授的方法进行自觉修改了，能够指出其他同学作文中的精彩地方，也能在他们作文中的不足之处模仿老师的批改写上几句评语等。通过这些便能看出，学生自觉修改作文的习惯得到了较好的培养。

最后，体验成功，巩固修改成果，让它成为自己的自觉行为。

在教授《菊花》时，许老师采用了范读的方法。一开始找一两篇有代表性的作文，让学生上台来读，要求学生仔细听，然后根据上课时老师所讲的习作要求评价他的作文。当范读的学生读完以后，其他学生可以随意发表自己的意见，想到什么就说什么，这样学生的修改能力便得到了很好的锻炼。

后来，在许老师告诉学生文章应该怎么改的时候，她发现班里的部分学生非常得意，因为他们的意见和老师的一样。这样，学生自觉修改的兴趣得到了增强，以后他们会更加自觉地修改作文了。

许老师采用多种方式，直接或间接地培养了学生的自觉习惯，让学生以后在没有人监督的情况下都能养成自觉习惯。

教师在培养学生的自觉习惯时还可以通过其他方法来实现。

1. 以身示范，起到带头作用

在全面提高学生素质，陶冶学生情操，培养全面发展的人才方面，教师具有举足轻重的地位和作用。在培养学生养成自觉习惯的过程中，教师应当以身示范，起到带头作用：规范学生的行为，首先要规范自己的行为；提高学生的素质，首先要提高自身的素质；要求学生自觉讲文明讲礼貌，首先自己要做到尊重每一位学生人格，从不挖苦讽刺他们；要求学生自觉做到团结友爱，首先要做到和科任老师、同事搞好团结……

这样，教师自己的一言一行已经成了一种无声的教育，成为学生心目中的榜样，成为他们培养自觉习惯的指导者和引路人，甚至是楷模。

2. 重视课堂上的常规训练，培养学生的自控能力

教师应该对学生进行常规教育和训练，并严格要求，一抓到底，利用一切有利时机加强学生自觉习惯的培养。

例如，训练学生正确读书、写字、发言的姿势。读书时要求学生都拿起书，做到手到、眼到、口到、心到；当学生发言时，则要求他们站端正，两眼平视前方，态度自然大方，并且说话时声音要响亮，吐字要清楚；在听的能力方面，则要求他们注意倾听别人说话，听清楚说话的内容，记在心中，要说得出来。

随着学生在课堂上各种正确姿势的逐步养成，学生的自控能力得到了增强，自觉性得到了提高，课堂秩序也会有明显的好转。

3. 给学生提出明确的奋斗目标

教师认真提出学生的短期奋斗目标，让每一位学生知道自己短期内该向哪个方向努力，具体到哪一周该干什么事。当对这些事情有了一定的认识后，学生便能自觉地制订自己的学习计划，向着奋斗目标一步步迈进。

4. 建立学生轮流值日制度，培养自觉习惯

为了培养学生的自觉性和竞争意识，并将之形成一种习惯，教师应该注重学生在德、智、体、美、劳等各方面的发展，让每位学生都有锻炼的机会。在值日时，值日生要报告当天的学习内容、清洁、纪律、出勤以及仪表情况等。这样每位学生都有独立工作的机会，使学生独立工作的能力也得到了培养。更为重要的是，值日生既然要去管理别人，那么首先就得以身作则，自觉做好自己本分的事情，才有说服力。通过这种制度，让学生自觉参与班级管理，从而激励学生更加热爱自己的班集体。

5. 制定并遵守"主题周记"制度

班主任老师可以参照这一点去培养学生的自觉习惯。考虑到学生的负担，老师可以要求学生每隔两周写一次主题周记，但要求周记必须结合班级当前的实际情况，结合学校总体的指导思想，精心筹划，甚至可以开班委会讨论研究出一个比较合适的主题。例如，有的班主任老师制定的第一次主题周记为《从我做起，支持班干工作》，就是结合开学初，班委会刚刚成立，各方面工作需要全班学生的支持这一现实而拟定的。

通过这样的方式，让学生自觉提高自己的思想认识，让先进的思想成为班级的主流，同时也让好的学习方法供全班参考，以推动整个班级的进步。

6. 制定严格的制度，约束不自觉的行为

没有规矩不成方圆。每个班级或多或少都有一些不守规矩的学生，对于这部分学生，仅仅靠几篇周记、几次交谈是难以使他们养成自觉习惯的。严格的班级制度在此就显得尤为重要了。教师在对待各项制度时要真正做到"有'法'可依，违'法'必究"，绝不要轻易因为某一个学生而破坏了整个班级法规。

俗话说："一样米养百样人。"每个人都是有思想、有头脑的。但是，每个人的自觉程度是不同的，这就是自觉习惯的问题。它并不是天生就有的，也不能完全靠自发便可以养成的。学生更是如此。他们的自觉习惯需要一定的外部条件以及在一定的外界压力和科学的引导下才能逐步养成。而我们老师所要做的工作便是从多角度出发，做他们的引导者，让学生真正养成自觉习惯，并在每一件小事中展现出他们应有的风范。

习惯培养高效细节之追求卓越

从学习、生活方面出发,培养优秀的习惯

> 优秀不是一种行为,而是一种习惯。
>
> ——〔古希腊〕亚里士多德

"我们每一个人都是由自己一再重复的行为所铸造的。因而优秀不是一种行为,而是一种习惯。"这是公元前350年亚里士多德关于优秀的论述。从这句话中我们知道,优秀似乎并不是用来描述行为的,而是用来形容习惯的词汇。

湖南省新化县第一中学优秀教师叶超英认为,习惯是一种或多种行为的反复强化,强化的结果则成了一种恒定的品质,这种品质或优秀或恶劣,或居于二者之间。当优秀成为习惯,那习惯的自然流露便是品质。优秀的行为是片断性的,不连续的,只有习惯优秀才是真正的优秀,是本质上的优秀。而习惯的优秀与否又取决于心灵的优秀与否,只有一颗优秀而卓越的心灵才会有优秀的习惯,进而形成优秀的品质。

当优秀成为一种习惯,一个人的心灵会达到优秀的最高境界。他的一举手一投足都将充盈着高深的教养,每一个细节都是一种自然流露的优秀。而细节是一种无意识乃至下意识的行为,是无须思考而自然产生的,最能反映一个人的习惯。细节优秀,则习惯优秀;习惯优秀,则心灵优秀、素质优秀。

一个应聘者仅因进入办公室时随手扶起倒在地上的扫把而被用人单位录取,说明扶扫把这个细节折射出应聘者习惯的优秀:平时注意细小方面的问

题，具有公德意识，碰到倒在地上的扫把，弯腰扶起则成了自然的习惯。一个吃完东西而一定要把袋儿、壳儿抓在手里并丢到垃圾桶里去的人，肯定是一个具有责任心且有社会公德的人。

优秀成为一种习惯，自然而然会外化为一个人的性格气质，在眉宇神情之间会不经意地流露出来，并成为一种自信，一种从容，一种大度。这种气质以及高素质的自然行为无须雕饰，也不能伪装。就像山涧流水一般淙淙而淌，又如桃李不言一样下自成蹊。

优秀成为一种习惯，机会便会青睐有准备的人。因为优秀的习惯是一种才华的积累，品质的量变。而量变久了便会促成质变，并让它成为命运的垂青者，好运自然会不请自来。只有当优秀成为一种习惯，优秀才真正称其为优秀，而不会有"此一时，彼一时"那样的漂浮不定，才能摆脱或拒绝外界的种种诱惑，坚守内心的操守，成为一个真正优秀的人。

对于身处被教育地位的学生而言，让优秀成为自己的习惯则更能显示出自己的内在秉性，成就自己的辉煌。但是，要让优秀成为学生的一种习惯，还需要教师的培养，因为毕竟教师是教育的执行者，是学生好习惯养成的引导者和培养者。那么，在具体教育过程中，教师应当扮演好这样的角色，对学生负责。

 **经典案例**

张玉滨是河北省衡水中学的优秀教师，曾荣获"高考功勋教师""优秀共产党员""优秀班主任""三优标兵""衡水市十大杰出青年教师"等荣誉称号。在让优秀成为学生习惯的培养过程中，张玉滨老师一直秉承衡水中学的优良传统，进行着"艰苦卓绝"的"战斗"。

衡水中学从1984年至今，每年对高一学生都要进行军训，而且每次时间都是长达一年，成为河北省唯一一所全年对学生进行军训的学校。此外，高一新生进行的80公里的远足活动，也进一步培养了学生不怕艰苦的"长征精神"。

在衡水中学流传着这样一句口头禅："两眼一睁，开始竞争。"在学校教学楼门厅正中的牌板上刻写着"三分天注定,七分靠打拼,爱拼才会赢"的流行语。这都是学校为了让学生优秀,为了让优秀成为学生的一种习惯而定制的。

早晨五点半,天刚微亮,随着响彻校园的铃声,衡水中学的各个部门便紧张有序地运转起来了。学生必须在15分钟内穿衣、收拾床铺、洗漱、整理卫生,然后到操场列队出操。而各班主任老师则开始检查宿舍卫生情况及早操情况。

张玉滨老师也不例外,他要求自己的学生在这短短的时间里做到七个"争":争起床速度(但不许提前,否则按违纪论),争宿舍卫生的质量,争到操场列队的早晚,争早操队列是否整齐,争步伐是否整齐矫健,争口号是否响亮,争精神面貌是否朝气蓬勃。在这样既有速度又有质量的竞争中,学生优秀的一面便得到展现,优秀的这一习惯也得到一定程度的培养。

张玉滨老师还要求学生铭记"一日之计在于晨"的道理。在早操开始后,伴随着严整的方阵踏出的整齐步伐以及嘹亮的口号,衡水中学学生的学习生活便揭开了序幕,每一位学生都以这样的人生态度开始自己新的一天。

课前两分钟铃过后,学生们立即进入状态,教室里立刻安静下来,大家都积极地为下节课做好准备,提前进入自习状态;在自习课上,不管有无老师在场,学生都严守纪律。在午晚休的宿舍楼里,第一遍铃响过后,楼道里热闹起来,洗漱整理的学生无不动作迅速;第二遍铃响后,楼道里空无一人,宿舍里间或有几句轻微的交谈声;第三遍铃响过后,整个宿舍楼都归于平静,仅有的轻轻脚步声便是像张玉滨老师一样的班主任在宿舍前走过。如此高效的学习以及严格的作息时间,让学生养成了优秀的习惯,保证了他们良好的学习状态。

在衡水中学的严格要求下,在像张玉滨一样的老师的共同努力下,学生与学生之间,宿舍与宿舍之间,小组与小组之间,班与班之间,年级与年级之间,凡是学校所提倡的,学生都能做到优秀,并使之成为自己的习惯。

虽然这只是简单的例子,但是,它是整个衡水中学的缩影,一代代衡水中学人将日复一日,周而复始,一直将优秀这一习惯保持下去,并形成一种校园文化而发扬光大。

好习惯打造好人生——生活习惯培养

一次优秀的行为算不上优秀，习惯性的优秀才称得上优秀。优秀者之所以优秀，根本原因在于他们拥有一种优秀的习惯，这种习惯潜滋暗长地孕育了优秀的个性，优秀的作风，优秀的人格。当优秀成为一种习惯的时候，一切自然就与众不同了。

对于教师而言，我们要不断地提示自己，让优秀的因子深植于内心深处，让优秀的行为变成自己的习惯。这样，教师才能更好地帮助学生，让优秀成为学生的习惯。

案例分析

衡水中学学生刚刚入学的时候，整体素质跟河北省其他地级市中学的学生差不多，然而高考过后，衡水中学的成绩却引来各地无数艳羡的目光。这是值得思考的问题，到底是什么让衡水中学取得这样的成就？

从上述案例中我们了解到，可能正是像张玉滨一样的老师们不倦地教诲学生、要求学生，让他们在学习、生活中逐渐养成一种优秀的习惯，进而才使他们出类拔萃的。至今那些学生还应该记得学校的铃声，还记得当时那样的场面，同时也会感谢像张玉滨一样的老师们的辛苦栽培，是他们让自己养成了优秀的习惯。

从1994年衡水中学便开始实行寄宿封闭式管理，经过多年的管理实践，学生的思想品质逐步成熟，"免疫力"得到加强，举止文明有礼，还最大限度地排除了影响学生学习和成长的内外消极因素，让优秀逐渐成为学生的习惯。

当学生以优秀作为自己的习惯时，这时老师的教育便容易多了，因为学生内心已经有了一种推动力，在推动着他向更好的方向前进。

吴樱花是江苏省苏州市星港中学的优秀教师。在让优秀成为学生习惯的过程中，吴老师经历了这样的过程。

有一天，一个八年级的学生来到吴老师面前，怯怯地说："老师，我想提个建议。您在批改作业的时候如果看到我们错得不多，态度也比较认真，您就多给我们批些'优'，好吗？我们都很在乎作业是否是'优'的！"

251

这是一位各方面都很"优秀"的学生,从她泛红的面颊和一脸的真诚中,吴老师知道她是鼓足了勇气来讨"优秀"的。这让吴老师不由得感动起来,心想:当一年级的学生拿到星星、笑脸、小红旗等奖励的时候,会高兴得恨不得让全世界的人都知道,没想到八年级的学生也会为哪怕是一两次得不到"优"的作业而感到遗憾。看着这位一贯努力、内向又文静的学生,吴老师不禁感到一种安慰和喜悦,同时还带着一点点的愧疚。因为对这位学生来说,让每一次的作业都成为"优秀"已经成了一种习惯,而这种优秀的习惯让她不断地审视自己是否用心地去学习,是否用心地完成老师布置的任何一次作业,同时也激励着她为成为"优秀"做出不懈努力。

对此,吴老师开始着重培养学生这种将优秀的习惯。每天和学生打交道时,吴老师都会提到"优秀"一词,如优秀的学生、优秀的作业、优秀的成绩,等等。她明白,优秀的学生也并非是天生的,更不是一朝一夕就能获得的,优秀是学生日积月累的良好习惯的集中体现。因此,吴老师积极培养学生优秀的听课习惯、思考习惯、作业习惯,以及优秀而稳定的心理品质、做人素质等。她相信,学生各种"优秀"的习惯,一定会表现为他们优秀的学习成绩,会让他们自己发生重大变化的。

吴樱花老师还坚持给学生记成长日记,将日记当做转化学生的一种有力武器,并执著地日积月累地付出自己的心血,无条件地关爱和帮助学生,促使学生每天都能由内而外地发生最有效的变化。

我们可以把这看做是吴老师培养学生优秀习惯的手段之一,同时这也让吴老师自己不断反省,并对工作进行有效的自我督促,使之成为自己的一种优秀习惯。尽管要为此付出无尽的精力和时间,但当让学生成长为优秀的学生成了她工作的习惯时,那种由衷迸发出的工作热情和智慧足以让人叹服,也给学生树立了良好的榜样。

英国哲学家艾蒙斯曾说:"习惯不是最好的仆人,就是最坏的主人。"好习惯让学生学业优秀,坏习惯则会削弱学生的竞争能力。只有让优秀成为学生的习惯,才能最终形成强有力的综合优势。

人大附中的天才少年刘朔曾写过一篇题为《优秀是一种习惯》的文章,这篇文章在全校引起了很大的反响。在文中,刘朔既提到了优秀是一种习惯,又给大家展示了自己是如何将优秀作为自己的习惯的。

第一要刻苦,要舍得花时间。每天保证一定的学习时间,并养成习惯。谁也不是天才,不可能不学就会。简单地讲,要取得好成绩,数理化要做题,英语要背单词、背课文,语文要多读多写。时间是"抓"出来的,一个小时可以干很多事。20分钟可以背30个英语单词,20分钟可以读1~2篇好的散文。刘朔还给同学算了笔账:每天背10个单词,加上复习不超过10分钟,三年下来就会记一万多个单词,考托福都行了。他一直认为,有些事情你觉得难,其实很简单,只要你坚持做,积累起来,效果绝对超过你的想象。

第二要讲究方法,要少走或者不走弯路。即使你再努力,花的时间再多,如果方法不对,净走弯路,效果也不好,还会影响信心,打击自己的积极性。怎么才能不走弯路呢?首先起点要对。要养成一件事从开始就把它做正确的习惯,不要稀里糊涂、不假思索地就开始了,等发现错了再改时,肯定会浪费时间。其次标准要高,养成一下子把事情做到位的习惯。比如学数学,学了概念和公式不一定会做题,会做题了未必能讲明白,如果按照能参加数学竞赛或者能讲明白的标准去学数学,那么在考试中取得好成绩是没有问题的。刘朔的体会是,用高标准学习和用低标准学习所用的时间是差不多的,但结果却相差很多。

从人大附中刘朔的例子中,我们可以看出人大附中在让优秀成为学生习惯的过程中的努力,看到人大附中老师在培养学生习惯方面的独到之处。虽然刘朔是人大附中的一个较好的例子,但是他的成才以及成长也给我们老师在培养学生优秀习惯方面带来了一定的借鉴意义,他在文中所提到的建议也是非常值得老师采纳的,主要包括如下几点:

1. 从小事做起,注意细节

一个人的习惯的好坏,素质的高低,往往反映在小事上。教师教育学生要明辨是非,并随时提醒自己,比如,注意自己的站相、坐相、走相、吃相,注意每一次作业或考试书写的工整,注意待人接物的礼仪,等等。告诉学生可能一开始有点儿累,但过不了多久便会习惯了,并且会让他一辈子受益。

2. 开好头,不开坏头

让优秀成为学生的习惯是要通过过程养成的,而过程都需要有好的开

头。教师要教育学生,只要是想好了准备做的事,就要果断地开头,既不能拖,也不能等。一段时间过后,自然会觉得它已经成为自己生活的一部分,甚至没有什么明显的感觉,到时候自然而然地就去做了,这时优秀习惯便养成了。

教师还应教育学生不能做坏事,若开了头便会对自己放纵。人大附中的刘朔坦言说:"对于电脑游戏,什么RPG、FIFA、星际、CS,我也接触过,好玩,可它真耽误事。你要被它抓住了,就会陷在里面,一时爽了,一辈子可能就不爽了。还有一种东西叫'万智牌',千万别迷上它。我们可以玩,学习效率越高,玩的时间就越多,可一定要玩有益于身心健康的东西,而且一定要能管住自己。人是一种很奇怪的动物。有些事是他该干的,有些事是他想干的,但是,该干的往往不想干,想干的又往往不该干。怎么办?只能管住自己,想办法把想干的纳入该干的范围,把该干的有兴趣地干好。能比较自觉地这样做了,就是成熟了。现在,我和我的一些同学已经能够在学习的成功中享受巨大的快乐,那是任何游戏都不能相比的。"

3. 咬牙坚持

开了好头就要持之以恒,遇到困难要咬牙坚持,千万不能松劲。这是刘朔说的,也是人大附中老师对自己学生的要求。刘朔说:"我从小学一年级开始写日记,到现在一天都没有间断过。3000多天,有累得实在不想动的时候,有病得起不来床的时候,怎么办?咬牙挺住。把日记本放在枕头上,写一句也要写。事后,你甚至会被自己的精神感动,进而特别珍惜自己的成果,越来越不忍心放弃,于是就养成了好的习惯。"

4. 营造较好的环境

教师可以通过各种手段营造环境,让学生逐渐养成优秀的习惯,可以是几个人约定,也可以班级倡议,大家互相督促,把某些好的习惯坚持下来,杜绝和克服那些坏的习惯。这样做不仅有利于让优秀成为学生的习惯,而且有助于班集体风气的建设。

5. 不找借口

美国西点军校就有这么一条规矩:不许找借口。这对于让优秀成为学生的习惯来说是非常有帮助的。人最容易原谅自己,事情没做好,会想办法找一些原因,让自己心安理得。这是一种坏习惯,它会让你软弱,会让你偷懒，会让你逃避，最终你会丧失奋起的勇气。教师应该教育学生积极地做事，勇敢地面对问题。

6. 要利用一切机会锻炼自己，习惯为他人服务

教师还应教育学生多参与、担任一些管理工作，如班干部、课代表等。因为它不仅不耽误学习，反而是锻炼自己的责任意识、为他人服务的意识以及工作能力的好机会。这也将有利于培养学生的优秀习惯。

让优秀成为学生的习惯，可以揭示出一个学生之所以优秀的深刻内涵；让优秀成为学生的习惯，也能展示一位教师之所以优秀的内在气质；让优秀成为学生的习惯，更能展现名校的风采，让名校以有这样习惯的学生而骄傲。

当每位老师在教育教学中都注重培养学生优秀的习惯时，当每所学校都在教育管理中渗透这样的理念时，我们坚信，学生不但会长足发展，而且整个学校也会营造出好的氛围，给全体师生带来意想不到的惊喜。

习惯培养高效细节之俭以养德

从小处着眼,培养学生的节俭习惯

> 节俭是你一生中食之不完的美筵。
> ——〔美〕爱默生

时代在前进,国家在发展,人民的生活也越来越好了,绝大多数人不缺吃,不缺穿,手头的钱也充裕多了。这说明我们创造的财富更多了。

但是,这样就可以奢侈浪费,就可以毫无节制地大手大脚地花钱了吗?不!勤俭节约仍然需要我们这一代人继续发扬光大,尤其是培养青少年学生节俭的习惯更是我们教师一项长期不懈的任务。

也许有些人会说:"社会上的财富是我们创造出来的,它应该被我们享受。"然而,是不是我们创造了财富就可以随心所欲地支配或挥霍呢?

不,当然不是。节俭和创造有时有着异曲同工的作用。勤俭节约可以使人们在最大限度上享受生活,而不应为了满足自己或他人的虚荣心而任意奢侈浪费。

在日常生活中,我们随处可以见到某些浪费的现象,也许这些人并没有意识到自己在浪费,也许这些人认为浪费一点点根本就算不了什么。

可是,现实绝对不允许我们这么做,勤俭节约是我们每个公民应恪守的美德,而不是说自己的生活好了,就可以浪费了。

我们应教育学生,使他们自觉地意识到浪费是一种可耻的行为,并使他们相信,一个人要想养成节俭的习惯是需要长时间培养的,尤其是在学校期间更应该养成节俭的习惯。因为,学校是学生的人生起跑线,而学生在这里养成什么样的习惯,在很大程度上取决于教师的培养。

学生只有先有了节俭的意识,他才能够将这种意识变为一种习惯,才能始终如一地坚持下来;反之,假如学生没有养成节俭的意识,那么他们就会在行动上糟蹋浪费,久而久之,就会染上随意浪费、不尊重他人劳动成果的坏习气。

现在的学生大多数是独生子女,是父母的心肝宝贝;他们常常衣来伸手,饭来张口;在他们的脑海里,也许从来就没有节俭这个词,更不用说将节俭养成一种习惯了。

所以,作为一名知识和品性的传播者,教师完全有责任和义务对学生进行勤俭节约的教育,努力培养学生的节俭意识,而让他们从小养成勤俭节约的好习惯则是每个教育工作者不能忽视的大问题。

经典案例

福建省南安市英都镇西峰小学原本是一所办学规模较小的半山区农村小学,但近几年来,学校在校长洪振添的带领下却有了长足的进步,学校紧紧围绕"读书银行""绿色童谣"两个办学特色,开创了德育工作的新领域,使学校办学水平不断提高,知名度也日益攀升。

自2004年6月4日至今,学校开展的各项活动曾先后多次被《人民日报》《福建日报》《泉州晚报》《东南早报》等国家级、省市级报纸报道,还曾在省、市电视台新闻频道上频频亮相,学校也因此积累了丰富的德育经验。

学校在日常的教学工作中发现,随着群众生活水平的提高和独生子女的增多,很多学生的浪费现象十分严重,特别是一些家庭环境比较富裕的孩子,他们从小就娇生惯养,掌握的零用钱越来越多,早就养成了花钱大手大脚的坏毛病,甚至有时只写错了一个字就会把整张纸都撕掉。

有一回,学校老师仅在一、二年级的教室里转了一圈,把讲台的抽屉里、盒子里平时学生们拾到交给老师但一直无人认领的铅笔等文具收集了一下,就有了令人吃惊的收集结果:两个年级12个班,竟收集了七八个袋子,光铅笔就有上千支,橡皮、小刀、直尺、胶棒、圆珠笔、涂改液等更是应有尽有、不计其数，而这些文具几乎都还能用。

能使用的文具为何无人认领？

学校领导和老师经过分析，认为原因无非有三点：

一是刚入学的孩子还没有珍惜自己物品的意识；

二是学生没有养成良好的节约习惯；

三是学生有丢三落四的坏习惯。

他们认为，这一代孩子的铅笔盒里可以说是都装满了"幸福"——家长们都觉得自己当年没条件，而现在有条件了，"再苦不能苦孩子，再穷不能穷教育"。所以，只要是学习上的东西，孩子们要什么，家长就给什么，缺什么就买什么。

而这样的"幸福"对孩子们来说，显然来得太容易，这也就在一定程度上造成了有些孩子浪费的不良意识，更使他们逐渐丢弃了勤俭节约的传统美德。

面对这种情况，学校领导和老师们看在眼里、急在心里，为了能够有效地帮助学生们养成勤俭节约的行为习惯，学校开展了多种节约活动，力求让学生们从点滴做起，培养他们的节俭意识。

开学初，学校就开展了以"节约零花钱、资助贫困生"为主题的实践活动，收到了很好的效果，不仅使10名贫困生得到资助，同时也使许多学生在相互带动与影响中形成了节约的好习惯。这项活动深受社会称颂、家长好评、师生认可。

暑假期间，学校又利用学生可以更多地接触社会的机会，决定开展以"争当节约小先锋"为主题的实践活动，号召学生从节约一滴水、一度电的点滴小事做起，关注身边人、身边事，养成勤俭节约的好习惯。

在实践活动中，学校还鼓励学生尽量用日记来记录自己的体会和感想。"洗手水，莫倒掉，冲厕所，一样行……"这就是五年级学生洪泽贵在自己的日记里记录下的节约体验。

在活动中，学校还要求每个学生牢记一个口号："从小事做起，从我做起"；坚持"五不"标准：不浪费一张纸、不浪费一粒粮食、不浪费一滴水、不浪费一度电、不乱花一分钱。

为扎实推进该项活动的深入开展，学校还把该项活动与创建节约型家庭相结合,鼓励学生通过网络、书籍,摘录一些有关节约的生活知识加以实践,带领全家养成节约的好习惯,培养家庭节约意识。

学生洪萍萍从书上了解到,电视机处于待机状态也要浪费不少电,就要求父母看完电视后要切断电源。起初她的父母还不相信,一了解才知道的确如此。他们高兴地说:"这项活动开展得好,小孩知道的都比大人多了!"

另一位家长也赞同道:"小学生的可塑性很强,群体性、长期性的活动对于学生养成良好的行为习惯有很大的促进作用。"

学校在暑假里开展的这一节约实践活动,不仅成功地培养了学生们的节约意识,也使学生们的假期生活过得更加充实多彩,深受社会和家长的欢迎。2005年8月12日,《泉州晚报》第四版以《小学生暑假争当节约先锋》为题对此进行了详细报道。

勤俭节约,一直是中华民族的传统美德,它不但可以培养一个人的良好品质,还可以塑造助人为乐、奉献爱心的美德。

古人云:"俭,德之共也;侈,恶之大也"。由此可见,古人是把节俭作为美德的。虽然今天的学生们很"阔绰"了,但过度地铺张浪费绝不可取,从大的方面说,它会使人丧失道德。

因此,作为一名教师,一定要从小处着眼,注意培养学生勤俭节约习惯,要让他们从点滴中学会节俭,学会培养自己的美德。

案例分析

西峰小学开展的"节约零花钱、资助贫困生"的实践活动,不仅让学生们明白了"聚沙成塔"的道理,而且也使学生知道了:每天节约一分钱可以帮助许多需要帮助的人,尤其是可以使那些贫困的学生重新走进校园,像自己一样愉快地学习、生活。

而西峰小学在暑期开展的"争当节约小先锋"的实践活动,更是在立足生活的基础上,使学生们自觉认识到了节约能源、节约金钱的重要性,使他们真正从心底里体会到了节约的意义,将节约彻底融入到自己的日常行为和生活之中。

其实，像西峰小学学生最初的浪费行为，可以说在很多学校都屡见不鲜：铅笔、橡皮随地乱扔；高档玩具比比皆是；高级服饰人人都穿……

事实上，当前学生在各方面的消费中的确存在着相当严重的高档化、贵族化的倾向，而这样的发展趋势，会在很大程度上使学生养成一种攀比的心理，会对培养学生艰苦朴素、勤俭节约的习惯产生非常不利的影响。

上海浦东有一个叫张炳新的老师，一天午饭后，他走进学生餐厅，看到桌上、地上有很多被学生扔掉的馒头，有的竟然是整个的。

他粗略算了一下，这顿饭大概要浪费20多斤粮食，作为一名老教师，他感到内心有一种撕心裂肺的疼痛。他自言自语地说道："现在的学生怎么就不知道勤俭节约呢？"

张老师为了培养学生勤俭节约的意识，在下午上课时，他告诉学生们："今天我要给大家讲几个伟人的故事，希望你们能够从这些故事中懂得一些道理。

"毛泽东主席在生活中一直保持着简朴的本色，他在求学时身无分文，但心忧天下，从来不与人谈论吃喝；在长征途中，他与红军战士们同甘共苦；到延安以后，他穿的军装补了又补，照相时自己没有帽子还曾借过别人的帽子带。

"在革命的一生中，朱德爷爷也非常注重艰苦朴素、勤俭节约。当时，他在滇军军队中官职已经很高了，虽然其他军官们都贪图享乐，他却没有这样做，他宁愿到欧洲勤工俭学，过艰苦的生活，也不愿与他们同流合污。在井冈山，他与红军战士同甘共苦，一起挑粮，为后人留下了'朱德扁担'的佳话。

"如果说他们的经历离我们已经很遥远，那么，雷锋叔叔的事迹相信你们都应该非常清楚。他参军后，每月领到的津贴费，除了交团费，买书等必要的生活学习用品外，其他的全部存入储蓄所。他的袜子总是补了穿，穿了又补。甚至变得面目全非还舍不得买一双新的。他用的搪瓷脸盆虽然有许多疤，也舍不得丢掉。"

讲到这里，张老师问道："同学们，他们的这些做法究竟是为了什么呢？毋庸置疑，他们的种种'舍不得'是因为他们从小就养成了勤俭节约的习惯，而那正是一个人的美德啊！那么，你们平时在餐厅中乱扔馒头的现象又是什么呢？"

所有的学生都低下了头，他们涨红着脸，默默无语。

一会儿，一位同学带头站了起来，说道："老师，我们错了！我们应该珍惜每一粒粮食，应该做到勤俭节约。"

这时，教室里响起了一阵热烈的掌声。

通过张老师的启发教育，渐渐地，学生们乱丢粮食的现象没有了，不仅如此，同学们也通过这堂节俭课学到了更多的知识：

有的同学将用过的作业本当做草稿纸继续使用；

有的同学不再把小铅笔随手扔掉；

还有的同学把尺子上的刻度都磨没了才肯换新的。

面对这一切，张老师不无欣慰地说："学生们改变了很多，他们每个人都学会了节俭，并且正在把节俭当成一种习惯运用在学习和生活中。"

一种良好习惯的养成是需要很长时间的，作为塑造青少年美好心灵的工程师，除了要勤发现、多督促、早教育外，还有哪些培养学生勤俭节约习惯的好方法呢？

1. 组织班级讨论会。

教师可以通过组织学生进行班级讨论会，将乱花钱的种种危害讲给学生听，让同学们各自发表意见。然后让学生们自己制订一个节俭的计划。

2. 让学生学会利用废旧物品来培养节俭。

上劳动课时，教师可以用易拉罐教学生做个花篮，将旧凉鞋剪成拖鞋等。这样既可以培养学生养成节俭的习惯，又是一种手工劳动锻炼。

3. 开设宣传栏。

教师可以在班内开设一个反对浪费的宣传栏，设置专门的课题，引导学生自己去调查身边的浪费现象，并将学生的调查结果粘贴在宣传栏中。这样能够使学生时刻提醒自己做到勤俭节约。

节俭是一个人一生的良好习惯，只有当学生养成了这种习惯时，他们才会有意识地节约每一粒粮食，节省每一分钱，才能懂得珍惜的道理。

人们常说："节衣有衣、节食有食"。如果人人都节俭，就可以给国家积聚一大笔财富。我国有十三亿人口，人人节俭一粒粮，节省一分钱，那就是一个巨大的数字，如果将这笔财富用于社会公益事业，用于贫困地区和那些即将失学的孩子身上，那将会起到多大的作用啊！

　　美丽的花园需要园丁的修剪与浇灌，学生的节俭习惯需要教师的耐心引导和苦口婆心的教导。而所有这些都是非常值得的，因为，祖国的未来需要有节俭美德的他们去发展、去壮大！

好习惯打造好人生——生活习惯培养

习惯培养高效细节之遵守交规

提高安全意识,培养学生遵守交规的习惯

> 一千万人死亡只是一个统计数字;一个人的死亡却是悲剧。
> ——〔苏〕斯大林

"一慢、二看、三通过。"

"红灯停,绿灯行,黄灯亮了等一等。"

"过马路,左右看,要走人行横道线。"

从幼儿园开始,老师就一直在教学生背诵这些儿歌,时时刻刻提醒着他们要牢记交通法规,遵守交通法规,避免发生惨痛的交通事故。

可是,在实际生活中,学生们真是一直记着这些儿歌吗?过马路时真的能够遵守这些交通法规吗?

事实上,问卷调查显示,约有20%的学生不能自觉遵守交通规则,经常会乱闯马路或红灯,而这自然会给他们的生命安全带来极大的威胁,所以出现了极为惊人的交通事故数据。

据报载,我国每年有1.85万名14岁以下的儿童死于道路交通事故,死亡率是欧洲的2.5倍,是美国2.6倍。交通事故已成为仅次于溺水造成中国儿童意外伤亡的第二大杀手。

那么,我国一年到底有多少中小学生死于交通事故呢?

2004年是4423名。这也就是说,中国平均每天有将近12名中小学生丧生在车轮之下!

而这其中有四分之一,即1000多名中小学生,是由于自己不遵守交通规则而导致死亡的:有的是因为骑自行车违规;有的是过人行横道违规。

学生是祖国的花朵和未来，他们尽情地享受着阳光雨露的滋润，然而雨疏风骤后——在飞逝的车轮下，很多年轻鲜活的生命顷刻间成为"永恒"。一个日渐沉重的话题——"学生的交通安全问题"也更加引起了人们的关注目光。

一项在北京、上海、广东、陕西等10个省市的近3万名中小学生及家长中进行的"中小学生安全调查"显示，中小学生和家长最担心的安全隐患就是交通事故。

在这次调查中，有一半以上的中小学生和家长在提建议时都涉及交通安全。他们希望学校把保证中小学生交通安全这根弦绷紧了，让中小学生确实养成遵守交通规则的好习惯。

严峻的现实警示我们，除了为学生们创建一个健康、安全的成长环境外，培养学生们自我保护的安全意识和能力，是父母，更是老师和学校义不容辞的责任。

教师不仅要对学生进行智力教育，还要进行道德、纪律教育，而加强交通安全教育更是已经到了刻不容缓的地步，应该引起学校和教师的高度重视。

当然，真正的教育是要将外界的约束转化成自觉行为。教师应该既使学生懂得如何去遵守交通规则，又使学生真正认识到遵守交通规则的重要性，提高自身交通安全意识，养成自觉遵守交通规则的良好习惯。

 经典案例

这是福建省东山县白埕小学潘春珠老师的一堂名为《马路不是游戏场》的德育公开课：

在电子的屏幕上，首先出现了一个失去了双腿的小女孩，她下身坐在一个篮球里，用双手支着向前爬着。在凄凉的二胡声中，女孩的声音缓缓响起：

"我叫田红燕，今年七岁了，六岁的时候，我们几个小朋友去向正在地里干活的妈妈要钥匙，在我们过马路的时候，几辆大汽车向我们猛扑过来……"

"等我醒过来的时候,我只觉得我的两只脚冷冰冰的。我叫妈妈给我穿上鞋子,妈妈什么也不说,泪水滴到我的脸上。原来我今生今世再也不用穿袜子、穿鞋子了,甚至连裤子也不用穿了。

"我现在走路用的鞋子是一个篮球,到今天为止,我已经磨破了六个篮球了。每天,好多的叔叔阿姨来看我,他们总是给我买一些糖果呀、饼干什么的,可我多么希望他们给我买一个新篮球和一个新书包啊!

"驾驶员叔叔阿姨们,你们飞快地开着汽车,又飞快地跑的时候,请你们想想我,想想我这个坐在篮球里的女孩儿,我天天在想,谁能给我像你们一样的两条腿呢?"

录像播完了,全场一片肃静。

片刻后,潘老师问道:"同学们,看完了刚才的录像,你们有什么感受呢?"

学生回答道:

"她很可怜,这么小就失去了双腿。"

"她真惨,将来怎么办呀?她的腿再也不会有了。"

"老师,我想我们可以帮她买个篮球。"

"对,我们来捐款。"

潘老师赞许地说道:"你们真有爱心,老师很感动,算我一个。课后我们再具体策划一下,好吗?现在,你们还有其他体会没有?"

学生们回答道:

"马路不是游戏场,不能在马路上乱跑。"

"刚才那个小孩就是在要穿过马路的时候被车撞了。"

"她是小孩呀,自己过马路多危险呀!"

潘老师总结道:"所以,我国规定小孩七周岁才能独自过马路。"

这时,轻缓的背景音乐声恰好响起,潘老师接着问学生们:"同学们,你们知道这首歌的名字吗?"

学生们齐声回答:"《祝你平安》!"

潘老师点了点头,道:"对,是《祝你平安》。然而,并非所有的人一生都能平安,这世界上像小红燕一样的人还有很多,大家请看——"

多媒体课件又开始播放一段惊心动魄的录像,全是各种交通事故的惨状。

整个教室鸦雀无声，低沉的画面音再次响起：

"第一次世界大战，2000万人丧失生命；第二次世界大战，又有3600万人化为硝烟；然而，一个更为残酷的事实却被人们忽略了，那就是自第一辆汽车问世至今，已有4000万人惨死在那些飞旋的车轮之下。

"据公安部交通管理局统计，我国近几年来因交通事故造成的死亡人数，已经相当于一个县城的人口数；每年受伤的人数更相当于一个中等县城的人数；更为可怕的是，全国平均每六分钟就有一人死于车祸，每一分钟就有一人在车祸中受伤……"

真实的录像，精确的数据，不幸的女孩，催人泪下的案例，震撼人心的效果，犹如亲临现场的情境，让学生们感同身受，在潜移默化中体验到了一次震撼人心的安全教育，在不知不觉中树立起了强烈的道路交通安全意识。

教育提高人的意识，意识改变人的行为，塑造人的习惯；行为决定了后果，习惯决定了命运。

对学生进行交通安全教育，培养他们良好的遵纪守法观念，让交通安全意识在他们心里扎下深深的根，从而潜移默化地支配着他们的行动，成为他们一种自然而然的习惯，是解决学生交通事故问题的根本途径。

只有学生自身具备了足够的交通安全知识和自我防卫意识，才能确保他们的安全和幸福。

案例分析

在人们的想象中，这个时代的少年儿童应该总是沐浴在阳光之下，在家享受着父母无微不至的呵护，在校有教师细致周到的关爱，走上社会面对的是来自四面八方的照顾……

但事实上，他们的生命正在被无情的车轮吞噬着，正在被疏忽大意的交通意识侵袭着。悲剧每天都在不断地发生、上演，不知何时会落幕。

其实，之所以发生这种情况，与少年儿童的行为习惯有着很大的关系。

好习惯打造好人生——生活习惯培养

在交通活动中，他们往往充满幼稚的自信，想跑就跑，想走就走，想过马路就立即横穿，总是令正常行驶的车辆猝不及防也防不胜防。

再加上他们正处在启蒙教育和基础教育阶段，知识面窄，又在教师和家长的影响下，只注重文化课的学习，缺乏对交通法规和交通安全知识的系统学习和了解，不知道自己违反交通规则将会导致怎样的后果，对违章的危险性没有足够的预料。因此，他们就自然而然地成了交通活动中处于危险地位的弱势群体。

近些年来，对于学生的交通安全，从政府到学校，从学校到家长，无不为之忧心忡忡。普及交通安全教育，把交通事故降到最低，这已成为这个时代的呼唤。

从学生一日的作息时间看，除去睡眠时间以外，学生一天在课堂上消耗的时间（包括做作业），约占他们生活时间的二分之一。在这长长的时间里，学生的认知、情感、性格、意志时时都在发展和变化着，因此，学生的交通安全教育，应该首先由学校和教师承担起来。

"一切为了孩子，为了孩子的一切。"对于所有学校和教师来说，这句话不应只是挂在嘴边，而要深深刻在心上，落在实处。学校必须重视交通安全教育，教师必须发挥内在的教育因素，提高学生的交通安全意识，培养学生遵守交通规则的好习惯。

于是，便有了潘老师《马路不是游戏场》的德育公开课，便有了"随风潜入夜，润物细无声"的交通安全教育，便有了为提高学生的安全意识、培养学生遵守交通规则的习惯而使用的各种方式方法。

1. 在课堂教学中渗透

课堂教学的内容与环节中蕴涵着不少的交通安全教育资源，比如，六年级第一学期英语中有认识道路交通标志的内容。教师除了让学生懂得这些标志的作用外，还应让学生学会用英语做动作手势，指挥交通。

教书与育人犹如形与影、光和热，密不可分。对交通安全教育而言，课堂教学有其特殊的意义，为其他渠道所不能替代，教师必须认真对待。

2. 请交通安全的专业人员来讲课

教师可以邀请交警、交通安全宣传员等，到课堂上给学生讲授有关交通安全的专业知识，提醒学生在参与交通活动时应注意的事项，并及时进行交通安全知识考核，其成绩可以与三好学生的评定挂钩。

3. 举行交通事故演讲活动

演讲内容可以是身边的事，也可以是听闻的事，还可以是一些发生在我们耳熟能详的人物身上的事。比如，伟大的战士雷锋、人民的好公仆孔繁森、《还珠格格》中"香妃"的扮演者刘丹等，都是死于交通事故。

学生通过对交通事故的描述，可以弄清楚事故发生的原因，从中学习到有关的交通知识，树立良好的交通安全意识。

4. 组织课外活动

教师可以结合班队活动、课外活动，对学生进行交通安全教育，也可以收到意想不到的效果。

比如，组织学生开展"安全骑车"中队主题活动，让学生自己设计活动方案，分头收集资料，汇报交流，整个过程都由他们自己完成。由此，学生们既巩固了已学到的交通安全知识，又进一步规范了自己的交通安全行为和习惯。

5. 重视社会实践

"纸上得来终觉浅，绝知此事要躬行""你听你忘记了，你看你记住了，你做你学会了"，一句中国古诗，一条外国谚语，说的都是同一个道理——实践出真知。

学校要重视社会实践，让学生通过身临其境来体验、感悟，推动学生在社会实践中自我认识、自我体验、自我感悟、自我教育，充分发挥学生的自主性，这才是培养自觉遵守交通法规的根本动力。

比如，在每年5月5日的交通安全宣传日，可以组织交通安全小卫队，"小卫士"走上街头，挥动小黄旗，宣传交通安全知识；协助民警指挥交通，维护交通秩序；让他们的身影活跃在大街小巷，用自己稚嫩的小手拉起粗壮的大手，共同筑起维护交通安全的长堤。

加强安全教育，树立安全意识，培养学生遵守交通法规的行为和习惯，这不仅是学校安全工作的需要，也是全面提高学生综合素质的基本要求。

"十年树木，百年树人"，交通安全教育工作必须从学生抓起，使学生从小就树立交通安全意识，养成自觉遵守交通法规的良好习惯，这是利在当代、功在千秋的大事，更是创建良好秩序的百年大计！

习惯培养高效细节之珍爱健康

激发兴趣，培养学生热爱体育锻炼的习惯

> 锻炼身体要经常，要坚持。人同机器一样，经常运动才能不生锈。
>
> ——朱 德

2003年，教育部在例行的体质监测中，对全国11万多名大、中、小学生进行调查，最后得出的结论是：学生的体重和身高与上一次调查相差不多，但是有一个明显的改变，即学生的身体素质下降，近视率居高不下。

原因何在？

事实上，全国各地的学校对体育课不可谓不重视：不论小学、中学和大学，体育都是必修课。在初中升高中的考试中，体育课作为必修课更是占了30分。

可问题是，学生的体质是单靠体育课就能够锻炼出来的吗？

教育部体育卫生与艺术教育司杨贵仁司长说："体育锻炼是要养成习惯的。"西方国家学生的身体素质之所以强于国内学生，其主要原因就是他们锻炼的自觉性和意识都要比国内的学生强。

国内很多学生对自己身体重要性的认识还相当肤浅，他们总是抱持着这样一种想法，现在年轻，身体很好，锻炼是以后的事情。因此，有人曾把现在国内的体育锻炼说成是"夕阳体育"，换句话说，就是国内从事体育锻炼的更多是老年人。

那么，学生的体育锻炼究竟什么时候才能变成自发需要呢？

《中共中央国务院关于深化教育改革、全面推进素质教育的决定》指出：

"……学校教育要树立健康第一的指导思想;确实加强体育工作,使学生掌握基本的运动技能,养成锻炼身体的良好习惯。"

《全民健身计划纲要》中提出:"要对学生进行终身体育教育,培养学生体育锻炼的意识、技能与习惯。"

新的体育教学课程明确提出:把使学生养成良好的体育锻炼习惯作为教学目标之一。

学校体育要为学生打好终身体育基础,培养学生对体育的兴趣、爱好,并养成体育锻炼的习惯,这一点现已在教育界取得了共识。

因此,教师在体育教学中,不仅要培养学生的体育能力,而且还应把体育和课外体育活动结合起来,强调培养学生对体育的兴趣,从而逐渐培养起学生体育锻炼的习惯。

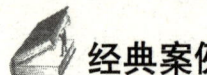
经典案例

近几年来,"快乐体育"一词被越来越多的人提及。中国沿袭了一个多世纪的学校体育教育的传统,正在受到"快乐体育"的冲击,且"快乐体育"有蓬勃发展之势。

"快乐体育",是从终身体育与个性和谐发展需要出发,把体育运动作为学生将来的生活内容教给他们,让他们体验、理解、掌握、创造运动的乐趣,从而激发学生积极参加运动的自觉性,使他们养成终身锻炼的习惯。

东北师大附中作为中国知名重点中学,就是从"快乐体育"入手推进学生素质教育的,最终培养出了一批体育尖子,并连续两次在吉林省中学生运动会上取得了优异成绩。

在体育教学上,东北师大附中以前一直以运动技术和体能训练为主。从2000年开始,学校逐渐突破了这种定式,在全国率先开始实行"快乐体育"教学法。

学校老师根据多年实践,摸索出了一套实用、独特的培训方式,在每周两节体育课的基础上,再为学生们增加一节体育活动课,讲授运动技能、体育游戏和集体体育活动,并通过三方面的有机结合提高学生的身体素质。

好习惯打造好人生——生活习惯培养

体育活动课每节45分钟，每次一个年级的学生全部参加，学生可以根据自己的兴趣组成篮球、足球、乒乓球等队伍，而体育老师则负责解决学生们在活动课中产生的各种问题。

在体育活动课上，低年级与高年级的活动内容是不同的。以篮球为例，初一练运球、上篮等基本动作；初二练习简单的技巧、战术配合；初三了解比赛知识。

体育活动课自从开设以来，就成了学生们每周最盼望的一节课。学生们在体育活动课上既能够认识其他班的同学，也能在比赛中体会到团结、友谊的可贵，同时更增强了对运动的兴趣，实在是一举数得。

随着"快乐体育"教学法的成功实施，学校开始全面推进，一个学年设置34节课，使各年级学生逐步提高了对体育的欣赏和参与能力。学校还从东北师大聘请了10位体育教师，与本校的10位体育教师一起作为活动课的辅导员，分派到各类运动队中。

不过，学校每周开设三节体育课的宗旨，可不是要借此培养出多少体育拔尖人才，主要目的是培养学生对体育的爱好与热情，从而养成其终身锻炼的习惯。

杨帅是一名初三毕业生，正是在体育活动课中涌现出的"田径尖子"。他不仅身体练好了，而且学习也没耽误。他说："我从运动中得到了快乐，运动带给我信心，我现在已经离不开运动了。"

在第八届全国中学生运动会的田径赛场上，"东北师大附中军团"成了一道引人注目的风景。吉林省代表队中有十多名运动员都来自东北师大附中，这些选手在赛场上都异常活跃，且成绩优异。

"兴趣是最好的老师"，兴趣是学习的动机，是学习的保障。如果学生对体育活动有浓厚的兴趣，那么，即使再累他们也会积极地参与，从而形成持之以恒的行为习惯。

反之，如果学生没有兴趣，再好的活动也会让他们觉得乏味，即使已形成的习惯，也会随着兴趣的淡薄而逐渐消退。

因此，教师要想培养学生养成终身的体育锻炼习惯，就必须先着重培养学生的体育锻炼兴趣，增强他们的终身体育锻炼意识，为终身进行体育锻炼

271

打下良好的基础。

案例分析

人的本性是爱动、爱"玩"的。所以，对于体育课和运动、锻炼，多数学生最初都是抱有很大兴趣的。

但是，由于大部分体育课主要还是习惯于教条式地要求学生完成各种教学内容，教学方法往往流于形式，单调重复，缺乏新意，致使学生渐渐对运动的感受性降低，慢慢失去了兴趣，自然也就无法具有端正的锻炼态度和对自我的锻炼要求，甚至还会产生一种厌恶心理。

特别是在同一个班级里，部分学生有着共同的爱好，这样，就会出现一部分学生积极地参与锻炼，而另一部分学生消极应付的情况。这就使得学生的积极性和主动性被压抑，造成了部分学生不喜欢体育，不愿意参加体育锻炼的习惯。

而反观东北师大附中实行的"快乐体育"教学法，则完全尊重学生在体育运动中的主体地位，重视激发学生对体育锻炼的兴趣，并认为体育运动本身就是一件愉快的、有吸引力的乐事，可以带来深层的心理快感或成功感，从而真正将运动融入了学生的生活之中。

兴趣是一种心理倾向，而习惯则是生活中的"自然"行为。在体育教学过程中，教师应该在提高学生对体育活动意义认识的基础上，促进他们对此发生兴趣，最终让其养成进行体育锻炼的习惯，并使其成为他们生活节奏中一个不可缺少的动听音符。

因此，体育教师在组织课堂教学或身体素质练习时，不妨一改传统的教育模式，使用一些新的教学手段和方法，激发和保持学生的运动兴趣，以提高体育锻炼效果。

1. 设疑

设疑，即以问题的形式提出每堂课的教学内容，使之成为一种诱因，把学生已经形成的兴趣由潜伏状态转入活动状态，从而成为推动学生的内部动因，调动其积极性来解决当前的任务，同时使已形成的兴趣得到巩固和加强。

例如，中长跑教学是教学中较单调、枯燥，学生比较惧怕的一项运动。为了消除学生的这种恐惧心理，我们可以首先提出一些问题：

"为什么青岛的中长跑在山东处于领先水平？"

"为什么说长跑运动能考验人的意志和毅力？"

通过对这些问题的讨论，学生会自觉主动地去了解中长跑的技术要领，懂得锻炼身体的意义，逐渐激发出对中长跑的兴趣，投身中长跑运动并从中体会中长跑带来的乐趣。

2. 新颖的教学内容、方法

教学手段的新颖，可以提高学生的兴奋性和直接兴趣，调动学生锻炼的积极性，学生也容易接受。因此，教师不妨适当改变一下教学方法，可以先提出练习要求，再让学生自己开动脑筋，设想各种动作，达到要求，完成任务。

例如，先提出让学生两人一组共同完成需要两手和两脚同时着地的造型动作的要求，再让学生自己去摸索和实践。如此，全班几十名学生就能做出各不相同的十多种动作造型。这种轻松活跃的学习气氛，就会使学生想学、会学和要学，从而对运动产生强烈兴趣。

3. 游戏竞赛

在体育教学中，多利用游戏手段，使学生始终处于一种"角色情境"中，创设一种宽松、活泼、和谐的教学氛围，就能充分激发学生对于体育锻炼的主动性和积极性，提高运动质量。

例如，在体操横箱分腿腾跃教学中，可以在准备活动中有意识地安排"跳人马接力"游戏，学生自然就会兴趣盎然、跃跃欲试，同时还能在游戏中领会技术要领，克服跳横箱怕摔跤的恐惧心理，体验运动的快乐。

4. 挖掘学生的兴趣点

发现和培养学生的锻炼兴趣，挖掘体育锻炼的乐趣，是培养学生良好锻炼习惯的必要条件。

以足球活动为例，我们可以发现，大多数喜爱并经常参加足球运动的学生都具有不错的跑动能力，这是学生在足球活动过程中得到锻炼的结果。此时再加以引导，配合其自身的体验，学生必然会欣然接受。

对于培养学生良好的体育锻炼习惯而言，兴趣是激发活力的内因，而一些基础而强制性的工作则是外因。虽然内因是主，外因是辅，但是外因同样不容忽视，也必须由教师帮助学生去完成。

第一，抓好学生体育意识的培养。

从心理机制上来说，习惯是一种定型化和自动化的条件反射，是经过长期的训练、强化和积累而形成的。所以，习惯的养成必须是建立在良好的意识基础上的。

然而，我们目前的体育现状却是：学生的体育意识淡薄，参与意识差，重智轻体的观念占主导地位。这样一来，体育锻炼习惯的养成也就成了一句空话了。

所以，教师在培养学生的锻炼习惯时，一定要注重对学生的体育意识的培养，要有意识地给他们渗透参加体育锻炼的重要性。

第二，发挥言传身教的作用。

学生模仿性强，体育教师往往是学生直接效仿的对象之一，对学生能否形成良好的体育锻炼习惯有着直接的影响。

因此，体育教师在教学中应充分发挥为人师表的示范作用，认真贯彻体育常规，科学地安排体育运动，规范准确地讲解示范动作技术，并且加强练习方法的指导，让学生的每一节课都成为一个科学锻炼身体的过程，并且能体验到成功的愉悦和运动的快乐。

第三，加强良好锻炼习惯的训练。

苏联教育家马卡连柯曾说："必须努力尽可能坚强地形成学生良好的习惯，但为了达到这种目的，最重要的还是正当行为的不断练习。"良好习惯的形成是意志与毅力的结果，只有经过严格要求、反复训练和努力实践才能形成。

因此，体育教师应依据学生的年龄、心理特征，根据教与学的需要与可能，制订严密的、科学的、切实可行的计划，有的放矢地逐个项目培养和训练，让学生准确掌握动作要领和练习过程，要由易到难，由单项到系列，由部分到整体坚持不懈地训练。教师还应经常督促检查，持之以恒。

从内因到外因，从兴趣到训练，要养成学生良好的体育锻炼习惯，教师的作用不容忽视，责任更不容推卸！

第七届大学生运动会提出了这样一个口号:"每天锻炼一小时,健康工作 50 年,幸福生活一辈子。"

这是教育主管部门希望所有学生能够达到的目标!杨贵仁司长说:"我们在考虑怎样激发学生的热情,营造体育运动的氛围,让学生锻炼起来。"

这也是所有教师必须帮助学生完成的任务。因此,大教育家蔡元培先生说:"夫完全人格,首在体育。"仔细深思,确实是至理名言。

习惯培养高效细节之饮食均衡

通过科学活动培养学生不挑食的习惯

> 营养的均衡搭配,是人体强壮、精力充沛的必不可少的保障。
> ——〔美〕詹姆士

每当看到《年轮》里的主人公们在小学的课堂上分食豆饼之时,许多有过此种经历的人总是不由得发出慨叹,继而谈到现在的日子越过越好,而孩子却越来越挑食。

有位年轻的妈妈问电视台记者:"30年前的父母与今天的父母有什么不同?"

记者答:"30年前的父母担心孩子没饭吃,30年后的父母担心孩子不吃饭。"这句话道出了当代年轻父母为孩子不爱吃饭而大伤脑筋的事实。

而今天,孩子偏食和挑食,已经不仅仅是家长要面对的问题了,这也成了令学校教师头痛不已的问题。

在幼儿园中,你会看到那些不喜欢吃蔬菜的孩子把蔬菜拨得到处都是,幼儿教师不得不一边轻声哄劝,一边收拾挑食的孩子制造的麻烦。

在小学中,你会看到一些学生因为挑食,导致营养不均衡、身体素质下降,或是过于肥胖,或是过于瘦弱,这往往使他们的体育不能达标,还会时不时地请病假。

面对学生挑食的问题,教师可谓招数用尽。为学生们大讲特讲红军长征中"过草地吃皮带"的故事,结果换来学生一脸茫然和一些啼笑皆非的问题。可是从营养学的角度为学生灌输吃什么好,吃什么不好,且不说学生是否能够真正地理解这些知识,单从学生的心理来说,他们也很难接受这些空洞的知识,从而可能产生抵触的情绪,使教师的纠正工作很难进行下去。

但是人生下来就以吃为第一要事,因为只有吃才能维持生命,而吃得均衡才能营养均衡,才能够维持身体的正常运转。学生正处于身体发育阶段,如果没有良好的饮食习惯,会给他们的身体发育带来障碍,会使他们失去努力学习和快乐游戏的良好基础。

而且,不挑食的好习惯也是他们长大后能够迅速适应生活的基础。因为现代社会人口流动速度加快,当这些学生长大成人之后,他们可能会到祖国各地为国家建设作贡献,甚至有可能到世界各地去发挥自己的作用,而无论走到哪里,他们都必须适应那里的生活,而第一道关卡就是吃。

因此,教师应该发挥自己的聪明才智,培养他们不挑食的好习惯。

 经典案例

北京的小学生挑食,在全国都可以排第一了,为此苦恼的家长和老师也是不计其数。北京一师附小的果雁英老师就有好办法,她通过自然课上生动有趣的活动让她的学生了解每一种食品的作用,让学生们在科学娱乐中改掉挑食的坏毛病。

在一堂名为"大家来尝一尝"的自然课上,她为学生讲解了植物的五种器官——根、茎、叶、花、果实。秋天是一个丰收的季节,她决定通过一堂生动有趣的活动,让这些"独苗苗"爱上蔬菜和水果,变成不挑食的好孩子。

为了把这场课堂活动搞得生动有趣,她事先找了一些学生做骨干,安排他们每人准备一种植物,并向同学们介绍:他们食用的是植物的哪一部分,吃了它有什么好处?对身体健康起什么作用?

为了调动其他学生的兴趣,让他们积极参与进来,切身体会不挑食的好处,果老师在活动开始的前两天贴出来一张非常形象的海报:上面有一只可爱的红苹果,与它为伴的是一棵嫩绿色的大白菜,并写道:"谁要想使自己的身体更健美,请你来参加自然兴趣活动。"并注明:参加者自带水果和蔬菜。

通知一贴出就引起了学生们的极大兴趣，他们纷纷找到果老师说："星期四我一定要参加自然兴趣活动。"

果老师的自然兴趣活动课终于在学生的焦急等待中开始了，学生们带着苹果、梨、香蕉、西红柿、黄瓜等兴高采烈地来到了自然教室。教室里的12张桌子瞬间变了样，每两张桌子并在一起，上面已经摆好了骨干学生事先带来的水果和蔬菜。

第一张桌子上摆了4个盘子，分别放着苹果、梨、香蕉、橘子；第二张桌子上摆着一盘拌芹菜，一盘炒蒜苗，一盘肉炒葱头；第三张桌子上放着一盘糖拌西红柿，一盘糖醋黄瓜，一盘用南瓜和鸡蛋拼成的金鱼；第四张桌子上放着拔丝白薯、糖拌心里美萝卜丝；第五张桌子放着一盘栗子、一盘花生、一盘核桃、一盘老玉米；第六张桌子放着糖拌藕和油炸土豆片。

看着这一桌桌丰盛的瓜果蔬菜，同学们都惊喜地张大了嘴。

果老师宣布活动开始了，主持人于扬说道："以前，老师在课上给我们讲了植物的五个器官，谁知道这些器官对人体有什么好处吗？今天的活动让骨干同学给大家介绍一下，看看他们谁介绍得好。下面谁来介绍？"

他的话音刚落，只见平时只爱吃肉的小胖子闫涛手托着一盘苹果走上前来，边走边说："今天我给大家介绍的是苹果。苹果是植物的果实，苹果含有大量的维生素，多吃苹果可以增加维生素，增强体质，我现在除了爱吃肉，也爱吃苹果了，希望大家跟我一样都爱吃苹果。"

这时，只听见有个小女孩自言自语地说："以前我不爱吃苹果，爱吃橘子，既然苹果含有大量维生素，那以后我也多吃些苹果，让身体长得结结实实的。"

一个五年级的女孩站了起来，手里举起一只大口瓶。她说："同学们，你们猜猜看，这是什么？"有的同学说是糖水，有的说是水。这个同学歪着头说："你们说得有点对，这是用梨和冰糖熬成的水，是梨水。它可以润肺，咳嗽嗓子痛时，喝了它有好处。这两天，老师因工作忙，嗓子都哑了，我专为老师熬的梨水，请老师喝。"她讲到这儿，同学们都鼓起掌来。当她把一瓶梨水举到果老师面前时，果老师的眼睛湿润了，忙说："谢谢，谢谢……"

学生们一个个介绍着，相互交流着，品尝着，教室里充满了活跃的气氛。有的说："以前我不爱吃芹菜，听了介绍再品尝，我觉得芹菜不难吃了。

为了身体健康，我以后要多吃。"有的说："通过今天的活动我懂得了，一个人长身体时，不能只吃单一的食物。只有不挑食，什么蔬菜、水果都吃，身体才能长得更健美。"

果老师的自然兴趣活动收到了应有的效果，一些学生从此改掉了挑食的毛病。

学生良好的生活习惯，不是通过家长和教师的强制措施就能让他们养成的。特别是小学生，他们的生活知识寥寥可数，他们爱吃什么、不爱吃什么，完全是凭着自己的口味来选择。而且他们生活在这个食物富足的时代，无法想象食物匮乏时代的样子，纵使教师在学校坚持不懈地讲解那时的生活，也不过是学生头脑中的概念而已。

因此，在改变学生偏食和挑食这些坏习惯上，不能一味地选择思想教育，更应该从现实生活中入手，从科学中入手，让学生深刻地理解不挑食的好处，使他们养成良好的习惯。

案例分析

小学生挑食、偏食与社会的发展和家长宠爱是分不开的。现代社会物资极大丰富，生活在城市里的孩子每天面对着花样翻新的零食，而家长，特别是祖父母那一代的家长，生怕孩子受委屈，不断地满足孩子提出的要求。这也使得，孩子养成了偏食、挑食的坏习惯。

作为教师，只凭空洞的道理、生硬的命令是很难纠正学生偏食、挑食的习惯的，毕竟现在小学生用餐时间在家时居多。教师要真正纠正学生不良的习惯，必须从小学生的天性和心理出发。

小学生对教师始终抱着崇拜的心理，在他们的心里，教师是无所不知的万能词典，是他们行为举止的楷模，因此，教师在引导他们形成良好习惯时，应该时刻丰富自己的知识，注意自己的行为举止。

而且小学生天性爱玩，并具有强烈的好奇心。他们对任何事物都喜欢问"是什么""为什么"。

北京一师附小的果老师正是抓住了小学生这一天性，为她的学生们设计了一堂别开生面的自然课。通过这次活动，她不但让学生充分了解了植物的生命历程，而且对学生的挑食、偏食习惯进行了全面的纠正。

首先，果老师认为，自然课不应该只是简简单单地教会学生认识自然，更应该教会学生从认识动植物中掌握一些动植物作为食物对人体的作用。而这种让人耳目一新的活动更能够吸引这些充满好奇的小学生。

其次，她选择一些骨干分子，可以通过他们的积极性带动其他学生的积极性，避免到活动之时是老师一个人唱独角戏。

教与学，是一个有层次的互动过程，每一位教师，不管他的能力多强，工作多努力，他都不能面面俱到，因此，他在工作中，应该先引领一部分学生，之后再让这部分学生有意无意地带动身边的学生。老师是五线谱上领头的高音谱号，学生则是五线谱上高低起伏的灵动活泼的音符，而一首保持良好习惯的曲子便由此谱出。

另外，果老师利用巧妙的形式广发"英雄帖"。她从多年的教学经验得知，小学生好胜心极强，他们轻易不会承认自己是一个拥有不良习惯的孩子。所以在活动中，纵使碰见自己不爱吃的食物，他们也不会挑剔。而且谁不想成为健康活泼的孩子呢？因此，他们从活动中知道他们不爱吃的食物原来有那么多的好处，自然不会再排斥它们。

果老师的小活动不但纠正了学生们挑食、偏食的习惯，而且还意想不到地获得了学生的关心。

现在的小学生与社会接触越来越多，对于学生挑食、偏食的不良习惯，教师用抵制的教育方式很难获得良好的效果。

因此，教师应该加强与学生的互动，从他们能够理解的角度出发，带领他们走入那个领域，让他们自己去体会和学习。而加强科学与生活的联系是现代科学教育的重要思想。教师在教学中不满足于书本知识的传授，积极采用趣味性很强的科学活动等形式，往往能促进学生将科学知识与日常生活联系起来，使他们养成科学的、良好的生活习惯，这对学生的健康成长将会产生重要影响。

一代伟人毛泽东说过："身体是革命的本钱。"而强健的身体无疑与良好的饮食习惯密不可分。

对于年龄尚小的学生来说,他们因为还不懂得身体的重要性,还欠缺饮食结构合理搭配的科学观,还习惯于只要自己喜欢就大饱口福,而对自己不喜欢的食物就采取拒绝、厌恶的排斥行为,所以致使身体发育状况并不容乐观。

在这种情形下,老师的积极启发、诱导,往往能使他们受到深层的启迪,继而不偏食、挑食,从而养成良好的饮食习惯。

习惯培养高效细节之珍惜时间

通过亲身体验培养学生珍惜时间的习惯

> 时间就像海绵里的水，只要愿挤，总还是有的。
>
> ——鲁 迅

郭沫若说："时间就是生命，时间就是速度，时间就是力量。"

华罗庚说："时间是由分秒积成的，善于利用零星时间的人，才会做出更大的成绩来。"

陶渊明说："盛年不重来，一日难再晨，及时当勉励，岁月不待人。"

莎士比亚说："抛弃时间的人，时间也抛弃他。"

富兰克林说："时间非万物中最贵重的东西，但如果浪费了，那就是最大的浪费。"

别林斯基说："在所有的批评家中，最伟大、最正确、最天才的是时间。"

高尔基说："世界上最快而又最慢，最长而又最短，最平凡而又最珍贵，最易被忽视而又最令人后悔的就是时间。"

……

千百年来，人们用华丽的辞藻提醒时间的重要，用优美的诗歌点出时间的紧迫，更用伤感的文章叹息时间的流逝，用犀利的语言批判对时间的浪费……

总而言之，对于人类来说，时间是最重要，也是最容易为人们所忽视的宝贵资源。高尔基说过："时间是最公平合理的，它从不多给谁一分。勤劳者能叫时间留下串串果实；对懒惰者，时间留给他们一头白发，两手空空。"

我们虽然不能让时间停留，但可以每时每刻都做些有意义的事。只要充分利用时间，任何人都可以成才；而也只有充分利用时间，一个人才会有所作为，才能享受美好的生活。

曾经有这样一副对联：好读书不好读书，好读书不好读书。

上下联的文字完全相同，这是怎么回事呢？

原来诀窍在读音上，四个"好"字依序读作：上声，去声，去声，上声。

意思是，青少年时期，精力充沛，耳聪目明，记忆力强，是一生中读书学习的大好时机，却不知珍惜，耽于玩乐，荒废了时间，浪费了青春。而后，经过磨难，增长了阅历，明白了事理，方知读书的好处，开始喜好读书，可是年事已高，耳鸣眼花，记忆力衰退，早已丢掉了读书的大好时机。

这无疑是一种极大的遗憾，但更让人忧心的是，当今不少青少年仍然走在这条老路上，时间观念极其淡薄，根本不知抓紧时间努力学习。如果任由他们发展下去，他们的未来也就可想而知了——不但无法成为栋梁之材，更不可能享受到美好的生活。

而如何加强青少年的时间观念，培养他们惜时、爱时的习惯，则是教师义不容辞的责任。

 经典案例

王能民是江苏省海门市东洲中学的一名一级教师，曾先后十多次被评为校优秀班主任，所带班级也多次被评为市先进集体、优秀团支部等。

他的教学方法独特而又吸引人，很受学生们的欢迎。他曾有多篇论文发表或获得省、市级奖，他本人三次受到海门市政府嘉奖，并参加了两个国家级的课题研究。

有一段时间，王老师发现学生们浪费时间的情况十分严重，特别是每天的晨间管理，更是成了让他愁头的20分钟。

每次走进教室，他都会被嘈杂声所包围，学生们或是不停地在座位间走动；或是三人一群、两人一组地扎堆聊天；虽有几人能规规矩矩地坐在位置上低头写着什么,但也被这喧闹声吵得无法安静……

20分钟,说起来并不是一段很长的时间。

然而,对于教师和学生而言,20分钟实在是太珍贵了,一节课才有两个20分钟——老师要在两个20分钟之内将知识传授给每一个学生,学生则要两个20分钟之内把所有知识都能够大致掌握,在这之中,效率是多么至关重要啊!

王老师因此又急又气,开始往往采取大声呵斥的办法,甚至采取了一些惩罚措施,以便将场面"镇住"。但是,他的呵斥和惩罚却只起到了给沸腾的开水加一瓢冷水的作用。学生们虽然听话地回到了自己的座位上,可却仍不知道该做点什么。过后,仍依然如故。

面对这种现象,王老师开始冷静了下来,仔细地思考问题的所在。他发现自己的方法并不太好,因为尚未成年的学生的不稳定性,决定了他们并不真正了解时间的可贵,而教师简单粗暴的呵斥和惩罚也不能使学生受到真正的教育。

为此,王老师设计了一个特殊的教育活动,让学生亲身感受时间的可贵性,感受数字的真实性,从而起到教育的效果。

这一天,上课铃声响了,王老师走进课堂,随着班长一声"起立",全班同学都站了起来,一秒,两秒……十秒过去了,王老师却始终没有像往常一样接着喊"请坐"。

整个教室因此变得鸦雀无声,学生们默默地互视了一下,谁也没说话,他们都感到很奇怪,怎么今天老师不喊"请坐"?

王老师没有对学生们的疑惑立刻作出解释,而是一直等到后墙上时钟的秒针滴答滴答走了整整两圈,他才轻轻地说了声"坐下",全班学生如释重负地跌坐在了椅子上,却仍然迷惑不解地看着老师。

王老师开口问道:"谁能说说,刚才我们站了多少时间?"

"五分钟!"一个学生抢着回答。

"不止,不止,十分钟!"学生们顿时争论了起来。

王老师立即做出一个手势,平息了学生们的争论,宣布了答案:"是两分钟!"

但是,这个答案却没有一个学生愿意相信:

"怎么，两分钟竟有那么长?"

"这真是漫长的两分钟啊!"

"我几乎听见了自己的心在跳动,血在奔流,因为教室里太静了,静得有些难熬……"

王老师接着说道:"两分钟在一天的生活中也许微不足道,然而人的生命不正是由许许多多的两分钟加两分钟组成的吗?请每位同学回家后做一个小小的社会调查,根据父母的不同职业访问、调查父母或其他亲友两分钟能做多少事,或者一小时、一天可做多少事。"

几天以后的班会上,学生们纷纷报告了自己的调查结果。

一位学生的母亲是火车售票员,星期天早晨,她跟母亲去上班,她发现从8点至8点10分,母亲共售出火车票32张,平均每分钟售票3.2张。她因此发言说,如果不抓紧时间,售票员一个人不惜时,就会浪费很多人的时间。

学生们的发言使他们自己深感震惊,他们在互相的启迪中加深了对时间的理解,因此都对平日里无端虚掷时间的行为感到羞愧。

虽然学生们通过这次活动都认识到了时间的重要性,但王老师并没有因此而放松警惕,而是经常性地给学生们灌输时间的意义,以期让他们真正养成惜时的习惯,而不是"三天打鱼,两天晒网"。

王老师常常组织学生们到学校附近的美印厂参观访问,和他们一起观察工人叔叔一分钟、一小时都能做些什么。

王老师还鼓励学生在家种西红柿、玉米或其他作物,要求学生观察农作物从栽种到挂果、收获的全过程。

一个学生写道:"作物从生根发芽到开花结果,每分每秒都在顽强生长,从中我真正感到了时间就是生命。今后我要珍惜每一分钟!"

在王老师的悉心培养下,学生们不再把"珍惜时间"视为一句时髦的口号,而是真正把时间看做世界上最珍贵的东西,在生活和学习中踏踏实实地实践着惜时习惯!

时间是宝贵的,时间抓起来就是黄金,抓不起来就是流水。

珍惜时间应是每个人的生活准则,但是对于缺乏自制能力的学生而言,他们并不具备真正的时间概念。

教师如果想让学生养成珍惜时间的习惯，那么，一味地大讲惜时道理、单纯地粗暴呵斥未必有效，只有让学生在情境中亲身体验惜时的道理，才会加深学生的真实体会，才会使他们真正珍惜时间，并使之成为其一生受益的良好习惯。

案例分析

生活或教学中，我们时常能看到这样的情形，发现这样的学生：

上课铃声已经响过，几个学生才慢悠悠地走进教室，有的甚至仍然没有坐稳，或同别人说几句笑话，打声招呼，或你推我一把，我还你一拳，总是不能准时上课，特别是副科目。

回到家里，还有不少作业未完成，然而有的学生却东游西逛，一会儿打开电视机看看有什么精彩节目，一会儿又翻翻食品柜找点吃的东西，结果作业要等到深夜才会匆匆完成。

放学了，几个学生留下来打扫教室，他们不慌不忙，拿着的扫帚不是扫在地上，而是举在空中或指向别人，甚至有的拿粉笔头当子弹，在教室里打起仗来，等回到家里，已经夜幕降临了。

……

显然，这些学生都没有养成珍惜时间的良好习惯，缺乏紧迫感，以致虚度光阴、荒废生命。其实，这种现象在现在的大中小学生中是十分普遍的，特别是一些低年级小学生，他们好玩、好动，注意力经常不集中，完全不懂得珍惜时间的重要性。

"一寸光阴一寸金，寸金难买寸光阴。"如何引导学生珍惜金子般的时间，增强他们的时效观念，使之做任何事情都有一种紧迫感，从小养成惜时习惯，是所有教师深感重要却又为之头疼的课题。

那么，怎样才能形象地向学生讲述时间这一抽象而又具体的概念呢？像王老师那样采用让学生们亲身体验的办法，无疑是一个绝佳的主意。

每一位教师都应明确，学生的社会性源于他们对生活的认识、体验和感好习惯打造好人生——生活习惯培养

悟,学生的现实生活对其习惯的形成和发展具有特殊的价值。

只有当学生亲身体验到珍惜时间的重要性,只有当学生真正发自内心去追求时间效率的时候,只有当惜时变成学生独立的个人信念的时候,惜时才能真正成为学生的行为习惯和精神财富。

可惜的是,很多学校和教师都习惯于以管、卡、压的方式对学生进行惜时教育,经常会把学生当成无条件接受的录音机——

教师怎样说,学生就要怎样听,学生就是让教师管的;

说教过多,灌输得过多;

只知提要求、树规矩,而忽视研究如何对学生加以引导……

而学生们也往往迫于学校和教师的压力不得不按要求去做,毫无主动性和积极性可言,这样不但导致他们对惜时概念的认知出现严重的模糊性,而且不利于他们惜时习惯的养成。

对学生而言,体验和感悟才是最好的教育,只有学生真心感悟、亲身体验到、领悟出的道理,才能最终沉淀到他们的内心深处,成为最根深蒂固、不易改变的一种素质、一种能力、一种习惯,并且能伴其一生,受用一生。

当然,要培养学生的惜时习惯,亲身体验虽然是最切实、最有效、最主要的办法,但其他一些辅助的方式方法,教师也应该善于应用。

1. 以身作则

这种做法的重要性自是不必重申了,现在只需举例说明。

比如,你恰好因为处理突发事件,上课时迟到了两分钟。此时,你除了向学生说明迟到的原因外,还应特别向学生道歉:"我耽搁每个人两分钟,全班45人,就是90分钟。90分钟可以做多少事呀!"学生由此就会受到潜移默化的教育。

2. 帮助学生树立惜时信心

信心是行动的基石,学生如果对自己驾驭时间的能力拥有充分的信心的话,他自然会对时间加倍地重视起来。

比如,可以布置两三首唐诗让学生诵读,然后让学生自己找人讨论理解其中的意思,再默写出来,最后进行计时默写比赛。这样,那些平时总不愿背课文的学生,就会在这样即兴的默写比赛中发挥出真正的水平,从而建立自信心。

287

3. 利用故事进行"惜时"教育

如果教师这种方法运用得好,就可以达到"润物细无声"的效果,而且可用的材料也相当多。不过,采用这个方法要注意两个关键:

第一,要精选故事。所讲的故事必须寓意深刻,耐人寻味,还要生动引人,并且要有很强的针对性,深浅程度要符合学生年级、年龄的特点。

第二,要做好铺垫。不是为讲故事而讲故事,而是借讲故事进行"惜时"教育,此必须渲染好气氛,奠定好基础。

4. 告诉学生一些惜时的办法

作为学生行为的引导者,教师可以根据自己和他人的经验,帮助学生寻找和应用珍惜时间的办法。

比如,尽可能早进教室学习,教室必须安静,在教室外可以小跑,身上随身携带小记录本以便随时学习,自习课上"不抬头"学习,课堂上听课要注意及时消化吸收,下课时把课堂的学习内容迅速回顾一下,每次周末回家自觉复习巩固所学内容⋯⋯

总之,教师在平日的教学实践中,一定要非常注意培养学生惜时的好品质、好习惯,让他们从小就懂得珍惜时间,和时间赛跑,这样他们长大后才能充实地生活。

时间是一个无法统计的庞大的数字,又是一个没有数值的零,抓住了它,就会获得大丰收;抓不住它,就犹如竹篮打水,一无所获。

学习需要时间保证,学习需要有强烈的惜时意识,因此,学生必须具备惜时观念,必须养成良好的惜时习惯。

而这一切,都有赖于教师的帮助和引导。教师应对学生进行经常性、针对性教育,增强他们的时间观念,让他们学会珍惜时间,并养成令其一生受用无穷的惜时习惯。

习惯培养高效细节之财商培养

财商教育，学生正确消费和理财的开始

> 财富的价值取决于财主的思想。对于懂得如何支配它们的人，财富是福祉；而对于拙于利用它们的人，财富又成了祸根。
> ——〔古罗马〕忒壬斯

"精打细算，油盐不断"；

"会吃的吃千顿，不会吃的吃一顿"；

"有钱时摆阔，没钱时挨饿"；

……

以前看这些民间俗语时，你可以把它们所表达的意义都理解为"节俭"。但是在物质文明高度发达的今天，虽然"节俭"很重要，但它已经不是人们的唯一追求了，人们更愿意在付出了辛勤劳动之后，享受高质量的物质和精神生活。

由此可见，时代已经改变了这些俗语，它们所包含的已经不只是"节俭"那么简单的含义，还包含着一个人要有正确合理的消费观和有计划的理财习惯等意义。

有人认为：消费就是为了满足自己各方面的需要而买东西、买服务，或者干脆就是花钱；有钱就可以多消费，没钱就只能少消费。

其实，消费是个很大的概念，我们每个人生活在这个世界上，都是消费者。生活中的每件事都离不开消费，而且消费也不仅是为了满足自己，它同时还可以促进社会经济的发展与繁荣。

消费不等于浪费。合理的消费不仅可以满足自己的需求，还可以为社会经济发展作贡献。

心理学家马斯洛的需求理论告诉我们,人类的需求是有层级之分的:在安全无虞的前提下,追求温饱;当基本的生活条件获得满足之后,则要求得到社会的尊重,并进一步追求人生的最终目标——自我实现。

而要依层级满足这些需求,必须建立在拥有相应的金钱的财务条件之上,因此,必须认识理财的重要。人们都需要制订一套适合自己的理财计划,来达成自己的生活目标。

"合理消费""计划理财"是每个人所应该具备的一种生活能力,更应该成为一种生活习惯。

然而"合理消费""计划理财"虽然正是当前很多学生需要了解和掌握的,可是学校教育中很少提及这方面的知识。

尽管学生们从出生那天起就已经成为了一名消费者,但是却没有人教给他们任何关于消费的知识和理财的方法。

正因为如此,才有越来越多的学生"无度"消费、"超前"消费、"奢侈"消费,学校中也出现了越来越多"月光公主""月光王子"。

虽然课本上关于消费和理财的知识少之又少,但是我们的教师应该在日常教学中适时适地地把一些正确的消费观念和实用的理财技巧教给学生,帮助其培养有计划消费和理财的习惯。

经典案例

沈阳市沈河区文化路小学针对学生的购物、理财能力专门开设了财商课。

学校目前开设的财商课包括了股票、债券、古玩、邮票、保险等投资内容,他们采用浅显易懂的教学方式让同学们了解怎样才能赚钱。

目前,学校从一年级至六年级都开设了财商课。财商课在开设之初,老师们都是尝试着备课、上课,现在觉得学生都比较愿意接受。

学校参照一些美国少儿理财教育目标,由浅入深、循序渐进地为不同年级制订了不同的教学目标和教学计划。

一、二年级的课程主要是教学生认识钱：

能辨认硬币和纸币；

知道每枚硬币是多少钱；

知道硬币的等价物，知道钱是怎么来的；

能够数大量的硬币。

三、四年级的课程主要教学生如何花钱：

能看价格标签；

知道可以通过做额外的工作赚钱，知道把钱存在储蓄账户里；

能够制订简单的一周开销计划，购物时知道比较价格；

懂得每周节约一点钱，留着大笔开销时使用。

五、六年级的课程是教给孩子理财、投资等方面的知识：

知道从电视广告中发现理财事实；

能制订并执行两周开销计划，懂得正确使用银行业务中的术语；

进行股票、债券等投资活动的尝试，以及商务、打工等赚钱实践。

学校的财商课所采用的教材是由财商专家针对小学生认知特点编写的。

为了让学生更好地掌握投资知识，老师们还将课堂模拟成投资市场，让学生体验赚钱、赔钱的过程，并让学生自己挑选一处房产，估计该房产的升值空间等。

课堂上，当老师在问到"房产"升值的理由时，一名同学马上站起来回答说："我们门前的'地王花园'肯定能升值。原来一出小区就能看见马路市场，吵闹得很，现在市场不见了，环境好了，升值的空间也就大了！"

五年级二班的学生总结出来"提升"房屋价格的若干因素："黄金地段、完善的保安系统、良好的物业管理，四周空气清新、安静舒适……只有具备了这样的条件，房子才能卖上好价钱……"这些专业的措辞仿佛是房产商做的广告。

这些学生都不懂什么叫经商，可是当谈起炒股、投资房地产时，"买进、抛出……"，十来岁的学生们却活像一个个小董事长。

辽宁省基础教育教研培训中心小学教研部常涓老师认为，新课程改革的要求中提到，教育要回归生活，回归社会。学校开设财商课正是适应了这种要求，开设得很及时。财商教育其实就是"钱"的教育，社会这部大机器在运转的过程中，离不开"金钱"这个润滑剂。让学生走进生活，贴近现实，学会正确对待金钱是很有必要的。

每个人从出生那天起就成为一名消费者，尽管我们提倡朴素节俭，但是必要的生活消费还是不可避免的。

与其怕学生乱花钱而不让学生自己去购物，倒不如放心大胆地让学生通过自己购物和有计划理财懂得如何支配自己的财产。

案例分析

培养学生的消费理财能力和习惯，已经被很多教育工作者认同和重视，并成为很多学校的新兴课程和重要活动内容。像沈阳市沈河区文化路小学这样重视学生理财的学校还有很多，而且"手段也非常高明"。

2005年4月30日，重庆市江北区洋河花园实验小学举行了一次模拟的交易市场活动。此活动是为了让学生在模拟商品交易活动中学会理财，学会购物，学会与人和睦相处、友好交往，以自己文明的言行争当理财高手。

该日上午，重庆市洋河花园实验小学的20个教室门上都贴上了"江北""涪陵""大渡口"等区县的张贴画，一个教室代表一个区县，向全校学生进行"推销"。

五年级三班的教室代表大足县，门上贴着学生们自己创作的宣传口号"龙水湖碧波荡漾，大足石刻美名扬"。一走进"大足县"，可以看到讲台上有一位男生拿着麦克风在向络绎不绝的"顾客"讲解，介绍大足县的交通、旅游资源等情况。

每间教室黑板上都有介绍当地情况的知识，这都是小学生们自己上网查找搜集的。小学生们年龄较小，有的学生只是对自己所在区域有所了解，而对全市其他区域不太了解，通过这种"推销"区县的方式，可以增强小学生们对当地民情的了解。

二年级三班的教室门外用稚嫩的笔迹写着自己"商场"的名称"飞天神猪杂货铺"，而五年级二班则叫"购物大本营"，这些富有情趣的名称都是小学生们自己取的,并亲手做成了标志张贴在教室门外。

走进每一个"商场",都会看到人头攒动的"顾客"在挑选商品,生意非常红火。很多小"营业员"都在大声叫卖"买一送一,送完为止,快来买呀!"还有的"商场"里"顾客"和"营业员"在用英语煞有介事地讨价还价,买完后还开给"收据"。

四年级三班,一个女孩子戴着"经理"的标志牌在教室里进行巡视,不时地帮着营业员推销商品。原来这个女孩是班长,通过竞聘当上了自己商场的"经理",负责现场的总体指挥和调度,还顺带着向进来的"顾客"问好。

每间教室里摆放的商品都是小学生们捐出来的玩具、书本等物品,老师和学生对物品进行估价后发给模拟货币,就摆放在教室里售卖。

每个班代表一个区县的"商场",商场里"经理""收银员""保安"一应俱全,都是由学生们民主推选的,有的班级还通过演讲的方式来竞聘上岗,从二年级到五年级的所有学生都参与其中。有的班级考虑到"营业员"工作量大,还要给他们发"工资"。

在络绎不绝的"顾客"流中还有不少家长的身影。三年级四班韩青妮的母亲在每个"商场"里都逛了一阵,帮自己孩子买下了不少商品。据她介绍,孩子正在自己班上当导游,向大家进行讲解,因此她来帮着买商品。

很多家长都说,学校的这项活动既锻炼了孩子的理财能力,又使孩子的交往能力、口才和组织能力得到加强,家长们非常感兴趣,也非常支持。

青岛市李沧区教体局为了加强对未成年人的思想道德建设,努力营造社会互帮互助、融洽相处的和谐氛围,充分体现小学生购物理财学当家的能力和发挥他们团结协作的团队精神,在兴城路、兴华路、振华路、永清路街道办事处和维客沧口超市的大力支持下,开展了一场别开生面的"维客杯"第三届"这周我当家"小学生理财购物大赛。

四个办事处共有8支代表队,每队的3名小队员要在30分钟内通过合理打算,用300元钱的模拟购物券,购买一个家庭一周所需的生活用品。

最终评选出"最佳理财奖""最佳创意奖""最佳合作奖""最具爱心奖""经济实惠奖""文明购物奖""最佳表现奖"和"最具风采奖"等八个奖项。

本次活动以新课改的理念为指导,让孩子在实践中学会理财,学会合作,并让他们在实践中以独特的形式体验成人劳动的辛苦。

在活动中,小选手们分工明确:组长,指挥其他队员合理购物;有"账房小先生",不停地记录下物品的名称和价钱;还有专门的采购人员。在整个购物过程中,小选手们井然有序、忙而不乱,充分体现出小主人翁的精神风貌。

赛后,孩子们纷纷表示活动既生动有趣又增长见识,这些都是他们在课本上学不到的,还表示今后在家中他们也要大显身手,替父母做点什么。同时一些家长对社区组织的这项活动也称赞不已,表示认同,他们也将创造机会鼓励孩子多参与社区实践活动。

其实,责骂和控制学生消费都不妥当,作为老师,要教学生学会如何消费。学生们的消费权益,不仅要靠老师关心、保护,更要靠学生们的自我保护,而这就需要我们的教师培养学生养成良好的消费习惯。

良好的消费习惯和丰富的理财知识,很多是从小养成的,因此,教师应该有意识地培养学生这方面的修养和行为。

消费适度、合理也是一种能力,需要教师以正确的消费观指导学生,让其在日常生活中逐步去培养和提高:

1. 养成节俭的好习惯。特别是在集体活动中,尽量做到少花钱多办事、不花钱也办事,能自己动手解决的绝不花钱去买。

2. 正确对待广告宣传,学会对广告宣传进行分析和鉴别,防止消费中的冲动性和被动性。在准备购买消费品的时候,先想一想,这是我急需的吗?我有这样的消费实力吗?这东西耐用吗?然后再决定是否购买。

3. 开拓消费视野。在经济条件允许的情况下,结合自己的爱好和兴趣,进行合理的消费活动,从而培养自己的一技之长和业余爱好。

4. 每月初,根据自己所掌握和支配的财产,制订合理的消费计划。每天把消费的项目和金额记录下来,提醒和监督自己的消费行为,并对下一步进行合理安排。

5. 在议价市场和自由市场购物,要货比三家地做一些调查研究,要学会砍价,在不损伤卖方利益和人格的前提下,尽量购买价格合理、秤够尺足的商品。

6. 学会一些辨认商品的本领,如看看商品的标志、产品说明,等等;其次,买贵重的商品要让售方开具正式发票;有保修期的商品应让其开具保修

好习惯打造好人生——生活习惯培养

卡，防止出现问题时产生不必要的纠纷。

7. 学会运用法律手段保护自己的权益。如果发现自己买到的是假冒伪劣或是缺斤少两的商品，则会到工商管理部门、消费者协会寻求帮助，以便顺利解决纷争。

消费与理财，是一种日常行为、一种学问，更是一种能力、一种习惯。教师们应及早教学生学会这方面的本领，并让其形成良好的习惯。

以最少的代价获取最大的收益，是经济学的基本精神。但这并非表示我们吝于付出，因为资源是有限的，稀少的资源迫使我们必须作出选择。

而理财行为就是用聪明的选择，找出代价最少、收益最大的一条途径，让有限的资源得以发挥最大的功用。学会了理财，可以使学生一生受益。

是的，教师帮助学生从小正确认识和使用金钱，正确对待物质的诱惑，养成有计划地理财的习惯，将有利于学生一生的富足。

《名师工程》系列丛书

征稿启事

《名师工程》系列丛书是西南师范大学出版社策划、组织出版的大型系列教育丛书。丛书以新课程下的新教学为背景,以促进施教者的教育能力为落脚点,以提高教育质量、提升教师水平为宗旨。

丛书首批推出的"名师讲述""教学提升""教学新突破""高中新课程""教师成长""大师讲坛""教育细节""创新语文教学""教育管理力""教师修炼""创新数学教学""教育通识""教育心理""创新课堂""思想者""名师名课""幼师提升""优化教学""教研提升""名校长核心思想系列""名校""高效课堂""班主任专业化"等系列,共120多个品种,其余系列也将陆续出版。为了让广大教师有一个交流、借鉴的机会,同时也为了给广大教师提供更多、更好的图书,《名师工程》系列丛书编辑出版委员会特向全国教育工作者征集稿件。

稿件要求:

1.主题鲜明、新颖,有独创性。
2.主题以提升教育能力为主,也可适当外延。
3.主题要有一定规模、有典型案例支撑。
4.案例要贴近教育实际,操作性强。
5.文章、书稿结构清晰,语言精彩。

书稿作者在选题确定之后,请及时与我们做好沟通,具体事宜确定好之后再进行创作;也欢迎用已经完稿的稿件投稿。一线教师如希望参与图书案例的创作,可联系我社策划机构,由策划机构备案,在适合的图书中参与创作。

真诚欢迎各位教师踊跃投稿。

联系方式:

西南师范大学出版社高教分社
电话:023-68254356   E-mail:zcj@swu.cn
西南师范大学出版社高教分社北京策划部
电话:010-68403096
E-mail:guodejun1973@163.com

西南师范大学出版社
《名师工程》系列丛书目录

系列	序号	书　　名	主编	定价
高效课堂系列	1	《用什么提高课堂效率——有效数学课必须关注的10大要素》	赵红婷	30.00
	2	《让作文更轻松——小学作文高效教学36锦囊》	李素环	30.00
	3	《让研究性学习更高效——研究性学习施教指导策略》	欧阳仁宣	30.00
	4	《让母语融入学生心灵——提升学生语文素养的高效施教艺术》	黄桂林	30.00
思想者系列	5	《今日教育之民间立场》	子虚（扈永进）	30.00
	6	《教育，细节的深度反思》	许传利	30.00
	7	《追寻教育的真谛——许锡良教育思考录》	许锡良	30.00
班主任专业化系列	8	《神奇的教育场——打造特色班级文化创新艺术》	李德善	30.00
教研提升系列	9	《教师怎样做小课题研究——高效助力教师专业化成长》	徐世贵　刘恒贺	30.00
	10	《今天我们应怎样评课》	张文质　陈海滨	30.00
	11	《今天我们应怎样进行教学反思》	张文质　刘永席	30.00
	12	《一节好课需要的教育智慧》	张文质　姚春杰	30.00
优化教学系列	13	《让教学更生动——激发兴趣让学生快乐认知》	朱良才	30.00
	14	《让教学更高效——策略创新让教学事半功倍》	孙朝仁	30.00
	15	《让教学更开放——拓展延伸让学生触类旁通》	焦祖卿　吕勤	30.00
	16	《让教学更生活——体验运用让学生内化知识》	强光峰	30.00
	17	《让知识更系统——整合与概括让学生建构体系》	杨向谊	30.00
	18	《让思维更创新——思辨与发散让学生思维活跃》	朱良才	30.00
名校长核心思想系列	19	《成为有思想的校长》	赵艳然	30.00
名校系列	20	《好学校，从关注每个学生开始——石梅小学优质教育多元感悟》	顾泳　张文质	30.00
幼师提升系列	21	《全国优秀幼儿健康教育活动课例评析》	教育部教育管理信息中心	30.00
	22	《全国优秀幼儿艺术教育活动课例评析》	教育部教育管理信息中心	30.00
	23	《全国优秀幼儿社会教育活动课例评析》	教育部教育管理信息中心	30.00
	24	《全国优秀幼儿语言教育活动课例评析》	教育部教育管理信息中心	30.00
	25	《全国优秀幼儿科学教育活动课例评析》	教育部教育管理信息中心	30.00
名师名课系列	26	《名师如何炼就名课》（美术卷）	李力加	35.00
教师修炼系列	27	《班主任工作行为八项修炼》	杨连山	30.00
	28	《教师心理健康六项修炼》	李慧生	30.00
	29	《教师专业化五项修炼》	杨连山　田福安	30.00
	30	《课堂教学素养五项修炼》	刘金生　霍克林	30.00
	31	《高效教学技能十项修炼》	欧阳芬　诸葛彪	30.00
	32	《教师新师德六项修炼》	王毓珣　王颖	30.00

系列	序号	书　名	主编	定价
创新课堂系列	33	《如何实现三维目标——让学生与文本共鸣的诵读教学》	张连元	30.00
	34	《想说　会说　有话可说——突破作文瓶颈的三维教学法》	杨和平	30.00
	35	《综合课的整合创新教学》	周辉兵	30.00
	36	《如何打造学生喜欢的音乐课堂》	张　娟	30.00
	37	《理想课堂的构建与实施——一个教研员眼中的理想课堂》	张玉彬	30.00
	38	《小学语文：决定教学质量的关键策略》	李　楠	30.00
	39	《用〈论语〉思想提升数学教育智慧》	胡爱民	30.00
	40	《童化作文——浸润儿童心灵的作文教学》	吴　勇	30.00
创新数学教学系列	41	《小学数学：名师教学目标落实艺术》	余文森	30.00
	42	《小学数学：名师高效教学设计艺术》	余文森	30.00
	43	《小学数学：名师易错问题针对教学》	余文森	30.00
	44	《小学数学：名师魅力课堂激趣艺术》	余文森	30.00
	45	《小学数学：名师同课异教》	林高明　陈燕香	30.00
	46	《小学数学：名师抽象问题艺术教学》	余文森	30.00
教育通识系列	47	《用心做教师——青年教师快速成长的十大定律》	王福强	30.00
	48	《做最受学生欢迎的老师》	赵馨　许俊仪	30.00
	49	《做有策略的校长——经典寓言与学校管理智慧》	宋运来	30.00
	50	《做有策略的教师——经典故事中的教育启示》	孙志毅	30.00
	51	《从学生那里学教书》	严育洪	30.00
	52	《突破平庸——提升教育质量的31个跳板》	严育洪	30.00
	53	《教育，诗意地栖居》	朱华忠	30.00
	54	《好班规打造好班级》	赵　凯	30.00
	55	《做学生成长的引领者——学生终身成长的素质培养》	田祥珍	30.00
	56	《如何管出好班级——突破班级管理的四大瓶颈》	刘令军	30.00
	57	《青春期性教育教师实用手册》	闵乐夫	30.00
教育心理系列	58	《做最好的心理导师——中学生心理健康咨询手册》	杨　东	30.00
	59	《每天学点教育心理学》	石国兴　白晋荣	30.00
	60	《学生心理拓展训练与指导》	徐岳敏	30.00
	61	《好心态成就好学生——学生心理问题剖析与对症教育》	李韦遴	30.00
教育管理力系列	62	《名校激励管理促进力》	周　兵	30.00
	63	《名校安全管理执行力》	袁先潋	30.00
	64	《名校师资团队建设力》	赵圣华	30.00
	65	《名校危机管理应对力》	李明汉	30.00
	66	《名校校本研究创新力》	李春华	30.00
	67	《学校文化力建设策略》	袁先潋	30.00
	68	《名校长核心教育力》	陶继新	30.00
	69	《名校长高绩效领导力》	周辉兵	30.00
	70	《名校行政管理细节力》	杨少春	30.00
	71	《名校教学管理提升力》	张韬　戴诗银	30.00
	72	《名校学生管理教导力》	田福安	30.00
	73	《名校校园文化构建力》	岳春峰	30.00
创新语文教学系列	74	《小学语文：享受对话教学》	孙建锋	30.00
	75	《小学语文：名师教学目标落实艺术》	刘海涛　王林发	30.00
	76	《小学语文：名师魅力教学设计艺术》	刘海涛　王林发	30.00
	77	《小学语文：名师魅力课堂激趣艺术》	刘海涛　豆海湛	30.00
	78	《小学语文：单元整体教学构建艺术》	李怀源	30.00
	79	《小学作文：名师情趣课堂创设艺术》	张化万	30.00

系列	序号	书　　名	主编	定价
教育细节系列	80	《名师最具渲染力的口才细节》	高万祥	30.00
	81	《名师最有效的沟通细节》	李燕　徐波	30.00
	82	《名师最有效的激励细节》	张利　李波	30.00
	83	《名师培养学生好习惯的高效细节》	李文娟　郭香萍	30.00
	84	《名师人格教育的经典细节》	齐欣	30.00
	85	《名师营造课堂氛围的经典细节》	高帆　李秀华	30.00
	86	《名师最有效的赏识教育细节》	李慧军	30.00
	87	《名师最有效的批评细节》	沈旎	30.00
大师讲坛系列	88	《大师谈教育心理》	肖川	30.00
	89	《大师谈教育激励》	肖川	30.00
	90	《大师谈教育沟通》	王斌兴　吴杰明	30.00
	91	《大师谈启蒙教育》	周宏	30.00
	92	《大师谈教育管理》	樊雁	30.00
	93	《大师谈儿童人格塑造》	齐欣	30.00
	94	《大师谈儿童习惯培养》	唐西胜	30.00
	95	《大师谈儿童能力培养》	张启福	30.00
	96	《大师谈早恋与性教育》	闵乐夫	30.00
	97	《大师谈儿童情感教育》	张光林　张静	30.00
教师成长系列	98	《学学名师那些事》	孙志毅	30.00
	99	《给新教师的建议》	李镇西	30.00
	100	《教师心灵读本：成为有思想的教师》	肖川	30.00
	101	《教师心灵读本：教师，做反思的实践者》	肖川	30.00
高中新课程系列	102	《高中新课程：教师角色转变细节》	缪水娟	30.00
	103	《高中新课程：班主任新兵法细节》	李国汉　杨连山	30.00
	104	《高中新课程：教学管理创新细节》	陈文	30.00
	105	《高中新课程：更有效的评价细节》	李淑华	30.00
教学新突破系列	106	《把教学目标落实到位——名师优质课堂的效率管理》	冯增俊	30.00
	107	《拿什么调动学生——名师生态课堂的情绪管理》	胡涛	30.00
	108	《零距离施教——名师和谐师生关系的构建艺术》	贺斌	30.00
	109	《一个都不能落——名师提升学困生的针对教学》	侯一波	30.00
	110	《让学习变得更轻松——名师最能吸引学生的情境设计》	施建平	30.00
	111	《让知识变得更易学——名师改造难学知识的优化艺术》	周维强	30.00
教学提升系列	112	《方法总比问题多——名师转变棘手学生的施教艺术》	杨志军	30.00
	113	《用特色吸引学生——名师最受欢迎的特色教学艺术》	卞金祥	30.00
	114	《让学生爱上课堂——名师高效课堂的引导艺术》	邓涛	30.00
	115	《拿什么打开思路——名师最吸引学生的课堂切入点》	马友文	30.00
	116	《没有记不牢的知识——名师最能提升学生记忆效果的秘诀》	谢定兰	30.00
	117	《让学生的思维活起来——名师最激发潜能的课堂提问艺术》	严永金	30.00
名师讲述系列	118	《施教先施爱——名师讲述班主任的核心教导力》	杨连山　魏永田	30.00
	119	《在欢乐中成长——名师讲述最具活力的课堂愉快教学》	王斌兴	30.00
	120	《让学生做自己的老师——名师讲述如何提升学生自主学习能力》	徐学福　房慧	30.00
	121	《引领学生高效学习——名师讲述如何提高学生课堂学习效率》	刘世斌	30.00
	122	《教育从心灵开始——名师讲述最能感动学生的心灵教育》	张文质	30.00